新商务系列之发现规则 ❶

网络钟型社会

公共理性经济革命

杨培芳 著

Q&A...

如何拯救市场经济？

Q&A...

如何拯救市场经济？

Q&A...

如何拯救市场经济？

商务印书馆
创于1897 The Commercial Press

2011年·北京

图书在版编目(CIP)数据

网络钟型社会——公共理性经济革命/杨培芳著.
—北京:商务印书馆，2011
(新商务系列之发现规则)
ISBN 978-7-100-08350-8

I.网… II.①杨… III.①信息服务业—研究
IV.①F719

中国版本图书馆 CIP 数据核字(2010)第 088234 号

网络钟型社会
——公共理性经济革命
杨培芳 著

商 务 印 书 馆 出 版
(北京王府井大街36号 邮政编码 100710)
商 务 印 书 馆 发 行
北 京 瑞 古 冠 中 印 刷 厂 印 刷
ISBN 978-7-100-08350-8

2011 年 11 月第 1 版　　开本 787×1092 1/16
2011 年 11 月北京第 1 次印刷　　印张 22½
定价：48.00 元

新商务系列丛书

新商务系列丛书总序

姜奇平

商务印书馆历来重视用人类创造的全部知识财富来丰富自己的头脑。其中一个重要取向，是不断用人类新的知识，更新国人旧的头脑。在上一个社会转型时期，商务印书馆通过对工业文明智慧渊源及思想果实的系统引进，为推动中国从农业社会向工业社会转型，提供了有力的智力支持；在下一个社会转型时期，必将通过对信息文明智慧渊源及思想果实的系统挖掘，为推动中国从工业社会向信息社会的转型再次提供智力支持。从这个意义上可以说，新商务，既是商务印书馆的历史，也是商务印书馆的未来。

我们推出这套“新商务”系列丛书的目的，就是继承商务印书馆的启蒙传统，抓住工业文明向信息文明转型的历史机遇，用下一代经济的先进理念，进行新商务启蒙，为迎接互联网带来的新商业文明浪潮，提供值得追随的智慧。

早在上世纪八十年代，托夫勒就预言人类将从单一品种大规模制造，转向小批量多品种的生产方式。以计算机和互联网为代表的先进生产力，有力推动了这一发展方式的转变。这是继农业生产方式转变为工业生产方式之后，人类发展方式又一次深刻的历史转变。从此，人依靠机器生产转变为机器围绕人生产成为可能，个性化制造和规模化协同创新有机结合将成为重要的生产方式。

人类上一次生产方式转变引发的世界范围的经济、社会、文化变化，包括欧美梦幻般的崛起，人们有目共睹；而对这一次意义更为深远的生产方式的转变，包括中国将对人类做出何种贡献，人们没有理由熟视无睹。

“新商务”系列丛书建立在对“下一代经济”核心理念的发现力之上，通过追踪生产方式转变的历史渊源、现实进展以及未来走向，从中发现新的经典，发现新的规则，发现新的方法。为此，丛书开辟“发现经典”、“发现规则”、“发现方法”三个子系列。

“发现经典”系列，主要定位于从世界范围信息革命中发现驱动国家转型的力量。通过系统翻译和重新发现世界知名学者的新经济思想和经典著作，为人们探索下一代经济的元逻辑，提供思考线索。“发现规则”系列，主要定位于从中国信息革命的实践中发现具有普遍意义的游戏规则。通过汇集中国学者对新商务实践的总结，为提炼新商务规则提供进一步研究的基础。“发现方法”系列，定位于指导新商务实践。侧重对国内外新商务概念的归纳、对前沿商业模式及其本地化的阐释，以期推动理论与实践的良性循环与可持续发展。

与工业革命“新商务”思想成果的引进不同，除了具有共同特点外，“新商务”系列丛书具有一些特殊性，一是信息革命正在发生，有待成熟，经典、规则与方法都是相对的，在探索中难免失误，恳请读者以批判态度、宽容心态对待；二是中国与世界同步走上信息高速公路，相对以往，中国学者有了更多产生原创发现的机会和条件，我们将以开放心态力推新人，也希望读者与我们共同前行、共同提高。

春江水暖，先下水者当作先知；继往开来，新商务中敢为人先。让我们共勉。

导读

杨培芳

进入21世纪以来，世界经济陷入了自由主义和权威主义两元对立的思维误区，重复“面多加水、水多加面”的政策势必走进“道高一尺、魔高一丈”的死胡同。而信息生产力的迅猛发展给人们提供了一个崭新的思维平台，平等、互利、共赢的互联网精神正在解构工业社会伦理，催生“自由市场”和“官僚支配”之外的第三种经济模式。

农业社会的基础伦理是“族群理性”，工业社会的基础伦理是“个人理性”，信息社会的基础伦理是“公共理性”。公共理性的内在驱动力是网络协同准则和平等互利动机，即“在信息日益透明的条件下，一个主体的成功必须建立在相关主体也要成功的基础之上”。

可喜的是，近十年来这种公共理性原则正在被各国的实践所验证。美国前总统经济顾问、诺贝尔经济学奖得主斯蒂格利茨教授认为：“凯恩斯主义和社会达尔文主义都难以保证市场经济的长期活力，我们正在接近一种处于两者之间的哲学，它将为我们的时代指引方向。”还有一批后现代主义的学者发现，随着社会的高度发展和更高程度合作的产生，工业社会的“自利”哲学和实用主义的战略选择越来越难以适应信息社会，相关者互利共赢才能代表未来社会的核心价值。

就人的本性而言，他们非善非恶，多数人既不想当圣人，也不想当罪人，只想当一个能够平等对待别人、别人也能平等对待他们自己的人。唯有网络生产力给他们提供了平等交易的环境和条件。如果说计划经济要求人们“利他”，传统市场经济假设人们“利己”，协同市场经济则引导人们走向“互利”。在网络生产力条件下，这不仅是可能的，而且是必需的。

马克思说过，各种经济时代的区别，不在于生产什么，而在于怎样生产，用什么样的劳动资料生产。“手推磨产生的是封建主为首的社会；蒸汽磨产生的是工业资本家为首的社会。”进入信息社会，“网络之磨”产生的一定是建立在公共理性基础上的以中产者为主体的钟型社会。

目录

序 言

如何拯救市场经济

序言：如何拯救市场经济

现代市场经济解构

现代市场经济是建立在工业生产力基础之上，以满足私人占有欲望为伦理基础的交换体系。它相信每个人在追求自身的利益最大化的同时，会在不自觉中增加了社会总福利，也叫作“个人为个人，上帝为大家”。但是很明显，这种理想状态在整个工业时代几乎是不存在的，因为物质资源总是有限的。你去大量占有，别人就不能占有；这群人大量地占有，那群人就不能再去占有；人类大量地去占有，其他动物就不能再占有。

人类近百年的工业实践已经证明，资本和物欲的无节制扩张已经触怒上帝，于是上帝就派“沙漠”、“灾害”和“瘟疫”这三头怪兽对人类实施普适性报复。几乎与此同时，也有不少勇士大声疾呼，人类物欲必须限制，经济正义不能泯灭，人类行为不能与理想背道而驰！但是声音过于孱弱，西方经济学者们仍在扩大物质财富市场经济的适用范围。“正统的经济学者，正和中世纪的经济学者一样，几乎毫无疑问地接受他们所在社会制度的基本论断。他们无休止地工作，以便为这一论断建立一个出色的合乎逻辑的体系。”（亨特:《对经济理论的批判》，企鹅出版社1972版，第188页）

进入新世纪以来，西方前卫经济学者不得不承认，工业市场经济具有内在和外在的矛盾和缺陷，这些矛盾和缺陷已经使它处于不良运行状态。失业、垄断、通货膨胀、经济危机、贫富悬殊，有时会达到非常严重的程度。诺奖大师斯蒂格利茨发现，“始自亚当·斯密，经过200多年发展的经济学核心——标准的竞争均衡模型并不能很好地反映市场经济，其中许多结论都是错误的”。（斯蒂格利茨《经济学文集》，第一卷上册2007年版，第3页）

近代金融资本的高度集中，支配别人劳动的欲望迅速增长，这些很快成为经济生活的主要推手。无止境的贪欲被奉为社会进步的原动力。为了不使社会经济系统因极端自私行为而崩溃，西方国家不得不在适当限制私利的前提下继续维持工业社会留下来的这样一个体系：一方面促使社会财富集中到少数人手里，另一方面又通过税收和捐赠引导部分财富投向社会。但是在中国，由于法律制度不够健全，以及社会精神严重缺失，学者们开出的药方陷入了权威主义和自由主义的悖论。一放就乱，一收就死，已经使我们的国家机体饱受折磨。市场经济如何走出凯恩斯主义和社会达尔文主义的双重误区，成为后现代社会一道最大的难题。“健全法制”也许包含了解开这道难题的有效成分，但是在社会精神严重缺失的拥有十三亿人口的国家，事事都要诉诸法律，法律文本将越来越厚，诉讼环节会越来越繁，执法成本也越来越高，这样的社会还能不能运转?

在经济交易活动中，信息不透明几乎成为企业利润的主要来源。我国一个时期以来，只要你走进书店，最畅销的经济读物是《教你如何赚钱》、《市场竞争三十六计》、《厚黑学》之类，与之相应的是坑蒙拐骗、假冒伪劣充斥我国城乡市场。带讽刺意味的是，网络技术本来可以为社会提供信息透明的条件，然而经营者却利用网络制造信息不对称，贪婪地赚取超额利润。广大消费者天天都在受骗上当，也许你今天受了他人的骗，明天换一个位置去欺骗他人。如果这种情况不加节制，我们将面临“一切人坑害一切人”的社会。

在这样的状态中，不少学者开始倡导“国学”，主张用传统道德伦理弥补市场经济的缺陷。可是多数中国人已经不相信道德说教，在物质财富面前，道德显得是那么的苍白无力。我国传统道德力量主要来自一种内省的修炼，浸透了伪善本质，面对新兴生产力，它们既违背科学精神，又落后于新的经济时代。

随着信息生产力的迅速扩展，信息网络的无边界协同效应对现代市场经济理论形成了严峻的挑战。如果说封建时代的经济交易伦理是群体理性，工业时代的经济交易伦理是个人理性，那么信息时代的经济交易伦理应该是公共理性。因为在网络透明环境中，无边界合作、平等交易必然会成为一种刚性的非正式约束气氛，“个人的成功必然建立在相关者也成功的基础之上”。

约翰·纳什1994年就用数学方法证明，利己主义非合作重复博弈的均衡结果肯定是进入“皆输”的陷阱。后来他又在“三人演化合作博弈研究”中进一步证明，“如果交互的生物体或人类被假定为仅有自私、非合作的动机时，合作行为的自然演化是完全不可能的。真实的人类行为显然是由一些复杂并且促进彼此之间合作的本能来引导”。

不论在自然界还是人类社会，除了优胜劣汰、适者生存之外，还有一个重要天然法则就是“一报还一报”。人类掠夺自然，自然要报复人类，强者恃强凌弱，弱者联合报复强者。令人遗憾的是由于以往信息传递的时延太长，能量积蓄缓慢，这种报复来得太慢。而信息通信的迅速普及不仅使信息传递时延缩短，同时也使能量积蓄或动员速度加快，人类必须更自觉地适应“一报还一报”的社会法则。

根据这个法则，未来企业的首要目标不是利润，而是价值，只有向社会提供有用价值，才能从社会得到合理的回报。经营者也不再需要假冒伪劣、偷工减料、坑蒙拐骗、价格欺诈，因为他们知道通过网络作用，弱势群体联合起来就不再处于劣势地位，遵循平等合作规则要比通过欺诈获得少量不义之财更能获得长远利益。一种超越市场、超越政府的第三种平衡力量悄然萌发，它的微观机制就是透明管道下的社会监督，而网络及其产业就是这种透明管道的生产力基础。

人类对待自然环境已经走过了一条先破坏、后治理的弯路；在目前的市场经济中，人们还没有意识到，人文环境也正在受到破坏。而要修复人文环境，可能要比修复自然环境更难，十年树木，百年树人嘛。一个严重问题是传统经济规则和制度安排还在重复着“人不为己，天诛地灭”的亘古恒言。我国有不少共产党员反映，党教我大公无私，市场经济教我个人利益最大化，怎样才能摆脱这种二元悖论的困扰？

按照人类普遍的需求层次，如果说满足基本生存条件尚要靠利己主义推动，那么交流与尊重则要靠平等互动，满足自我实现则要靠牺牲精神。有人将高层需求和牺牲精神理解为追求个人利益的另一表现方式（沽名钓誉），这种简单化的理解是对人类“天下为公”理想共识的亵渎。与过去不同的是，信息网络创造了平等协作的刚性气氛。在这种气氛中，唯利是图者越来越没有市场，损人利己者会更快得到报复。只有持平等合作态度，并为他人提供了有用价值者才能得到合理的回报。人们不能脱离时代，但每个时代都需要一批站在时代前列的人。

迷恋传统不如超越现代

国人的文化基因中似乎有一种向后看的倾向，现实社会一旦出现些许不如人意，就喜欢在历史故纸中寻找楷模和寄托。孔子要克己复礼，认为周天子的统治是最美好的时代；孟子骂五霸是三皇之罪人，认为三皇禅让是最高的道德准则；到了后来有人独尊儒术，有人惜秦皇汉武，每每改朝换代也要打匡复前朝旗号。刘备要光复汉室，朱元璋要驱胡兴汉，清朝人关多年以后，还有人要反清复明。现代则有人怀念贞观之治、康乾盛世。到了老百姓那里，就经常有人怀念上世纪五六十年代的社会风气，甚至怀念政府高度集中控制的经济模式，感叹21世纪世风日下、人心不古。

于是乎，有人极力要复兴国学、振兴国粹，寄愿华夏文明再次崛起。但是只要认真探究一下世界历史，古希腊、古埃及、古罗马、古巴比伦，各个时代有适应各个时代的文明，它总是与当时的生产力相适应，复兴之梦总是以破灭告终。工业时代不可能复兴农业时代的安谧，信息时代也不可能复兴蒸汽机时代的辉煌。两百年前欧洲蒸汽机驱动了纺织工业革命，使中国男耕女织的丝绸文明黯然失色；一百年前，美国电气革命又使世界经济重心从欧洲移到北美，这都不是以人们意志为转移的生产力发展规律。

许多人都看到中国现实社会中的"GDP主义"、贫富悬殊、自然环境污染、人文环境破坏，但是开出的药方每每对立相克。比如有人要继续推行社会达尔文主义，要富人再富；有人则希望回到计划经济的美好时代。这些主张在信息时代都难以为继，我们应该在新兴生产力基础上创建"第三经济模式"和"第三社会模式"。相信多数国人的智慧，在经受一个阶段的"鬼打墙"之后，一定能走出二元悖论的误区，找到既适合国情又代表先进生产力发展方向的唯一出口。

西方理论工作者喜欢用案例说话，本人也想探究两个案例。一是中国京剧能不能振兴？前几年我有幸和圈内人士讨论，共同结论就是，只要打破历史局限，大胆改革、与时俱进就可以振兴；否则只把它当作故国之粹，一板一眼不能改动，不能与时俱进，那就只能进历史博物馆精心保存，供一部分人把玩欣赏，没有必要也不可能向全社会振兴。

第二个案例是中医理论。大家都知道前几年有位院士提出"取缔中医"的那场风波，本人也坚决反对取缔的主张。可是中医理论几千年，言必称《黄帝内经》，言必称《本草纲目》，甚至把阴阳五行、28脉、手相八卦都作为千年不变的金科玉律，怎么能和全球化接轨？还有一个重大失误是我们把"中医"翻译成英文就成了"中国传统医学（traditional Chinese medicine）"，永远地传统下去又怎么能够持续发展？必须承认祖国医学有许多好东西，但又必须承认，里面确实也有许多糟粕，即便是精华也要随着时代的进步而发展。我曾经建议把中医名称改为"生态医疗"或者"绿色医疗"，希望有更多人士重视这个问题。

序言：如何拯救市场经济

近些年，不少外国友人喜欢中国国学、京剧、中医，这当然是件好事，但是我们只有把传统中的精华元素与最先进的生产力相结合，才能与时俱进、真正走向世界。一旦做到这一点，就不但能使优秀传统得以持续，还很可能创生系列新兴产业，铸造新的起跑线，使中国重新跑在世界前列。

净琉璃世界不是梦

几千年前，菩萨问佛，修行的最终目的是什么？佛言“自此向东，穿过十个恒河砂子那样多的一个一个的世界，就到达一个叫作‘净琉璃’的国度。那里一片光明，晶莹剔透，每个人的身体内外都干干净净，每个人的眼睛都能够看清楚3,000个世界之内的万象。这里的众生都没有贫穷，也没有痛苦和烦恼，而且非常有智慧，随便他们想做什么事情都可以获得成功”。这就是佛所追求的最高境界。

但是人类在农业和工业生产力阶段，这个净琉璃世界只存在善良人群的愿望和幻想之中。信息严重不透明，生产活动和社会活动的盲目性很强，使得人类生产总量与破坏总量剧增，幸福总量并没有获得实质性增长。

1964年，一位英籍华人高锟博士（2009年诺贝尔物理学奖得主）从理论上证明，用玻璃纤维传递语音、数据和图像信息，比用铜线传输在速度上能够提高几百万倍。1970年世界第一根光导玻璃纤维由美国康宁公司制造成功。1972年，硅系大规模集成电路又在美国贝尔实验室问世，使信息技术迅速普及并朝智能化、全光网络方向发展。现在人类完全可以借助河里的沙子，提炼出硅系集成电路和光导纤维，通过无边界的知识生产和传播体系，使人类变得越来越智慧，社会也越来越透明。

尤其是在近30年，中国利用后发优势，跨越发展，在世界东方建立起世界第一大信息通信网络，并渗透到全国城乡，普及到相当低端的人群。这一成就除了仰赖中国通信人的敬业精神和长期努力之外，主要得益于网络的一系列后现代经济规律以及13亿人口的巨大市场。比如摩尔定律、吉尔德定律、梅特卡夫法则、达维多定律、新泰尔定律，都从多个侧面显示出强烈的规模经济性质，也就是用户量越大，使用价值和对社会的贡献越大，而单位成本反而越低。

有人说技术再先进也只是一种工具，如果人们利用网络制造信息不对称，那么我们的世界就会适得其反。比如现在网络给我们带来生活便利的同时，也带来了淫秽内容、垃圾短信、网瘾、诈骗电话，以及病毒木马、流氓软件等等严重的社会危害。然而这些危害的根源不在网络，而在于传统社会遗传下来的弱肉强食、二元对抗的文化基因；当然也与中国传统文化中的伪善、奸诈、诡异等糟粕成分不无关系。

随着信息生产力的进一步发展，互联网正在从低级阶段向智能化高级阶段迈进，实名制、透明化、讲诚信、负责任将成为网络智能时代的主流文化，人类将自觉或不自觉地进入无边界融合、大规模合作时代。虽然西方发达国家的制造技术还是比我们先进，但是东方文化中“兼容、共享、和谐”的精华基因更能够把最先进的信息生产力推向前进，净琉璃世界不再是梦。

第一章

信息产业方兴未艾

电话时代花落去

人类经过了四次信息技术革命，目前正在进行第五次信息技术革命。第一次是形成语言；第二次是出现文字；第三次是发明印刷；第四次是普及电报电话和电视；第五次是计算机互联网的迅速扩张。一百多年前，电的发明并没有很快促进工业生产力的发展，但是后来电动机的普及应用使工业生产力从蒸汽机阶段一下子跃迁到电力阶段。几十年前，计算机的发明也没有马上使生产力发生根本变化，但是后来互联网的迅速普及，使信息生产力一下子跃迁到网络阶段。

如果说第一次至第四次信息技术革命的成果都是材料、能量经济环境中的附属物的话，那么第五次信息技术革命的成果正在成为人类信息文明的最重要的基石。

1992年，国际电信联盟顾问委员会就提出"后电话时代"（post-pots era）的概念，认为进入20世纪80年代以后，由于计算机和通信技术的日益融合，多数国家的主要通信方式开始由简单的普通电话向更广泛的数据、图像、移动通信、智能网络和增值服务方向发展。

早在1977年，日本电气公司（NEC）董事长小林宏治在一个国际通信展览会上发表了题为"将计算机与通信相结合的发展方向"的演讲。此后，国际社会迅速形成"C&C构成未来世界"的重要概念。1978年，法国财政部长西蒙·诺拉创造了一个新词：Telematics，意为远程信息处理。几乎同时，美国哈佛大学的安东尼·奥廷格创造了另一个新词：Compunication，更是通信和计算机的合成词。这些都说明通信与计算机越来越不可分割。

其实，计算机在发明阶段就与通信技术具有不可分割的关系。早在1938年，贝尔实验室在试制新式自动电话交换机的过程中，就发明了世界上第一台继电器式的数字计算机，并发明了布尔逻辑代数。直到1946年，美国宾夕法尼亚大学试制成功电子数字积分计算机，除了将继电器换成电子管外，仍然基本采用这种数字电路的逻辑原理。这种电子管计算机的特点是体积大、造价高。美国总共生产了1,000台，日本共生产了3台。

1948年，第一支半导体三极管在贝尔实验室问世，1955年该室科研人员又研制成功硅系集成电路，为计算机技术的迅速发展与普及开辟了道路。目前几乎100%的计算机都成为通信终端设备，诞生出越来越多的信息通信服务方式。

计算机多媒体的出现，使人们对未来通信的基本模式产生了两种不同的理解。一种是三电融合，即电话、电脑、电视融合为一台终端通信设备，一机多用。另一种理解是三网融合，即由目前三个不同的网络（电信网、计算机网、电视网）融合为一种相同的网络，同时承担三类业务。现在看来，以光纤为核心的传输网络已经融合；传统的电路交换平台、广播分配平台正在融合为一个互联网综合服务平台；而终端接入越来越朝向个性化、多样化方向演化，根本不需要融合。

互联网的魔力

上世纪90年代以后，互联网以它神奇的魔力快速发展起来，这主要得益于它的独特的自组织方式和低廉的收费。它能够做到费用低廉主要是由于它能精巧地利用现有电信资源。但它有两个致命的问题。一个问题是这种无级别、无管理的网络继续发展，用户已经很难找到有用的信息。另一个问题是它的带宽通道还不适应大量视频交互信息服务。于是又出现了宽带互联网方案和"智能IP"概念，也就是吸取电信组网方式和网管方式，以适应更大范围的高速数据传输交换。

一个理想的、适应信息社会高性能的信息基础设施至少应该具备三层结构，即物理网络层、信息业务层和用户接入层。物理网络层主要由光纤传输和宽带交换或高速路由器构成，它主要用来支撑所有的公众基本通信服务；也支撑一些行业通过联合建设或者租用部分传输和交换能力组成内部网络或者虚拟专用网络。信息业务层包括利用物理网的传输交换能力向用户提供端到端的透明的信息传递的基本服务，也包括各种信息内容和各类应用服务。用户接入层指所有的用户终端设备通过有线、无线、固定、移动方式接入到任意通信业务交换平台的接口。接入的可以是最终用户，也可以是终端业务的转售经营者。从长远看，多数行业的内部专用网络应该被公共网络取代，就像运输服务业最终取代企业单位的内部车队一样。所以应该控制内部专用信息网络的发展，要么在十分必要时再建，要么尽量在公用网络基础上采用虚拟专网方式。

中国的互联网建设源自上世纪90年代初期，经过一些坎坷，终于在2000年之后走上了飞速发展的快车道。到2011年7月，我国互联网上网人数已达4.85亿，超过了美国人口数，成为世界第一大互联网市场。现在互联网服务模式正在快速侵蚀传统电信服务市场，除了宽带传输和接入之外，“任何信息服务统由互联网承载”。无论各利益集团的态度如何，“生产力决定生产关系”是个颠扑不破的真理。

光电极限几经突破

推动网络经济发展的有两个技术基础，一是超大规模集成电路，二是光纤带宽技术。20世纪70年代，英特尔公司的摩尔总裁发现芯片的集成度以每18个月翻一番的速度增长，这一发现被称作摩尔定律。摩尔是半导体管发明人肖克莱的学生，肖克莱在贝尔实验室发明晶体管并获诺贝尔奖以后，就与摩尔到美国西海岸创建了英特尔公司，最后成为计算机芯片的垄断提供商和硅谷的策源地。

20世纪90年代，吉尔德发现互联网所需要的带宽正以每6个月翻一番的速度增长，这一发现被称作超摩尔定律。从理论上讲，一根光导纤维的带宽可以供给几亿对人同时通话，但是由于受到电子器件时延特性的影响，一套光纤通信系统最多只能携带250万路电话。到20世纪90年代，人们用时间分隔技术把一束光电信号的载荷能力扩展到15万路电话，再沿着这个技术方向发展，已经得不偿失，于是科学家们把注意力转移到光纤的波分复用（WDM）上来。起初是几个光束、十几个光束，到1999年，在美国贝尔实验室工作的一个华人青年突破了1,022光束的密集光波分隔技术（DWDM）。这一技术的突破，可使制约互联网的带宽迎刃而解，使通信距离和带宽的成本因素大大降低，使整个网络产业的利益结构重新配置。

一个芯片集成度的大小取决于光刻的精度，以前人们认为芯片上的线间距离不能小于可见光的波长，因此0.17微米就是硅集成电路的线间距离极限。但是不久，美国成功地突破了这个极限，用量子技术实现了0.05微米的线间密度。这一技术的突破，可使10万门电话交换机的主要功能集成到一个芯片上，可使许多网络终端的功能植入人体，真正的奇迹不久就有可能出现。也许再过几十年，通信网络只剩下透明光纤连接遍布城乡的移动信息通信基站，智能终端将与某些人体功能融为一体，过去许多被认为只是科幻小说里的场景，在技术上都具备了实现的可能性。

插上智能化的翅膀

以往，人们认为只有生物工程普及以后，才能真正实现人机融合，促使人类社会从信息化走向智能化。然而令人吃惊的是硅系集成电路芯片很快做到可以植入人脑的程度。未来学家托夫勒将智能化叫作第四浪潮，也有许多学者认为即使依靠生物工程处理信息，它仍然是第三浪潮中的一个高级阶段。

将芯片植入人脑的人机融合可理解为广义的思维解读技术。这种支撑人机融合的神经网络技术和智能计算技术在近二十年来，受到了人们的广泛关注，科学家也为此投入了巨大的研究热情。智能计算的核心问题是关于人脑的模拟问题，其中，神经网络系统理论以人脑的智能功能为研究对象，主要研究与人脑的智能信息处理能力相关的信息处理理论方法。

由于人类大脑工作机理十分复杂，目前人类对自身大脑的认识还很肤浅，揭开大脑思维之谜任重道远，需要坚持不懈的努力。而且，目前计算机的主要应用仍然是信息处理和科学计算，对于智能计算，像分析、推理、判断、综合等方面，现代计算机仍然显得能力低下。

虽然技术派科学家为公众勾勒了“电脑人脑对接技术”的美妙前景，不过可以肯定的是，解读和控制人脑的种种技术，在短期内并不容易实现突破。要想实现解读或者控制大脑完成复杂动作的愿望，技术上的“瓶颈”很难逾越。因为人脑太复杂了，奥秘也一直没有被参透。就连一直雄心勃勃打算介入这一领域的比尔·盖茨也承认，想要实现电脑对人脑的解读、控制和“兼容”，至少是两三个世纪以后的事情。

目前的人机融合的“机器人”技术，尚处于外围的“脑机接口”或者生物电传送分析阶段。可将人机融合的思维解读技术划分为如下三个阶段：阶段一，生物芯片植入大脑末梢来解读简单信息，起到连接神经网络的接口作用。这个阶段，总体上可概述为以“人”为主的“机器人”阶段。阶段二，将记忆存储生物芯片植入大脑，人脑利用芯片进行存储、读写或者思维，即“半机器半人”阶段。该阶段还可以细分为，以“读”脑为主的前期和可“读”可“写”的后期。阶段三，人工神经系统可以模拟人脑，就是说生物芯片系统完全置换大脑，即完全“机器人”阶段。目前人机融合技术刚进入第一阶段前期。

涉及具体用途的机器人技术产品的开发研究，还需要认真甄别对待。比如用于工业的机器人、用于医疗卫生方面的机器人，技术越进步，智能化程度越高，对社会进步的正面影响越大。但是，如果有人研究开发专门用于控制别人大脑思维的机器人或者受控机器人杀手，那就十分可怕。再比如社会是否允许研究开发机器人性玩偶、机器人保安、机器人仆从，就需要进一步甄别讨论。

也有科学家利用脑电信号来控制计算机。这是一种持续300毫秒的电脉冲，通常出现在大脑进行决策的时候，有时候也被用于测谎领域。计算机可以“知道”受试者想选择屏幕上显示的哪个字母。尽管利用脑电图实现人脑机器接口相对廉价和容易实现，但是它的缺点也显而易见。脑电图显示的是大脑中1,000亿个神经元活动的总体状态，试图从中提取出特定的思维活动信息，就如同在万人大合唱中分辨出单个个人的声音。

有关研究证明了人们不仅可以从大脑中读出简单的运动指令，证实了思维意图储存在人脑前额叶皮层的一个区域，而意图的执行则发生在另外一个区域。更重要的是，这种非侵入式的接口技术提供了新的希望——机器可以读出人脑的抽象意图，比如打开电灯，阅读电子邮件，而使用者只需要自然地思考这些事情。

现在可以预料的是，未来人工智能技术一旦与信息通信技术相结合，将再次从根本上改变人类的生产面貌和生活状态。

协同是信息时代的主要特征

正值工业经济在欧洲如日中天的时候，马克思主义创始人分析了商品交换这个社会活动细胞，发现一个幽灵正在欧洲上空游荡。但由于历史的必然或者偶然因素，这个幽灵并没有在工业生产力发达的西方国家降落下来，而是在工业生产力比较落后的东方降落。但是很快又出现反弹，国际共产主义运动陷入先进生产关系和落后生产力的极度矛盾。进入21世纪以来，以网络为中心的信息服务逐渐成为世界多数发达国家的主要经济活动，并且正在以数倍于工业的增长速度在全世界范围扩展，这意味着一个新的幽灵就要降临。这个幽灵不再是工业生产力时代的集中控制的社会规则，也不是个人理性的自由主义规则，而是建立在网络约束条件下的联合起来的公共理性规则。无边界协同，平等合作，就是这个时代的主要特征。

上世纪70年代人们初识信息化时，大家注重信息机器（大型计算机），后来人们注重信息系统（MIS），进入21世纪以后人们开始注重信息网络，这是发达国家信息化的轨迹。而早在上世纪80年代中期，就有专家指出，中国不必走发达国家建设太多封闭信息系统的弯路，应该直接走上发展社会化信息网络的快车道。可是我国还是经历了购置大型计算机热、建设各部门信息系统热。1992年，美国政府提出了一个信息高速公路计划，我国又很快出现了群雄逐"路"的局面。由于过度效仿美国，致使我国信息化的努力在取得一定成就的同时，也交了过多的学费。

以往，理论界关注的焦点是研究信息变得越来越透明以后，如何改善原有工业经济结构下的运行规则，这些理论学者多出自一批数量经济学家，其中获诺贝尔奖者大有人在。但是，信息经济的核心内容应该是信息网络及其产业的经济学问题，恰恰在这个领域的理论研究近乎空白，而照搬或者改良工业经济理论，很可能把信息经济引入误区。

互联网的迅速普及，不仅改变了人们的生产、生活方式，也冲击着人们的思维方式和理论基础。比如，高科技产业是高质量高利润的行业还是高质量低利润的行业？知识财富是私人财产还是公共资源？相互依赖性经济的增长，未来特大型企业的约束机制是政府还是市场？交通、通信、供水、供电等公共基础设施需要的大量资金如何解决？面对这些问题的普遍存在，市场和政府都显得力不从心。信息社会正在呼吁除官僚支配和营利主义之外的第三种经济形态，即网络条件下的社会协同经济形态。

以信息服务为主要经济活动

如果说商品生产这个工业社会肌体中最活跃的细胞将人类带进资本主义社会，那么信息服务这个后现代经济中最活跃的细胞究竟将把人类带进一个什么样的社会？也许我们这一代人过多地接受了工业社会的理念，总是认为不论什么时代，人类都必须以钢铁、粮食、机器等满足人类物质需要的东西为主要生产对象，而满足其他需要的东西不过是物质财富的再分配而已，因此，最重要的永远是农业和工业，服务业不过是附在坚实肌体上美丽的羽毛。

其实，马克思早就指出过，“各种经济时代的区别，不在于生产什么，而在于怎样生产，用什么劳动资料生产”。[①] 农业社会人们用镰刀斧头生产；工业社会人们主要用机器生产；进入信息社会，50%以上的劳动者利用信息和知识，通过互联网以服务的形式从事生产。他们既生产粮食、机器等实物产品，也生产日益多样化的精神产品和服务。

十年前我在欧洲参观一个高度自动化的工厂，那里一个硕大的生产车间里的四条生产线基本无人管理，只看到一位工人在一个角落喝咖啡看报纸。原料库也无一人管理，只有机械手在货架上忙碌。成品库只有机器人负责输出和输入。而在白领车间，每个人都在工位上望着三台电脑入神。但也时常看到有人在休息角吃点心和聊天。工厂负责人十分感慨地说，我们的工业已经没有了发展空间，未来经济增长主要靠休闲、娱乐和信息服务等现代服务产业。

早在20世纪70年代中期，美国哈佛大学社会学教授丹尼尔·贝尔就发现人类社会的经济形态正在由商品生产向信息服务演变。由于两种经济形态之间存在许多原则差异，将会招致许多新的经济问题和社会冲突。最核心的一个经济问题是人们无法用市场条件来衡量信息服务的价值，又因为越来越多的信息服务是大家共享的，社会尚没有适当的机制去决定信息服务的合理配置。另一个严重的社会问题是人们需要做出的是一种公共决策，它不等于个人决策的简单总和，正如一辆辆汽车聚在一起会造成交通阻塞一样，个人决策加到一起将是一场噩梦。

尽管经济学家尚没有找到衡量信息服务价值的标准方法，但是信息经济依靠某种神奇的力量实现了飞速发展，这使人们直接感受到经济理论和社会科学的日益贫困。在商品生产社会里，机器居于支配地位，并决定着人们的生活节奏。时间被编排得井井有条。大规模生产同一种商品是工业社会的象征，能源代替肌肉提供生产动力。在以信息服务为核心的社会里，受过教育、掌握专门知识的专业人员是社会的中心人物，包括管理性劳动在内的信息劳动将成为主要劳动方式。

抓住信息化的历史机遇

人类社会从来离不开材料、能量、信息这三大基本生产要素。在漫漫的历史长河

① 《马克思全集》第23卷，人民出版社1957版，第204页。

中，人们靠山吃山，靠水吃水，到处寻找适合自己生存的绿洲，为了占有更多的实物资源，演出了无数惊天地、泣鬼神，相互争斗的壮歌。这就是以材料为主要生存环境的第一代人类文明。

蒸汽机革命之后，人们不再被动地适应资源条件，而是利用动力机器，让资源流动起来，创造了以能量为主导、以竞争为动力的生存环境，也就是第二代人类文明。必须充分肯定动力革命给人类社会带来的巨大影响。1774年，英国格拉斯哥大学修理工瓦特，对纽可门的蒸汽机进行了重大改进，使它达到实用化程度，从而大大推动了纺织、采矿、冶炼、机械加工等产业的迅猛发展。1807年、1814年，轮船和火车相继问世，使交通运输业发生了根本变革，并带动了造船业、机车制造业、铁路建设业等新产业群的兴起与发展。正如马克思在《共产党宣言》中所写的那样："资产阶级在它不到100年的阶级统治中所创造的生产力，比过去一切时代创造的全部生产力还要多、还要大。"然而事情总是有利有弊，我们也不可忽视工业文明对人类施行的种种报复。

记得孩提时代，有位下乡干部送给我一个精美的日记本，封面上画着一大片厂房和插入云端的大烟囱，迎面开来一辆突突冒着黑烟的火车头，旁边镌刻着一行金色大字："为实现社会主义工业化而奋斗。"当时我想，将来能在这样的工厂当个工人该多惬意！但我并没有想到，蒸汽机革命不但给人类带来了工业文明，同时也带来了自然资源的过度开采、能源的过量消耗、土地沙化、空气污染、温室效应和现代疾病，这些后果又反过来严重危害到人们赖以生存的环境。在20世纪六七十年代，美国最大城市纽约市区的垃圾曾堆积如山无人处理；日本妇女上街购物要戴防毒面具；英国交通严重阻塞，母亲们抱怨说孩子上学的马路简直成了死亡陷阱！专家们警告说，我们的城市因交通问题正在走向毁灭！于是，生态悲观主义者预言，人类进入21世纪不久，就会面临矿产资源耗尽、粮食增长终止、环境污染愈演愈烈的灭顶之灾。尤其是曾经席卷欧美大陆的能源危机，形成一种人类末日即将来临的不祥预兆。甚至有社会学家预言，世界所有以石油为动力的机械将全部报废，只有美国国内石油储备可供应军事之急用。然而时隔不久，发达国家的交通问题戏剧般地相继解决，能源问题虽然还未找到根本解决办法（比如核聚变），但是全世界单位国民生产总值的能源消耗大幅度下降。这是因为，信息通信在一定程度上实现了对交通能源的置换。

在这种情况下，各类与信息经济、信息社会有关的论著应运而生。这些论著不乏严肃之作，但大多是沿用工业社会的思维模式，只将信息产品（软件、服务）置换为工业产品，很少触及由信息服务引起的价值观念、预测方法、运营机制、支撑理论将发生重大变革的实质性问题。

最近几年，国际学术界开始关注信息网络给当代经济理论带来的严重挑战。因为谁能够掌握信息服务业的经济规律，谁才能执未来经济学之牛耳。但我国经济学界许多人热衷于用西方经济学中早已成熟的工业经济理论解释我国改革与发展中出现的所有问题。而对处于未来社会核心地位的信息服务及其内部规律，以及对社会、经济、科技、教育、文化、政治、理论带来的影响缺乏深入的研究和了解。

随着我国社会主义市场经济的发展，信息将越来越受到社会重视。但是一种不好的倾向是把信息服务过程比作商品的生产和流通过程。按照这种工业社会的思维定式，人们会像对待物质商品那样去独占信息资源，或者专有一套信息系统。这就造成严重的信息割裂，扭曲了信息共享这一根本性质。

重视当前实证对策研究是无可厚非的，但是忽视对未来问题的规范分析是更危险的，因为观念的落后才是最可怕的落后。我们必须承认这样一个历史事实：200年前的欧洲纺织工业革命使延续了几千年的中国丝绸文明黯然失色，世界经济重心从东方移到欧洲；100年前的电气革命又把世界经济重心从欧洲移到美国；信息革命正在促使它再次移向东方。可见上帝并不总是厚待强者，关键是欠发达国家在世界性产业结构调整中能不能捕捉到属于自己的历史机遇。

我国基础工业落后，但是信息基础设施并不落后。10年前我到美国最大的一家地方电信公司考察，发现他们的光纤化比率没有中国高，甚至保留了1/3继电器式的电话交换设备，同类设备在中国已经全部淘汰。我国精细加工能力落后，但是设计能力和系统集成能力并不落后。我国软件产业落后，但是软件人才和队伍并不落后。当前国际竞争焦点开始由传统工业转向高新技术产业，由精细加工能力转向智能和系统设计能力。一旦我们学会利用智力资源优势和最大的市场空间，一定能够在信息生产力平台上创造出前所未有的人类奇迹来。

在农村社会化服务体系中，无论是种子、农药、机耕、灌溉等专业生产服务公司，还是各类农用物资、产品的购销服务公司都越来越离不开社会化信息网络这个重要支撑条件。在城市，企业集团化的发展使信息网络显得更为重要，零库存生产是任何一个工业企业追求的重要目标，不仅需要在企业集团内部进行有效的生产调度，更需要及时掌握各种社会信息以便对实时变化的市场情况做出反应。

在现代服务业领域，对信息网络的依赖程度本来就高于工农业生产领域。各类交通运输体系越来越要求在路况透明的情况下运行，卫星定位和汽车漫游信息网络服务可使车辆空返控制在最小范围，客运定座和客房预约系统必须延伸到居民家庭才能发挥应有的效率。电子商务可把用户需要的商品送进家门，并通过手机网络付账。科研设计工作者可坐在家里访问各种知识库、方法库和数据库，真正站在巨人肩上进行科学的再创造。面对信息通信技术的全景应用，我国13亿人口就是无与伦比的潜在市场。

人类正处于工业文明向信息文明的过渡之中，这一过渡的一个重要特征是竞争焦点已经从硬件转向软件，从单机技术转向网络集成。我国工业精细加工能力长期落后，但是却拥有雄厚的智力资源和优秀的软件后备大军。只要继续运用信息化进程中的后发优势，把握千载难逢的历史机遇，世界经济重心肯定会再次向东方转移。

分布化协同发展道路

20世纪60年代，罗马俱乐部一份“增长的极限”咨询报告给人类敲起了警钟，部分学者还着意描述了资源枯竭、能源耗尽的人类末日景象。70年代一时走红的几本社会学著作开始把信息社会作为主要议题进行描述。作者大多又以“科技乐观主义”的基调驳斥了“生态悲观主义”的论点，在一定程度上把握住了社会发展的主流方向，其中许多论点还成为西方政府制定经济技术发展战略的立足点。但是，他们又用传统市场经济方法看待科学技术的发展，认为只要有了科学技术就可以赚取更多的利润，因而也就具备了补偿日益增加的科技开发成本的财力。这种肤浅的认识难免使他们走向本来立意的反面。

相比之下，哈佛大学丹尼尔·贝尔教授更严肃地分析了人类面临的难题。他在《后工业社会的来临》一书中指出，科技发展正在使社会经济形态由商品转向服务，由于许多服务是大家共享的，一个最核心的经济问题就是人们无法用市场条件来衡量这些公共服务的价值。“生产率的增长远远落后于服务总成本的增长，财政问题很可能是后工业社会无法解决的一个问题。”

然而，丹尼尔只看到了问题的一个方面，在另一方面，工业制造部门对经济的贡献是相加效应；而信息服务部门对经济的贡献是倍乘效应。来自多方面的研究表明，实物产品部门对国民经济的贡献大约是它的成本的几倍或一点几倍；而网络服务对国民经济的贡献往往是对它支付费用的十几倍甚至几十倍。但是由于人们缺乏在市场上衡量信息服务价值的条件，工业方法使它的效益、价格、需求规模和发展机制受到严重的扭曲。

同是面对信息社会，出现了集中化和分散化的两个极端观点。丹尼尔·贝尔教授认为：“后工业社会的许多问题，必须交给国家去寻求解决办法。”新闻记者出身的美国社会学家阿尔温·托夫勒则认为，第三次浪潮将使人类回到以自由个体、分散经营为主要经济形态的社会。

如果我们站到信息网络这个新的平台上重新审视经济活动，就会发现国家资本主义和新老自由主义都不适应未来社会。这是因为，在今后的岁月里，人类面临的首要挑战不再是生产多少钢铁、制造多少产品，而在于能否建立一个庞大的联结网络，使各社会组织协调运作。人类面对的是消费者直接参与生产，从而产出更高质的产品和更有效的服务。正如法国前总统德斯坦指出的，“解释社会和预测社会未来的传统工具已经不怎么顶用了。因为它们已不能用来说明这个逐步摆脱直接生产的世界”。这就是为什么今天几乎所有国家都在谋求经济改革与理论重建的根本原因。

在“生态悲观主义”和“科技乐观主义”之间，我们应该选择谨慎科技乐观主义；在经济集中化还是分散化的问题上，我们既不能选择单一集中化或单一分散化道路，又不可选择由分散到集中，再由集中到分散的历史循环论观点，我们应该选择一条分布化、协同发展道路。

生产力和生产关系的双重跨越

如果说系统论研究的是一个时代的哲学原则和思维方法；控制论研究的是一个时代的理性目标和手段；那么信息论研究的则是一个时代的组织机理。人们已经发现信息论能够比系统论、控制论更直接、更有效地把握我们这个世界的未来。

现代科学转化为直接生产力的速度越来越快，但是，由科学到生产力的转化过程一点也不能忽视。错误的选择会成为科学向生产力转化的障碍。电话的发明（1876）到电话公司的兴办（1878）只用了2年；电视的发明（1925）到电视台的兴办（1937）则用了12年；数字计算机的发明（1938）到正式应用则经过了9年，可视电话从发明（1963）到部分使用经过了30年，而毫米波波导通信发明了40年却没有应用，最后被光导纤维通信所代替。现代网络技术的选择更加艰难而沉重，法国20世纪70年代选择了可视图文（专用计算机集中数据库信息检索）网络，最后被互联网技术代替；日本曾选择模拟高分辨率电视技术，最后被数字电视技术代替；美国人曾选择低轨卫星移动通信（铱星系统），结果因找不到市场定位而宣布破产。

在技术的推广应用方面，历史上我国也走过不少弯路。鲁迅先生曾经悲愤地写道："外国用火药制造枪弹御敌，中国用火药制造爆竹敬神；外国用指南针航海，中国用指南针观风水；外国用鸦片治病，中国人拿来当饭吃！"

现在我们必须清醒地认识到，蒸汽机革命的主要贡献不在于欧洲纺织工业作坊用大烟囱取代大批人力岗位，而在于分化出独立的能源、交通产业。因为集中供能比烟囱林立的工业模式具有高得多的生产效率，社会化交通比专用运输工具更能发挥运输力。

信息技术革命也不在于用计算机取代一部分工人的工作岗位，而在于分化出一个现代服务产业，为社会生产和居民生活提供一个新的平台。计算机的使用方式就是人类工具从"单机"到"系统"再到"网络"的一个缩影。上个世纪中期，人们只能在计算站操作计算机，完成少量的科学运算；到上世纪后期，人们可以通过专用通信系统完成更多的运算和控制功能；进入21世纪以后，人们可以在家或者在自己的办公室操作网络终端，甚至在运动状态用手机上网，实现信息资源共享。

我国作为最大的发展中国家，拥有世界最大的信息设施建设和服务市场，非常需要深入研究网络产业发展的自身规律，从生产关系必须适应生产力发展的高度来把握整个产业的发展方向，探索一条利用后发优势的跨越发展道路。应该说，我国在20世纪后20年内，成功地实现了从黑白电视向彩色电视技术的跨越；从机电式电话交换向程控电子交换的跨越；从铜线电缆向光纤光缆和数字化移动通信技术的跨越。但是，我们无奈也走过不少的弯路。

大概是在上个世纪80年代，有位美国专家主张中国不要高新技术，而要适用技术。理由是中国是一条又大又旧的船，上面挤满了人，而且每个人都在用手划水，现在需要改为用木浆划水。如果安装一台发动机，这条大船就会沉掉。

在这种思想指导下，我国电信部门廉价购买过北美的二手模拟微波通信设备，日本淘汰掉的纵横制电话交换设备，后来又阴错阳差发展9,000万小灵通用户。当然我国技术人员很快发现这是个很大的陷阱，及时调整技术政策，从以适用技术为主、小步快跑式的发展战略，及早调整为以新技术为主、高起点跨越式的发展战略。在数字化、光缆化网络建设领域，中国的先进程度一度超过欧洲甚至美国。

但是在行业管理和产业经济领域，我国远没有跟上网络技术跨越的步伐。大家知道，三网融合是不可逆转的技术趋势。但是由于我国部门利益的冲突和行业管理不力，三网融合政策长期没有落实。

在计算机与电信的融合方面，世界各国没有出现什么难题。因为计算机网也好，互联网也好，一开始就是电信网的一部分或者是电信网的一个网上之网。西方三网融合的主要问题出在电信与有线电视的融合上。英国是世界上最早鼓励有线电视与电信融合的国家，早在1987年，英国一家电缆电视公司就获得了英国电信管制局的许可，作为第一家有线电视公司开始运营电话业务。但是由于种种原因，到全国电视公司申请的用户很少，后来英国政府又进一步放宽政策，使电视部门经营的电话用户数有所增加。5年后，英国电信运营公司也被获准经营按需点播电视节目，从而促使电信公司投资上百亿英镑，用于发展光缆电视网络。据统计，日前欧盟国家传统无线电视用户已经不到5%，有线电视用户占10%，而网络视频用户已经占到80%以上。

美国早在上个世纪中期就在各大城市分别建设了独立电缆电视网和本地电话网。从1993年起，美国地方电话公司开始收购有线电视公司，同时也利用宽带电信网提供视频点播业务，并加紧开发双向电视业务以传送商业信息、健康咨询和教育节目。

但是最有可能成为主流方向的还是将电信部门的网络优势和电视部门的节目制作优势结合起来。把各地电话公司、电视公司、长途电信公司，以及软件公司和影视节目制作公司甚至家电和家用电脑厂商统统融合起来，向社会提供多媒体服务。可是美国这个自诩为拥有最自由的资本主义制度的国家，在多大程度上能够接受这种融合和合作，人们对此表示怀疑。

对于有着几千年的东方文明和几十年的社会主义市场经济实践的中国来说，长期的系统思维方式应该更适应信息生产力的发展。当前在网络融合、信息共享方面出现难题主要是由于团体利益作祟。现在我国急需要做一些深入的而不是肤浅的、科学的而不是功利的、客观公正的而不是团体主义的系统研究，尽快建立一种多元化融合、多样化服务的经济运营模式，实现生产力和生产关系的双重跨越。

信息通信业的可持续发展

金融危机对工业制造业有较大的影响，但是对服务业尤其是通信服务业影响不大。因为所谓危机主要是没有需求，你生产的产品没有人买，于是就出现产能降低、经济萧条、失业上升。危机以后往往就会有通货膨胀接踵而来，也就是产品供不应求，面临货币贬值的压力。无论是金融危机还是通货膨胀，它们都会在总体上提高社会对信息通信服务的需求。尤其是这次金融危机主要来自外需紧缩，而通信服务的需求主要在国内，所以除了某些行业、单位对电信业务需求结构有一定影响之外，对整体通信需求不会造成太大影响。

据统计，2010年全国电信业务量增长依然维持在20%左右，业务收入增长6%—7%。固定电信用户减少1,400多万（全部是小灵通用户，固定有线用户略有增加），而新增移动用户突破1亿户，新增上网人数超过7,000万。

许多业内人士担心业务收入低于业务量的增速，会不会形成全行业的衰退。其实这种担心大可不必，增收低于增量是信息经济规律所致。正是由于竞争加剧、价格持续下降才导致低收入人群也用得起信息通信，而低收入人群进网，又诱发更大的通信业务需求。如果我们更积极发展光纤到户和移动宽带，将每月每线40—50元的语音收入换成每月80元的综合上网收入，电信业务收入至少还能增长一倍，这种独有的网络效应在后危机时代将对社会经济均衡发展起重要促进作用。党的十七届五中全会报告再次强调“经济结构调整、转变发展方式”的极端重要性，这意味着通信将面临诸多新的发展契机。

第一是外需下降，内需上升。而经济结构转型的核心就在于发展内需。第二是投资结构将侧重于增加消费能力，而不单依赖生产性投资需求。第三是现代服务业尤其是生产型服务业将获得更快发展。第四是对现有城乡结构进行调整，加快城镇化的进程。这些变化都对通信业提供了新的发展空间。

信息通信不仅仅是人们通话、聊天、获取信息的工具，它的监测、定位、控制功能正在快速向精准生产、公共服务领域渗透，成为当代最先进的生产力。

十二五期间，中国要大力发展生产型服务业，无论新型汽车、飞机还是其他机电装备的研发、设计、制造都可以通过网络（维基）实现服务外包生产方式，以实现更高的生产效率，这已经成为现代工业的制胜之道。

以往我国城市化发展过于集中和同构，而新的城镇化战略的关键在于实现区域化、差异化发展。信息化社会的本质是追求差异化、多元化和个性化。新的城镇化发展战略的需要与信息社会特点的不谋而合决定了这个时代会对信息通信产生更加多样化的需求。

后危机时代，我国将更加关注民生和包容性均衡发展，将经济改革与发展成就惠及更广大城市和农村、更多穷人和富人，而信息通信天然适应大众经济和均衡发展方式。

电信业面临宽带网络和业务的转型，除了光进铜退、光纤到户可以节约稀有金属和交换中心、数据平台可以降低耗电之外，宽带无线以及物联网技术的广泛应用将大大促进全社会绿色、低碳的经济发展方式。

当前中国粗钢产量已经突破6亿吨，遥居世界第一位，但高品质钢材却要靠进口。能源使用效率只有30%，发达国家已经达到50%。我国煤炭消费比重占能耗总量的70%，石油占18%，天然气占2%，水电仅占6%，核电刚刚起步，中国能耗结构极不合理。按照传统增长模式，我国单位GDP中耗费的能源是世界发达国家的2—3倍。靠传统发展模式还能维持多久是国人必须考虑的问题。信息通信突破了时空的制约，使得信息传递、搜寻、处理的成本极大降低；减少了市场中供求双方、竞争各方之间的信息不对称状况，提高了资源配置效率。这使得信息通信成为改造传统经济增长方式的有效手段。

近年我国通信发展走向平稳，有人认为通信发展已经超越了我国当前阶段的消费能力，甚至认为通信能力已经过剩，没有新的发展空间了。但是据权威部门测算，中国社会的综合信息化指数远低于多数发达国家，通信与信息化融合发展空间还大得很。

第一章：信息产业方兴未艾

如果说，传统电信还是按集中化、城市化和大工业生产规律发展起来的，那么以互联网、物联网为核心的信息通信网则必然按照分布化融合的规律发展。它将有力促进我国的产业转型、技术转型、经济转型乃至社会转型。

传统商业营销往往把有钱人当作主要市场目标，因为赚富人的钱更划算，按照嫌贫爱富的传统商业规则，企业不愿为平民提供廉价商品和服务。但是在信息通信领域，从高端市场向大众市场的转变趋势已经非常明显。根据网络经济法则，如果一个网络只供少数富人使用，可能没有什么信息流量。我国已经有过采用高端市场战略而失败的教训，仅靠少量高端用户难以支撑一个必须覆盖全国甚至全球的网络。

据联合国组织在欠发达国家的调查，高级网络信息服务在边远贫困地区的价值远比大城市高，一些有远见的企业家早已看好这里孕育着一个重要的潜在市场。从经济属性看，工业商品的特征在于内部性和独占性，信息服务的特征在于外部性和共享性。工业经济容易产生两极分化，信息经济更能促进共同富裕。目前出现数字鸿沟的主要原因在于按照传统市场经济规则，低端消费者尽管提升了全网价值，但他们没有足够的支付能力。要想使农村的潜在市场变成显在市场，社会急需建立一种为穷人服务也有利可图的制度安排和运行机制。

我国通信企业已经看到了为穷人服务的商机，在一定的政策激励下，乐意承担更多社会责任。我国要在十年时间内实现全面小康社会，不但要村村通电话、通电视，还要家家通宽带信息网络。看来这并不是什么神话，因为在世界新旧经济转轨时代，出现了有利于我国建设公平信息社会的历史机会。

第二章

比特与原子的摩擦

第二章：比特与原子的摩擦

现代经济的四个基本矛盾

20世纪70年代以来，以网络为中心的信息服务逐渐成为多数发达国家的主要经济活动，并数倍于工业增长速度在全球扩展。一个令经济学家们头痛的问题是信息价值的实现过程与资本增值过程是完全不同的两回事，经济教科书中建立的边际成本上的供求均衡曲线已经失去意义。从各国政府分拆电信到允许电信公司全球结盟、购并，从微软公司捆绑销售官司到网络经济泡沫破灭，种种迹象表明当今世界已进入一个新旧经济剧烈摩擦的年代。而网络最终将迫使人们放弃狭隘的达尔文主义观点，以兼容、平等和共赢的新市场精神拥抱整个社会。面对这一切，传统理论的许多假设前提开始动摇，人们必须重新构筑经济学乃至哲学思维平台。而揭露传统理论与现时社会的主要矛盾，则是创建这个新平台的重要前提。

1、工业经济与可持续发展的矛盾

几个世纪的工业社会使人们养成了过分追求物质财富的习惯，一方面，如果人们不去努力追求物质财富，今天的生活肯定还是像工业革命以前那样困苦；但是另一方面，无限制地追求物质财富，也会形成一个无意义的经济体系。一个人占有过多的物质财富，就像喝了过量的啤酒还要再喝一样有害健康，一个国家拼命生产了大量钢铁和水泥还要扩大产量，这个国家的经济和社会也要患病。虽然早就有人提出过生产的根本目的不是为占有更多的物质财富，而是为了提高人的生存质量，但是直到20世纪末，资源问题、环境问题日益突出，才使人们真正意识到过去的康庄大道已经到了尽头。

长期以来，世界上形成了衡量社会总产出的两大经济核算体系。一是集中计划国家的以工农业总产值为主要指标的核算体系；一是市场化国家的以国民生产总值为主要指标的核算体系。

工农业总产值指标体系排斥服务作为独立的经济部门存在，是反社会分工的一种过时的经济核算方法。国民生产总值指标体系则承认独立的服务产业存在，而且只统计各部门在购买别人劳动基础上附加劳动的增加值。显然国民生产总值指标体系比工农业总产值指标体系更为先进。我国从20世纪80年代中期开始，也逐步过渡到这一体系上来。

但是，国民生产总值衡量的仍然是在市场上买卖的商品和服务的价值。而且这种度量本身仅仅是加法性的，它不能把计算上的增加与实际产出的负面影响，以及计算上的减少与实际产出对总效用的倍乘作用区分开来。

比如我们的烟草业为国民生产总值的增加或者国家财政做出了很大贡献，但同时又引起疾病、危害健康、增加了社会成本。但是在统计中不论是财政贡献还是因治理污染、消除疾病增加的社会成本，都表现为国民生产总值的增长。

再比如，一项新技术可以大大延长某项设施的使用寿命，由于该技术的大量推广可以减少这项设施作为工业产品的产量，国民生产总值不但没有增加，还可能引起大幅度下降。尤其是信息技术的大量投入，很可能因节约能源、物质消耗，直接提高人们的生存质量而使国民生产总值下降，所以我们没有必要过分迷恋国民生产总值。

又比如，一家工厂购进了污水净化设备，它的生产成本有可能是人家的两倍，产品自然卖不出去，工厂就要倒闭。而偷偷排污的工厂成本低廉，市场需求旺盛。结果是善良者被市场淘汰，害人者得以繁衍，市场经济本身并没有这种甄别能力，人类社会无异被卷入相互残杀的时代。

工农业总产值也好，国民生产总值也好，其主线仍然是投入资金、获取利润，为了对社会总产出做出更科学的衡量，必须补充若干其他指标。从70年代末期开始，许多国际性组织建议采用综合国力或人类发展指数体系。新的核算体系将把环境、教育、安全、健康和居民生活质量等指标放在更重要的位置。

总之未来社会不是物欲无限膨胀的社会，人类也不会进入相互残杀时代。那是因为人们的理性迟早会认识到，社会更加需要的不是物质意义上的经济学，而是站在劳动即人的立场上的经济学。

工业经济的病根恰恰在于金融资本急功近利、盲目投资生产大量物质产品，反过来遭受资源耗尽、自然环境和人文环境双双恶化的严重报复。人类理性几经周折之后，最终还是会把发达的生产力主要用于高科技、高教育、高生活和高国民保障体系上来。遗憾的是传统厂商理论和制度安排都不具备这样一种机制。

2、经济个人主义与协同精神的矛盾

市场经济的鼻祖亚当·斯密在200年前就提出一个悖论：人们在追求私人目标时，

会在一只看不见的手的操纵下，实现社会资源最优配置和增进社会福利。也就是相信人的本性是自私的，但市场规律又天然具有一种平衡约束力，使每个利己的经营者和消费者在不损害他人利益的情况下，实现社会利益最大化，这一论断后被西方经济学称作帕累托最优状态。但是，帕累托最优状态在整个西方经济实践中并不存在，现实的市场经济在多数情况下不能导致资源的最优配置，这是因为垄断、外部性、公共物品、信息不对称的广泛存在。

某些产品和服务的规模经营必然会造成垄断。现代信息产业的经济规模出现了跨国联合扩张趋势，市场对于垄断企业形不成约束力，完全依靠市场肯定会使经济失衡。生产者的生产结果会对他人产生有利影响或者有害影响，消费者的消费结果也会对他人造成有利或者不利影响。某些生产和经营活动可能产生严重的环境污染，危害公众健康和社会安全，这些问题不可能由市场本身自行解决。国防、环保、绿化、道路、桥梁、广播等公共设施或公共物品，属于不付钱的消费或者非营利投资领域。

市场经济的一个重要假定是信息对所有经营者和消费者都是透明的。而实际上，消费者与经营者对商品信息的了解总是不对称的。于是自私的经营者必然会出现欺诈行为，破坏帕累托最优状态。

美国著名经济学家萨缪尔森指出，完全依靠市场实现资源最优配置的情形具有“几乎可以说是奇迹般的偶然性”。假如经济生活中仅有市场这只“看不见的手”发挥作用的话，那么自由竞争的结果更多的是低效率。前美国总统顾问斯蒂格利兹最近指出：“市场原教旨主义认为，市场本身会带来有效而公平的结果，华盛顿将这些观点奉为神明。其实，亚当·斯密那只看不见的手之所以看不见，原因是它根本就不存在……市场的确有非常强大的力量，但是取消一切管制，市场同样无法运行。”

1994年的诺贝尔经济学奖获得者、美国经济学家纳什用数学方法证明了人们在非合作博弈中的平衡状态。最后的结论是，在人们的相互交往过程中，每个行为主体的利己主义决策结果，可能是有效率的，也可能是无效率的，但多次重复这种决策肯定是低效率的。它实际上证明了亚当·斯密200年前提出的每个人自私自利就可以实现社会最大福利的假设的不可实现性。

随着网络技术进步和信息的日益透明，人们在多次交往或者重复博弈后发现，遵循平等合作规则要比通过欺诈获得少数几次不义之财更有利。一个新的经济学悖论正在形成：只有为别人创造了价值，自己才能得到合理的利益。

大家知道，利己主义假设曾经是市场经济的前提，这对于早期经济学冲出封建教会的牢笼是非常了不起的贡献。但是近30年来不断有人考证，经济人的利他和利己行为是同时存在的；而且社会越进步，信息越透明，利他主义的倾向就越显著。比如1993年，美国有74.3%的家庭给慈善机构捐款，捐款额平均为这些家庭收入的2.1%；有47.7%的人口每周做4.2小时的义工。这就又回到了人性本善和人性本恶的一个古老命题。其实在人之最初，呱呱坠地以后，为了自身生存需要的一切行为根本没有利己、利他之分。一个正常智商的人在满足基本生存和安全的需要之后，都会把交流和自我实现列入更高追求目标。

如果说满足基本生存条件尚要靠利己主义推动，那么交流与尊重则要靠平等互动来维系，自我价值的实现则要靠牺牲精神来换取。有人将高层需求和利他行为理解为个人长远利益最大化或者利己行为的另一种表现方式（沽名钓誉），这种庸俗化的理解是对人类“天下为公”理想共识的亵渎。

与过去不同的是，网络创造了平等、互动和协作的刚性气氛。也就是说，在网络环境中，自私自利者会遭受报复，平等合作者才得到合理回报。

3、商业技巧与诚实守信的矛盾

常常能听到一些学者的高论，说市场经济就是信用经济，似乎谁越有信用，谁就越赚钱，反过来是越有钱的人越有信用，这叫作“有恒产者有恒信”。但是翻开市场经济教科书，最基本的理论是利润最大化；走进书店，最畅销的经济读物是《教你如何赚钱》、《市场竞争三十六计》甚至《厚黑学》之类。你再到我国城市的商店走一走，几乎到处标示最后一天大甩卖。几乎所有的市场营销人员都挖空心思制造价格信息不对称，用信息不对称赚取超额利润，广大消费者天天在受骗。而且也许你今天受了骗，明天就会换一个位置去欺骗别人。

如何才能解开这个死循环呢？传统的办法有两个，一是靠商业道德的社会教化，二是依靠政府来监管市场行为。但是道德教化在逐利性的市场机制面前已经是那样苍白无力；而政府在市场经济中也要追求自身利益最大化，在许多情况下，政府成了破坏市场诚信的罪魁祸首。

最有效的办法是在透明信息网络条件下，建立无所不到的非正式公共约束机制，形成全民社会监督体系。这样，使诚实守信者得到社会应有的尊重，使坑蒙拐骗者承担高昂的成本。

4、资本与知识的矛盾

工业生产力产生的是资本家为首的社会，信息生产力产生的应该是知识阶层为首的社会。有人提出“知本家”的概念，我们姑且避开这个概念的歧义性，仅从社会本质看，知本的社会属性肯定与资本完全不同。因为在工业时代，经济理论是依靠“原子稀缺性”和“占有性”之间的矛盾而存在与发展的；而信息时代的新经济理论将依靠“网络泛在性”和“共享性”存在与发展。

再从人格化上看，资本家的本性肯定是渴望贪婪占有物质财富；而知识阶层的本性则是体验知识。虽然今天的网络造就了少数一夜暴富的网络精英，但知识产权问题、网络欺诈问题、不良信息问题层出不穷，这正是新旧经济剧烈摩擦的产物。随着社会的日益透明，利润摊薄、社会扁平的趋势将不可逆转，从总体上看，知本家也不会变成资本家，他们将是宁愿维持中产水平，而更多追求自我实现的社会中坚力量。如果说工业社会是资本雇佣劳动的社会，那么随着社会轴心由资本到知识的转移，雇佣关系也将发生倒置，也就是劳动开始雇佣资本，这一点已经在软件公司和设计创意企业有所体现。

我们还可以将马斯洛的五级需求模型简化为三级，就是生存、交流和自我实现。如果说人们解决生存问题尚需要以“利己”为伦理基础的话，那么信息交流的伦理基础应该是“平等”，而自我实现的伦理基础则应该是“利他”，而利他的最终结果还是平等。所以从经济发展主流看，未来世界肯定是平的。

信息网络对社会的十大影响

1、农业集约化

我国曾恪守“农业的根本出路在于机械化”的信条。农业长期依靠集中化发展，并没有为农业机械化铺平道路。后来，我们又提倡个体农民购置小型农机设备、小型水利设施，甚至小型农用飞机。结果我国“三农”问题仍然是改革与发展的核心难题。

近年来，我国开始重视农村社会化服务体系的建设。认为农业与信息产业无缘的观念正在成为过去。一些地区率先依靠社会化服务体系实现精细化作业、集约化经营，以这种方式生活的农民对信息网络的依赖程度远远超过一般的产业工人。

2、工业柔性化

在工业领域，当初自动化的含义是工人按电钮让机器自动地大量生产某种产品。这种自动化除了将工人原来的机械操作换成电气操作之外，工人工作的本质没有什么变化。而今天的工业自动化正在由系统自动化向网络自动化发展。整条生产线甚至整个工厂可以按照事先编好的程序，实现无人化柔性生产。大量的现场人员被削减下来，充实到软件车间、销售部门、市场调研部门，甚至充实到工厂以外的信息服务部门。

在不久的将来，消费者可直接通过计算机网络，把自己需要购买的商品的特征、尺寸等数据信息输入进去，通过网络支付之后，就可以启动柔性生产线生产所需要的商品，然后由社会化物流配送体系直接送到消费者手中，从而实现真正意义的零库存生产。

3、城市分布化

集中化的工业需要建设集中化的工厂，也必然形成集中化的城市。一百多年前人们盖起了摩天大楼，使那里的地皮寸土寸金。半个世纪以后，有钱人又开始搬到郊区别墅，甚至回到"简单生活"。在工业社会人们要么为了效率而牺牲生存环境，要么为了环境而牺牲效率。到了信息社会人们终于找到了既不牺牲效率又不影响环境的两全之策，那就是网络产业构建起来的分布型区域化城镇。

4、运输实时化

我国铁路系统每天有几万客货列车在10万公里铁路线上奔跑，几千万旅客在沿线流动，几千万吨货物在装卸和运输途中。要使这样一个庞大的系统紧张有序地运转起来就必须有一个全天候的通信体系。近年来我国铁路经过了多次提速，而交通运输的提速需要增加的成本中有很大一部分就是完善信息通信网络的成本。

在高速公路建设中，一般需要配备的通信监控系统占全部投资的20% 以上，航空运输的信息通信成本更高。人们对交通运输不仅需要随时随地预定客货舱位的服务，还需要随时掌握客货在途状况以及获得在途的各种预期信息。这些需要的满足不仅要依赖于完善交通运输的内部网路，更依赖于整个社会化网络的支撑。

随着网络产业的迅速发展，应于用数字化地图和移动通信手机的卫星定位技术，正在成为一个庞大的服务产业。不论你开车还是乘其他交通工具，只要有一部手机就可以对一个陌生地域里哪里有路口、哪里有饭店和医院一目了然。

5、商业配送化

电子商务是人类经济发展的必然产物，代表人类商务活动的未来。有研究表明，利用电子商务的企业一般可节省10% 的采购费用，增加30% 的销售机会。还可以减少库存，缩短生产周期，改善客户的满意程度和服务质量。然而网上交易的一个重要前提条件是网络信誉和网络支付体系的建立，因此各国都非常重视电子商务立法和社会信用体系建设。

6、金融信用化

银行联网支付系统、自动化清算系统、储蓄通存通兑系统以及各类电子货币、电子金融卡、信用卡在国外已经相当普及，在中国城市也正处在快速发展阶段。1996年，全球第一家网络银行问世，该行仅以一个普通分行的成本为分布在世界各地的众多客户提供全天候服务，被一些金融专家看作传统银行模式走向终结的开始。

7．教育远程化

远程教育将使处于交通不便地区的学生也能够接受国家一流的教育，并节约大量用于交通食宿的费用。但是信息网络对教育产生的最重要的影响则在于它正在改变教育方式和教育制度。也许对于通才教育，有条件的人们还是愿意到少数正规学校去接受那里学习氛围的熏陶，但是对于越来越重要的职业或专业教育，人们则愿意采纳远程教育方式。尽管现在的教育制度对于注册、学历还有许多限制，但是远程交互式教育终将促使教育制度朝向有利于普及化的方向变革，使愿意接受任何教育的人以更方便的方式和负担得起的费用享受先进的、高品质的教育服务。

8、医疗会商化

过去有人认为远程医疗是少数有钱人享有的一种超值服务，后来有人研究发现远程会商式的医疗在贫穷落后和欠发达地区更有市场。因为这里一般都缺医少药，医疗水平不高。病人要到城里看病，单单交通费、食宿费少则就要上千元。如果通过现代信息技术在我国县、乡与中心城市之间建立一套医疗会商网络，一般平民百姓不用长途奔波就可以享受到起码是诊断一流的服务。当然目前的难点也许不是技术问题，而是经济结算关系和相关法律责任及医疗制度的问题。但是我们相信经济关系不应该成为先进生产力的羁绊。

9、公务透明化

政府通过互联网可以让公众迅速了解政府机构的组成、职能、办事章程和各项政策法规，提高办事效率和执法的透明度。同时普通民众也可以在网上与政府领导人直接交流信息，反映大众的呼声，促进政府职能转变和公共事务的民主化。为了促进政府上网，许多国家都制定了电子政务公共技术标准，使政府各部门间实现互联互通，真正发挥电子政务的效益。

10、劳动高级化

人类劳动可分为纯粹力学式、位置移动式、机械反应式、信息操作式、智能创造式这样五大方式。随着信息网络的拓展，人类直接从事力学式、移动式职业劳动已经很少，直接从事机械反应式劳动在发达国家也不过20%，而从事信息操作和智能创造式的职业劳动已经超过50%。也就是说人作为最重要的生产力正在退出直接生产过程，只承担原来的监督者和管理者的那部分职责。正如马克思早就预料的，“劳动表现为不再像以前那样被包括在生产过程中，相反地，表现为人以生产过程的监督者和调节者的身份同生产过程本身发生关系”（《马克思恩格斯全集》，第46卷下册，第218页）。劳动高级化的直接后果就是创造更高的社会生产效率，“既然这种劳动力的价值较高，也就表现为较高级的劳动，也就在同样长的时间内物化为较多的价值”（《马克思恩格斯全集》，第23卷，第223页）可是按照我们的传统理论，只有一线工人的劳动才创造价值，信息服务和管理性劳动都不创造价值，这不能解释“一个国家的生产人口越少，国家就越富。因为生产人口相对的少，不过是劳动生产率高的另一种表现”（《马克思恩格斯全集》，第26卷上册，第229页）。面对人类劳动的高级化，传统的劳资关系也会发生逆转。工业社会是资本雇佣劳动，信息社会可能是劳动雇佣资本。这种新的劳动价值论一旦建立，很可能动摇工业社会主流经济学的理论根基，促使人们重新认识网络时代人类社会发展的方向性问题。

第二章：比特与原子的摩擦

新旧经济的十个摩擦

1、企业规模越大越好还是越小越好？ **20世纪80年代，西方经济界倡导“凡是小的就是好的”社会理念，极力主张把大企业化整为零。认为船小好调头，只有小企业才能适应信息社会多样性、非标准化的需要。进入90年代以后，面对企业利润摊薄，企业界联合合并风潮不断，网络经济使距离因素趋于死亡、收益递增使做得最好的企业能够获得无边界扩张的机会。西方又有人提出企业只有做大才能降低成本，提高效率和抵御风险。那么未来社会究竟是众多灵活小型企业的自由乐园还是少数大型企业才能进入的游戏场？拟或是一种前所未有的崭新的企业组织形态正在萌生？如果按照传统逻辑关系，未来社会充满不确定性，只有小企业特有的灵活性才能与之适应并获得迅速发展的机会，只有发展扩张成为大企业以后才能适应未来社会日益摊薄的利润。这使企业的规模问题陷入两难悖论。**

2、未来企业是高利润还是低利润？ **工业经济领域追求低投资高回报，网络企业的投资者也期望获得高额回报，但是近二十年的实践一次又一次告诉人们新兴产业的回报率往往很低，传统电信业也正走向收支平衡。那么网络时代究竟是高利润时代还是低利润时代？工业时代的企业成长周期较长，先进入者总有一个高回报期，网络时代新技术、新理念的快速渗透将使这个高回报期不复存在，社会是否正在回归零利润交易？**

3、高度专业化还是高度综合化？ **一方面技术进步使许多企业成功地走上多元化、综合化经营道路，鸡蛋要放在多个篮子里才能平抑风险。另一方面，网络经济又使距离的成本因素趋于死亡，只有专业化无边界扩张才能在越来越细化的社会分工中坐上头把交椅，把鸡蛋放在多个篮子里会使企业因精力分散面临更大风险。从现代企业实践看，最成功的企业依然是专业化大公司，比如微软、诺基亚、麦当劳。应该承认，仅仅依靠区位优势的杂货铺时代已经过去，未来的赢家一定是既有大公司品牌，又有小公司灵活性和专业化优势的企业集团。**

4、是竞争升级还是回归垄断？ **20世纪80年代美国人为了促进竞争，将世界最大公司AT&T一分为八，90年代又开始了一场旷日持久的合并风潮，于是有人喊出重建垄断时代辉煌的口号。人们为了保护竞争而打破垄断，竞争的结果则是由少数赢家垄断市场。那么能不能用规制手段找到一个适度有效竞争的平衡点？**

5、自然垄断在增强还是在弱化？ **1997年我国就有一批学者通过论证得出所有行业的自然垄断性质已经不复存在的结论，理由之一是技术进步降低了竞争者进入的门槛，理由之二是我国垄断性企业的规模已经大到成本曲线开始上升的阶段，继续扩张效率就会降低。不久我国又有学者发现，网络经济的经济规模与企业效率的平衡点出现无边界扩张倾向，过去可以全国一个网络，现在可以大到全世界一个网络。因此网络企业的规模经济性不是在削弱，而是在增强。**

6、市场选择还是政府干预？ **市场要求政府弱化以致取消对网络行业的管制，全面自由竞争是传统市场经济的理论核心。但是自由竞争却形不成网络特有的互联生产力，结果是少数几家甚至一家最成功的企业重新支配市场，而市场本身并没有遏制形成这种支配地位的能力，这就又需要政府管制。但是政府管制又存在政府和企业之间的信息不对称以及政府与所管市场利益相关两大缺陷，这就又回到“没有政府干预不行，有了政府干预更糟”的诺斯悖论。**

7、社会结构是集权还是分权？ **人们一般认为工业社会适应集权结构，信息社会适应分权结构，因为互联网就是一个没有控制指挥中心、没有管理层次的自组织结构。但是也有人认为网络时代将使政府具有更强的信息获取和控制能力，更有条件通过集权来实现公平和效率。最近人们又发现互联网结构的重大缺陷，就像一辆辆汽车都要上路，完全依靠个人决策将会是一场灾难。互联网专家正在研究第二代、第三代改进方案。未来的社会结构可能既不是集权又不是分权，而是呈现一种分布式有序化的决策结构。**

8、相互依赖性还是各自独立性？ **工业社会的发展无疑要靠行为主体的相互依存关系，工厂和大机器把工人群体牢牢组织在一起，使工人阶级成为最有纪律性的阶级。未来社会是以知识或智能为主要生产力的社会，自由散漫、弹性工作是这类劳动者的特点。这是否意味着网络时代要靠聪明人的各自独立性来推动社会发展？那么网络把人们联结在一起的作用又是什么？**

9、知识财富是私人财产还是公共资源？ **历史地看，人类所掌握的知识大都是前人的无偿遗产，一个人要获得知识就必须花费自己的劳动，但人们从小学读到大学，并没有掏腰包购买前人的知识产权。到了网络时代，知识产权的保护范围正在扩大，这种保护究竟是有利于人类进步还是不利于人类进步？如果允许人们一方面无偿**

收集别人的知识，另一方面用把开水烧到99度的极低成本生产出新知识，然后用零成本大量复制，再按照工业市场规则形成价格卖给消费者，那么，全世界的财富就会全部集中在少数几个比尔·盖茨手中。

10、网络制造均富还是数字鸿沟？ 信息的普遍渗透性使社会资本开始大量分散，社会基金、用户股份、小投资者遍及整个社会。每一个社会人都是网络大家庭的成员，同时又直接或者间接地拥有公司的一小部分财产。大家都用自己的知识财富在共有的网络上播撒富裕的种子，这就是网络的均富效应。但是网络技术高度发展使信息快速流动，又加剧了信息的不对称性。信息特有的收益递增效应使社会财富快速流向少数人的手中，必然出现多数人的相对贫困，从而可能导致新的革命。那么网络经济究竟是制造均富还是造成更大的贫富悬殊？如果我们的基本理念还是停留在工业时代，对这类问题就不会找到满意的答案。

网络经济的六个基本定律

网络经济在遵守一般的经济运行规律之外，亦有其自身的运行规律，从20世纪60年代以来，便有很多IT业学者、企业家从网络经济运行的实践经验出发，总结出多条规律。比较突出的有以下六个定律：

一、摩尔定律（Moore's Law）

这一定律是以英特尔公司创始人之一的戈登·摩尔命名的。1965年，摩尔预测到单片硅系芯片的运算处理能力，每18个月就会翻一番，而与此同时，价格则减半。实践证明，40年来，这一预测一直比较准确，预计在未来仍有较长时间的适用期。2010年的一台普通电脑的运算能力已经是1975年时一台普通电脑的1,000万倍。

二、达维多定律（Davidow's Law）

这一定律是以英特尔公司副总裁达维多的名字命名的。达维多认为，一家企业要想在市场中总是占据主导地位，那么就要做到第一个开发出新一代产品，第一个淘汰自己现有的产品。这一理论的基点，是着眼于市场开发和利益分割的成效。人们在市场竞争中无时无刻不在抢占先机，因为只有先入市场才更易获得较大份额和高额利润。英特尔公司在产品开发和推广上奉行达维多定律，获得了丰厚的回报。英特尔公司始终是微处理器的开发者和倡导者，他们的产品不一定是性能最好的和速度最快的，但他们一定能做到是最新的，为此，他们不惜淘汰自己哪怕是市场上正卖得好的产品。达维多定律揭示的真谛是：不断创造新产品，及时淘汰老产品，使成功的新产品尽快进入市场，形成新的市场和产品标准，也就是掌握行业标准，制定游戏规则。要做到这一点，其前提是要在技术上永远领先。

三、梅特卡夫法则（Metcalfe's Law）

按照此法则，网络经济的价值等于网络节点数的平方，这说明网络产生和带来的效益将随着网络用户的增加而呈指数形式增长。从目前的趋势来看，互联网的用户大约每隔半年就会增加1倍，而互联网的通信量每隔100天就会翻一番。目前全世界的网络用户已飙升到20亿。这种爆炸性的持续增长必然会带来网络价值的飞涨。这正是凯文·凯利所说的"传真效应"，即"在网络经济中，东西越充足，价值就越大"。

四、吉尔德定律（Gilder's Law）

据美国激进的技术理论家乔治·吉尔德预测：在可预见的未来（未来10年），通讯系统的总带宽将以每年3倍的速度增长。随着通讯能力的不断提高，每比特传输价格朝着免费的方向下跌，价格点无限接近于零。网络经济的基本定律不仅展示了网络经济自我膨胀的规模与速度，而且提示了其内在的规律。

五、新泰尔定律（New tarr law）

在电信产业链中原来说管道为王，有人说以后是内容为王。而新泰尔定律认为，随着网络有效竞争的加剧，同一细分市场的同质竞争将快速过渡到异质竞争，从而形成更为紧密的产业链条。在这个新产业链条之中，每个环节相互依靠，形成公平的价值链。也就是说，既然不同经营者之间谁都离不开谁，就不再存在由谁为王的问题，链条的各个环节都很重要，利益必须公平分配。

六、高氏比特需求定律

互联网中的数据流分两种，一为工作用的文件，占用空间非常小，但很重要；二为娱乐用的视频，重要性不大却占用大量空间。人们对这两种比特的需求与其重要性呈反比，这就是高氏的“比特需求定律”。在互联网上的表现结果是，人们越来越希望获得更多视频信息，现有的IP技术却无法支持，就好比在自行车道上跑汽车，图像质量差且不能即时。更为致命的是，由于视频需要占用的网络空间巨大，一旦应用人群上升，必将导致网路阻塞甚至“爆机”。这正是追求数据高度安全性的IP技术的“软肋”。

互联网的四种社会精神

如果说延续了100多年的电信网络继承了工业社会的某些（宝塔结构、集中控制）系统特征，那么互联网则体现出与工业社会完全不同的结构特征和社会精神。

——开放精神

互联网具有一个四通八达、没有边界、没有中心的分布式结构，它体现的是开放的理念和无所不到的设计原则。任何人只要拥有一台计算机和简单的上网设备，就可以接入互联网，向世界发布信息，传播自己的观点和理念，同时也可以选择自己喜欢的信息和内容。在这里，信息跨越了时空界限，实现了自由流动。

经济交易领域同样受到互联网开放性的重大冲击。任何一个交易主体，只要乐意参与交易，就可以跨越地域界限，不受年龄、性别、身份约束，非常方便地参与到市场中来。这就是互联网所带来的“无边界”的交易市场。

——互动精神

长期以来，广播电视是由权力中心控制的“大喇叭”进行单向传播；电报电话网虽然有了双向互动功能，但在结构上仍然是由汇接中心控制的“树状网络”。互联网的实时互动和异步传输技术将彻底改变信息传播者和接受者的关系。任何网络用户既是信息的接收者，同时也可以成为信息的传播者，并可以实现在线信息交流的实时互动。

——平等精神

互联网的水平存在方式决定了网络是一个平等的世界，在网上人们的交流、交往和交易，剥去了权力、财富、身份、地位的标签，在网络组织中成员之间只能彼平等相待，同时网络使我们的世界更加透明和精彩。

最近虽然产生了很多利用互联网危害社会、危害他人的案例，但从长远看，网络就像城市马路上的电子眼，你必须时时事事为自己的行为负责，任何经济主体都要按照公共规则进行公平交易。因为在透明环境中，任何不轨行为都可能跃然网上，诚信经营比利用奇技淫巧骗取不义之财更能获得持续发展的机会。

——自组织精神

如果说传统电话网络尚具有工业社会的宝塔式分级结构、控制中心等明显的被组织特征，那么互联网则体现出无级别、无中心、无控制，但又是有序的自组织特征。20年前我国有控制论专家热衷于把计算机比喻成大脑、把通信比喻成神经的人体仿生理论。最近科学家发现，人脑由1,000亿个神经元组成，每个神经元都相当于一台计算机，它们之间没有中心指挥系统和分级管理系统，完全遵循一种平等互动的“兴趣社区激发”式工作方式。这恰恰与目前互联网的工作方式吻合。随着生产力的进步，人们开始意识到，社会信息化不应该是人体仿生的过程，而应该是人脑仿生的伟大过程。

网络企业的十个经济特征

1、服务贸易性

从总体上讲，信息产业具有服务贸易性，也就是说，信息产业向消费者提供的主要是服务而不是商品。现代市场经济包括商品贸易和服务贸易两大组成部分，而服务贸易尤其是网上信息服务贸易代表未来交易的主流模式。目前理论工作者的一个重要任务是要认真研究信息服务贸易的特点和相应规则，不要把它看作只是由计算机生产出来的某种特殊商品。所谓特殊商品应该是指药品、卷烟、食盐等具有特别影响的少量商品，而不可能是越来越占有重要市场份额的信息服务。前几年，我国不少城市仿照商品展销的办法修建了许多信息商场，搞起信息交易会、信息拍卖会，大都以失败告终。这就是忽视信息网络经济特征的直接结果。

2、外部经济性

西方经济学认为，某些经济活动具有很强的外部效益，这是造成市场失灵

（Market Failure）的一个主要因素。而网络产业是公认具有明显外部正效益的经济活动。这似乎用不着做什么论证，因为大家都知道，接电话的人不用付费就会获得可能是非常有价值的信息，据测算，电信的社会效益在发达国家是电信企业效益的几倍，在落后国家是十几、几十倍。与之相比，某些污染环境、危害公众健康的工业企业所从事的是具有外部负效益的经济活动。

3、平等互联性

网络服务是对标准化连接要求最严格的经济活动。尽管信息技术种类层出不穷，终端设备多种多样，但是必须统一格式、统一语言、统一服务方式。全球网络化正在把人类编织进同一个产消体系。互联性带来的又一个难题是网间经济结算关系，不同的网络、不同的经营者共同完成一项信息服务，新增接口成本如何分摊？计费和收费谁来负责？共同收入又如何分配？这是商品经济所没有的情况。

4、自然垄断性

最初人们把以自然条件为决定因素形成的垄断性事件称为自然垄断。后来自然垄断主要指一家或极少数企业依赖独特的资源优势，在规模经济和范围经济显著的条件下获得比多家企业经营某类产品或服务效率更高的现象。一般认为铁路、公路、通信、自来水、电力、煤气均属自然垄断行业。20世纪80年代以来，为了降低垄断带来的负面影响，各国政府采用行政或者法律手段打破了独家垄断的局面，但是自然垄断性仍然是网络服务的一个重要经济特征。

5、快速扩张性

网络企业的媒体示范作用，使得许多小企业依靠先进的经营模式可以迅速获得投资，或者吞并大企业实现快速无边界扩张。美国在线公司并购比它大得多的老牌媒体大亨时代华纳就是以小吃大的范例，这在工业经济阶段是难得一见的。

6、可共享性

实物商品在占有方式上是排他的，一件商品已被某甲占有就不可能同时被某乙占有。而信息则可以同时向多个消费者出售（检索服务），由多个消费者共享。

7、成本递减性

一般工业企业的成本曲线呈U字型，产量超过一个适度规模以后，随着产量的继续增加，平均成本AC和边际成本MC开始上升。而信息在理论上可允许无限多的人同时共享，软件可以零成本复制，以致形成平均成本和边际成本骤减效应。一个工厂多生产一件产品至少需要多投入一份材料、多消耗一份能量，而一个信息库建成以后，一个人检索和一万个人检索，所消耗的成本基本不变，也就是边际成本趋于零。同样，一个电话开通以后，不论每天打一次电话还是打一百次电话，所消耗的成本也是一个常数。这个问题直接影响网络服务的价格政策和价格理论。

8、效用递增性

一个人拥有的财富（或者商品）越多，每增加一份财富对这个人的效用就越小。这就是经济学中著名的边际效用递减理论。西方福利经济学派由此推出，只有适当转移富人的财富给穷人，才能实现社会财富整体效用增加。但是经济学远不像线性数学关系这样简单，人们在效率与公平之间长期处于两难选择的境地。直到最近人们才发现，信息与物质财富在边际效用上恰好具有相反的性质。物以稀为贵，信息则以多为贵。一个人拥有的信息越多，每增加一条信息对这个人的效用就越大。常识也告诉我们，一个穷困潦倒的人，你给他一百块钱，可能救他一命，或者改变他的一生；一个百万富翁多得到一百块钱几乎没用；一个近乎白痴的人，你给他一条信息，效用近乎为零；只有掌握大量信息，知识渊博的人，每增加一条信息他才最知道如何发挥这条信息的使用价值。这种信息独有的性质将会直接影响未来社会的财富分配，富人和穷人可能要重新定义。

9、交易不可逆性

在商品交易中，一般允许退换，实行三包。信息及其网络服务，一旦提供出去便不能退换，只能是一个单向过程。这也是制定信息服务交易规则必须考虑的重要问题。

10、价值的不确定性

消费者购买某项信息服务之前，很难判断它的实际效用大小，也估计不出应该凝结多少一般劳动。一条信息给某甲是对牛弹琴，给某乙就可能价值连城。往往是说者无心，听者有意，支付主体和受益主体很容易发生错位。

网络经济对传统理论的八个挑战

1、信息共享对产品稀缺理论的挑战

工业社会使人们养成更多占有物质财富的习惯。

虽然早就有人提出过生产的根本目的不是为占有更多的物质产品，而是为了提高人的生存质量。但是直到20世纪末，资源问题、环境问题日益突出，才使人们真正意识到过去的康庄大道已到尽头。现代经济的病根就在于急功近利、盲目投资生产大量物质产品，反过来遭受资源耗尽、自然环境和人文环境双双恶化的严重报复。

而发展信息生产力，可以大量节约资源和能源，减少社会交易成本，提高消费理性，淡化人们的物质占有欲望。如果说工业经济面对的主要矛盾是稀缺性和占有性的矛盾，而互联网经济的基础资源不再稀缺，消费方式也从占有性转为共享性，成本曲线与价值实现形式发生了根本性变化。共享信息价值与追求超额利润已成为网络经济的主要矛盾，这可能是信息产业发展实践向传统理论提出的一个最严重的挑战。

2. 网络精神对经济个人主义的挑战

市场经济的鼻祖亚当·斯密在200年前就提出一个悖论：人们在追求私人目标时，会在一只看不见的手的操纵下，实现社会资源最优配置和增进社会福利。也就是相信人的本性是自私的，但市场规律又天然具有一种平衡约束力，使每个利己的经营者和消费者在不损害他人利益的情况下，实现社会利益最大化。这一论断后被经济学家帕累托演化为帕累托最优状态。20世纪末，一场经济自由化运动席卷全球，一些大腕学者还把美国的经济个人主义精神提高到“世界共识”的高度向发展中国家强力推介。

以网络为基础的经济活动进一步证明，完全依靠经济个人主义根本形不成网络生产力，网络的天然规则就是平等、合作和互动。1994年的诺贝尔经济学奖获得者、美国经济学家约翰·纳什用数学方法证明人们在相互交往过程中，每个行为主体的利己主义的博弈结果肯定是低效率的。它实际上证明了亚当·斯密200年前提出的每个

人自私自利就可以实现社会最大福利的假设的不可实现性。最近，他又在“三人演化合作博弈研究”中进一步证明，“如果交互的生物体或人类被假定为仅有自私、非合作的动机时，合作行为的自然演化是完全不可能的。真实的人类行为显然是由一些复杂并且促进彼此之间合作的本能来引导”。

随着网络技术的进步和信息的日益透明，人们在多次交往或者重复博弈后发现，遵循平等合作规则要比通过欺诈获得少数几次不义之财更有利。一个新的经济学悖论正在形成，那就是：首先为别人创造价值，才能实现自己的价值。

3、网络诚信对商业技巧的挑战

常常能听到一些学者阐述一个观点，说市场经济就是信用经济，是以诚信为前提的经济。似乎谁越有诚信，谁就越能够赚钱；反过来是越有钱的人就越讲诚信，叫做“有恒产者有恒信”。

但是你到我国城市的商店走一走，几乎到处都在打折销售，天天都在上演最后一天大甩卖。他们挖空心思制造信息不对称，利用信息不对称（消费者不了解实情）赚取超额利润，广大消费者天天都在受骗。而且也许你今天受了骗，明天就会换一个位置去欺骗别人。现代市场竞争理论和社会达尔文主义只能加剧这种循环。

在传统市场制度之下，网上交易很难顺利进行，信息生产力发展受到很大限制。只有借助一种新的制度安排，也就是社会化监督和网络透明的协同机制才能使人类社会回归理性。

4、信息价值对利润最大化的挑战

企业追求利润最大化一直是传统经济教科书的一条刚性定律。“企业的目标就是创造利润”、“办企业就是要为股东赚钱”等口号也被写进我国许多企业家们的施政纲领。在这样的舆论氛围和经营模式中，企业家最关心的是年度利润指标，所谓利大大干、利小小干、无利不干。这导致企业短视，甚至不顾本企业实际条件，看到人家干什么赚钱，它也就要干什么；当一种业务利润下降时，就盲目转向另一种业务。

从近期的产业实践来看，往往越是急于获取高额利润，越是离利润更远。为了赚取更多利润，经营者很可能降低产品和服务质量，为了赚取更多利润，经营者很可能利用信息不对称在价格上大做文章。结果，国内外有许多企业由刚成立时的拥有超额利润，到若干年后走向亏损和破产，就是因为沿袭传统经济的企业目标，急功近利而陷入困境。

随着信息越来越透明、社会越来越进步，现代企业目标也悄然发生着变化。在股份制的初期阶段，股东大会是企业的最高权力机构，股东就是要赚取利润，利润率越高，越能吸引股东们的进一步投资。在股份制的中期阶段，股东越来越多，董事会成为实际的最高权力机构，董事会主要是由一些经营专家组成，这些经营专家最关心的是企业品牌和企业业绩，股票升值还是贬值。股票持有者也希望股票升值而不是利润分红。股份制企业发展到第三阶段，一个重要标志是股权继续分散，监事会成为企业的实际最高权力机构。监事会的首要责任是约束企业为社会创造价值并在不污染环境，不危害社会的情况下得到合理的经济回报。

网络经济遵循的一个重要规律是梅特卡夫法则，即网络价值与网络用户数的平方呈正比。换句话说，就是网络创造的价值远远高于财务收益。所以一个有远见的企业家要首先承认微利时代的到来，进而还要以价值最大化为企业目标，而获得合理的利润只是实现价值最大化的自然结果。

5、收益递增对收益递减的挑战

工业经济受资源、能源和交易费用的约束，单位生产成本总会随着产量的增加而上升。同时一个消费者占有的实物财富越多，每增加单位财富对他的使用价值而言就会越少，从而形成收益递减效应。

网络企业的主要原料是沙子（硅）和信息，由于较少受资源、能源和交易费用的约束，单位服务成本总是随服务量的增加而下降；同时，一个人占有的信息越多，每增加一条信息对他的有用性才越大，因而形成收益递增效应。遗憾的是人们并没有学会利用这种收益递增规律去开拓更大的市场空间，而是相反，继续采用传统市场规则和腐朽制度，进行牛奶上的油撇油争抢高端市场，保护既得利益。

某些小企业则开始利用收益递增规律攫取超额利润，进行快速扩张，形成新的集中垄断。在新经济领域，垄断可以看作是收益递增规律的逻辑性结果，但它又是破坏市场对资源进行优化配置，产生内部非效率性的罪魁祸首。因此各国在产业实践中一方面实行政策性管制，一方面培育竞争对手以限制这种垄断的力量，以实现有效竞争。过于分散的小企业和过度集中的大企业都是工业时代的产物，网络时代的最后赢家是松散分布型、具有专业化优势的企业集团。

6、穷人市场对富人市场的挑战

网络经济具备一种正反馈效应，也就是先期占有网络资源者将获得更多发展机会，后进入者则难以立足从中获利。换一个角度，一个人已经获得了大量信息，再增加一条信息对他产生的价值概率就高；相反，一个不掌握任何信息近乎白痴的人，给他一条重要信息也毫无价值。信息会造成对贫富差距进行重新洗牌。

另一方面，许多落后国家和地区，因为优先发展网络产业，利用信息均富效应，很快缩短了与发达地区的经济差距。据联合国组织在拉丁美洲的调查，远程教育、远程医疗等高级网络服务在边远贫困地区的价值远高于大城市。

从自然属性上看，工业商品具有内部性和独占性，信息服务具有外部性和共享性。也就是说，总体上工业经济容易产生两极分化，网络经济更能促进共同富裕。目前出现数字鸿沟的主要原因在于，按照传统市场经济规则，价格与价值出现脱节，社会尚缺少为穷人服务也有利可图的制度安排和机制。

上个世纪末，美国政府提出了信息高速公路发展计划，其中一个重要宗旨就是扩展电信普遍服务概念，“要使所有美国人，不论职业、收入、居住地点、残疾与否，都能以负担得起的价格享受先进的电信与信息服务”。由于美国的示范作用，许多国家也制订了类似计划，并且重申提供电信普遍服务的责任。

各国重视普遍服务的另一个深层原因还在于网络产业的新经济属性。工业产品可以定位于少数人消费的市场，而网络服务必须定位于大众市场。美国的铱星计划，新加坡的 CDMA 移动通信系统就是因为脱离大众市场而告失败。所以除了政策、制度环境之外，一个有远见的企业家应该积极开拓大众市场，主动承担为穷人服务的社会责任。21 世纪将是以穷人市场为核心的伟大世纪。

7、网络协同对经济博弈论的挑战

经济博弈论者认为，经济学没有正确与错误之分，因为每个人都以不同的社会角色为获取自身利益最大化参与竞争，一切经济政策和法律也都是各种力量维护各自利益的博弈结果。在这种理论指导下，整个社会将变成一个大赌场，就看谁的赌技高超，胜者王侯败者寇，哪里还有什么道德和公理！

那么如何才能平衡这个社会呢？经济博弈论认为一个重要的平衡机制就是政府也作为博弈一方，使它的“利益”最大化。靠“上有政策，下有对策”的博弈互动，逐步建设一个法制社会。也就是说，社会可以倡导人们自私自利，倡导人们去钻法律的空子，因为只有这样才能健全法制。

那么靠这种博弈互动究竟能不能建设一个法制社会呢？事实证明是不能的。因为法律属于正式约束，它只适用少量典型的社会纠纷。而大量的经济或社会问题必须靠非正式约束（道德、公理和社会监督氛围）实现平衡。指望任何纠纷和冲突都诉诸法律，这种过高的交易成本是任何社会都难以承载的。

美国社会号称法制最健全，但是法律条文越细、规定得越具体，就越给当事人（为了他自身的利益最大化）留下了钻空子的机会。不是有许多案件，由于利益一方重金买通资深律师，也可以翻云覆雨吗？

30年来，中国人到美国留学，只学会了自然科学和社会达尔文主义这两种东西，如果美国社会只有科学加弱肉强食这两种精神，美国社会早就失衡了。美国社会还有第三种精神就是基督教的道德氛围，它对美国社会起到了重要支撑作用。试想对于中国这样一个拥有十三亿人口的社会，要靠法律去约束人们所有的经济行为，该有多大的社会交易成本？尤其是我国的弱势群体，平民百姓受了委屈谁告得起状？如果社会提倡每个人都为自己的利益而绞尽脑汁去占对方的便宜，然后再让对方也变得“聪明”起来，我们的社会将只剩下假冒伪劣、坑蒙拐骗，谁都不敢相信谁，将陷入“一切人坑害一切人”的泥沼。

其实自然规律并不是优胜劣汰、强者生存，而是顺胜逆汰、适者生存。恐龙可谓强大，但只要它藐视自然规律也难逃灭绝命运。人类祖先何其羸弱，以至于被大猩猩赶出森林，但只要顺应自然规律、利用自然规律就可以转败为胜，最后主宰这个世界。

人类对待自然环境已经走过了一条先破坏、后治理的弯路。在目前的市场经济中，人们正在破坏人为环境。而要修复人为环境，可能要比修复自然环境更难。

从现实的观点看，法制经济确实是刚性有效的，传统道德规范则是苍白无力的，有人建议恢复传统道德规范是于事无补的。因为中国人早就厌倦了伪善道德和来世报应的千年说教。但是网络经济正在创造一个新的平台，它使得人们的交往行为赫然网上。你遵纪守法、道德诚信，网络让你不再吃亏，你若是个阴一套、阳一套的卑鄙小人，网络让你无处藏身。也就是说，网络正在编织一个地球村，使大家在低头不见抬头见的环境中，快速形成一种你想活就必须也让别人活，你想活得好就必须也让别人活得好的刚性约束机制。

8、自组织化对被组织化的挑战

工业社会适合集中化的宝塔结构下的组织理念，也就是被组织理念。世界幽默大师卓别林主演的《摩登时代》中，人被困在大机器上就是这种理念的生动体现。电信促进了工业时代的成熟，同时又孕育了信息时代的到来。如果说电话网仍然保留了工业经济的设计理念，比如分级交换、宝塔结构、集中控制、智能中心化，那么，以IP技术为核心的下一代网络必然走向无级交换、扁平结构、分布智能化。换句话说，未来支撑信息社会的是一种开放的、透明（光波）的网络和高智能的自组织技术体系。技术结构决定经济结构和社会结构，网络新经济正在把人类社会从集中化、被组织阶段推向分布化、自组织阶段。

从世界范围看，国有大企业曾经在许多国家起到过重要历史作用。20世纪中叶以后，在国家资本主义影响下，许多国家都扩大了这种国有经济成分。但是无论是东方还是西方，国有企业的特点就是控制论基础上的被组织化经济，它比较适应大工业时代的生产力。进入信息时代，现代股份制企业比国有企业表现出更具有自组织的活力，更适应社会化发展方向。

网络产业实践也进一步证明，私有小企业和国有大企业都不再适合新兴生产力的发展，我们只有承认社会生产力更适应社会化所有、社会化管理的属性，我们才能真正代表先进生产力的发展方向。正如恩格斯在《社会主义从空想到科学的发展》中指出的，“生产力的国家所有不是冲突的解决，但是它包含着解决冲突形式上的手段，解决冲突的线索，这种解决只能是在事实上承认现代生产力的社会本性，因而也就是使生产、占有和交换的方式同生产资料的社会性相适应。而要实现这一点，只有由社会公开地和直接地占有已经发展到除了社会管理不适应任何其他管理的生产力”。

我们必须树立一个坚定的信念，就是经济制度不可能回归自由主义，也不会重建国家垄断的辉煌。它会沿着“在协作和对土地及靠劳动本身生产的生产资料的共同占有基础上，重新建立个人所有制”（马克思《资本论》第一卷第832页）的方向，进入一个与新兴生产力相适应的、崭新的网络经济阶段。

第三章

谁更代表先进生产力

从电信到互联网之痛

——2008年在全国互联网大会上的讲话

各位来宾下午好！现在让我们换一个视角，从社会经济的角度看一看互联网给我们带来了一些什么？首先讨论一下什么叫信息经济？信息经济主要是对工业经济而言。我们提出要走新型工业化的道路，现代经济增长方式已经出现了很重要的转折，主要从传统工业的大量消耗物资、能源阶段走到了信息经济阶段。在信息经济领域，资源相对不再稀缺，消费的欲望也不再无限，人们越来越理性了。

下面我讲电信和互联网的关系。大家知道，1834年摩尔斯发明了电报，1876年贝尔又发明了电话，那是在工业革命的鼎盛时期。电报网和电话网的主要基础资源是铜线和其他稀有金属机械。1986年赛尔夫发明互联网，这时候信息通信网的基础资源是光纤和集成电路，它们都是以沙子为原料。但是由于我们长期受工业经济理论的约束，造成了互联网对电信的强烈冲击。先让我们来做一个回顾，我们回顾一下传统电信的组织架构。我国传统电信网是五级汇接制，北京是国家中心，广州、武汉、沈阳、西安、南京是大区中心，然后是省中心、地市中心、县中心、乡镇中心，树状结构一级一级地汇接。比如北京的长途电话区号是01，独占一个亿号组，上海、沈阳等8个城市共用02，其他省城市共用03、04，或者05，很不合理。因为电信起源于工业时代，要突出工业时代的宝塔结构，所以令有这样的思维模式。

随着通信技术的进步，网络结构也在变化。我国30年前，长途电话用的都是人工插塞的电话交换机，后来换成自动交换机。某省一位公社书记对此非常恼火，要求再换回来。因为他觉得这个自动的交换机没有原来人工的交换机好用。比如他原来只要告诉电话接线员，把哪个哪个村的村长找来，就等着回叫就行了，现在还得亲自一个一个地拨号。

计算机开始联网的时候也不是互联网，叫做计算机信息系统。当时欧洲人也犯了一个错误，就是把全国的信息数据放在国家邮电部的一个大数据库里面，用户使用专门的终端设备，按照等级最后都要到这个中央数据库检索信息。结果数据老化、使用不便，最后只好放弃，中国也仿照欧洲模式搞了一段时间的集中数据库系统，无果而终。这充分说明用工业时代的大一统的集中化思维模式行不通。

第三章：谁更代表先进生产力

现在互联网发展得很快，主要是因为它没有中心、没有控制，完全是一个自组织体系，但是也出现了一些缺陷，主要是质量没有保证、容易受到恶意攻击等等。国外有些人就建议回归电信模式，国内也有人提出了类似的建议。

针对互联网的缺陷是回归电信模式，还是将互联网升级，这是技术专家们的事。我想从经济、社会角度谈谈社会结构的发展方向问题。过去我们研究过仿生学，主要是人体仿生，说计算机相当于人的大脑，通信相当于人的神经，于是有位科学家提出成立“国民经济规划部”，就是用一台超大型计算机搞个国家经济控制中心，然后将每个企业的生产和需求信息都集中到这个中心来，通过高速运算再分别下达生产指令。

现在科学研究发现，人脑不是原来讲的由15亿个脑细胞组成，而是由1,000亿个神经元组成，每一个神经元都是一台计算机，这些神经元的工作方式既不是分散单机工作方式，也不是像电信那样的由中心控制的树状分级结构，而是特别像互联网，是一个扁平结构，没有级别，完全靠兴趣社区实现自组织化的工作方式。如果我国信息化建设还需要仿生的话，不应该再搞人体仿生，绝对应该搞人脑仿生。

当前世界电信改革陷入了三个理论误区。一个叫市场原教旨主义，主张完全自由化，谁经营通信都行，无须申请。其实持这种主张的人并没有考虑到基础电信的频率问题、过路权问题和公共性、基础性问题，国内也有人认为，既然是市场经济，就应该各自发挥各自的高招，谁也别管谁，自由博弈。不少企业都请过营销大师讲“市场竞争三十六计”，什么瞒天过海计、声东击西计、偷梁换柱计、借刀杀人计等等，严重破坏竞争秩序。

第二个是回归垄断的误区。美国电信先是分拆解体，后来又融合合并，新保守主义者提出了回归垄断辉煌的口号。

第三个误区是运输经济学的误区，主要表现在我们的收费方式，基本采用了吨X公里的办法。其实在以铜线为传输手段、以机械为交换方式的时代，电信遵循运输经济学思路是恰当的。进入光导纤维、集成电路和互联网时代，运输经济学阻碍了电信技术的发展和普及。我主张采用“动态倒阶梯费率逐步过渡到功能包月制”的收费方式，目的是鼓励消费者敞开消费和放心消费。

互联网经济对社会的影响是全方位的。比如促进农业精细化、工业柔性化、城市建设区域化、商务网络化等等。互联网也给社会带来了一定的消极影响。一是不良信息危害，二是电子废弃物，三是电磁污染，四是信息泛滥，很难找到有用的信息。但是这些都可以依靠技术进步和建立新的制度来解决。最重要的是将人们的思维模式从工业时代的“二元对立”逐步向三元融合方向转变。因为互联网天然具备协同、共享、平等、合作、互利、共赢的社会精神，互联网精神正在使传统经济理论工具发生锈蚀，比如边际分析理论、梯度发展理论、反哺穷人理论、牛奶撇油理论、多个篮子理论等等，都需要重新审视。

最后我谈一谈如何构建网络时代的新经济伦理：一是树立有效竞争与平等合作的经济理念。因为市场竞争的走向必然是从同质竞争走向差异化竞争，而差异化竞争的结果肯定会产生合作动机。二是从利润最大化到价值最大化。现代企业发展有三个阶段，第一阶段，股东大会是企业最高权力机构，股东以利润为首要目标；第二阶段，董事会为企业最高权力机构，以提高企业声誉和品牌价值为首要目标；第三阶段，监事会为企业最高权力机构，以企业社会双赢、企业持续发展为最高目标。其实中国古代讲经济就是讲的“经世济民”，所以市场经济的发展最终会走回我们中国人的“经世济民”理念上来。

为什么说互联网时代的市场经济会走到“互利共赢”上来，诺贝尔经济学奖得主、经济学大师纳什早就证明了二元对抗博弈必然走向双输结果，三人合作演化博弈必然走向互利共赢。面对新的经济规律，过去有些口号有问题了，比如人们一直讲市场经济就是“优胜劣汰、强者生存”，以后应该改成“顺胜逆态、适者生存”。就像人类出现之前，地球上有三种灵长类动物，大猩猩最为强大，它把黑猩猩赶到森林边缘，黑猩猩又把人类祖先逐出森林，人类祖先作为一个弱者被迫直立行走，结果进化成人类，最终统治这个星球。谢谢大家！

互联网，电信之罪人也

孟子曰，“五霸，三皇之罪人；今日诸侯，五霸之罪人也”。可见我国主流传统文化就是复古，把尧舜禹三皇时代的“为公、礼仪和禅让”作为最美好的社会目标。可是不肖子孙们一代一代却背离祖宗越来越远。

第三章：谁更代表先进生产力

到了一百年前，列强瓜分中国，并以天演论、竞争论侵蚀中国传统文化。当时也有不少志士仁人主张“西体中魂”，也就是只接受西方现代生产力，不要改变中国传统的“尊王、孝悌、谦让”的生产关系。然而社会并未朝人们的善良愿望方向发展，打倒孔家店、接受天演论、用对立斗争思想武装群众，不到一个世纪，创造出不少中华民族历史上从未有过的“奇迹”。尤其是近三十年来，中国改革开放，进一步引入西方科学技术和市场竞争精神，物质文明一下子跨越了几个年代。现在你走在中国的大城市，高楼、商店、汽车与国外差别无几。可是有一天人们又突然感到精神上似乎缺了一大块，天天面对奸商、贪官与刁民，国民幸福指数已经大打折扣。

于是又有不少志士仁人开出“恢复中国传统文化”的药方，我不知道这种恢复能走多远，但是我担心人们饥不择食，分不出传统文化中的精华和糟粕，再次贻误下一代。比如有人主张读书就是要死记硬背；写文章必须要“之乎者也”；女人还是要“三从四德”，去年全国人大、政协大会期间，还有人提出要恢复繁体字。在我看来，这些主张当然不可取，即使孔孟最核心的东西，比如“利他主义、尊卑礼仪”也不能一概吸收。这是因为无原则利他行为会破坏平等交易准则，使资源分配向权力集中；再则，等级制度、繁琐礼仪根本不适应当代生产力的发展。

面对最先进的信息生产力，即使是支撑西方几百年的以“对抗竞争”为轴心的现代商业文化，也在悄然向“兼容、平等、合作”的后现代商业文化变革。人与人之间不分尊卑贵贱，不分年龄长幼，不论身居闹市还是穷乡僻壤，只要情趣相投，在网络社区中都必须像朋友一样交往、交易、交流，这有什么不好？我们只能吸取的是中国传统文化中的中道和谐精神，同时努力探索与先进生产力相适应的先进文化和社会伦理，才有可能真正实现强国之梦。

前不久，我在南京一次学术年会上讲了我国电信发展中曾经发生过公社书记为了体现权力，下令拆除自动电话、恢复人工电话的故事；30年前我参与长途电话区号编制工作时遵循等级制的考虑。直到最近，还有一些地方官员或人大代表为自己所在城市争要原来大区中心的剩余长途号码，观念实在是落后之极。因为你只要用心一点就会发现，互联网正在把人类带进一个无地域、无边界、任何人都可以平等合作，交流交易交往的平台。

如果说电信业诞生于工业社会鼎盛时期，还自然保留了一定的工业现代化特征的话，那么互联网产业则完全是后现代化的产物。它更像人的大脑，其中的1,000多亿个神经元，没有级别、没有中心，完全靠兴趣社区式的P2P自组织方式工作。在互联网精神的步步紧逼之下，电信产业的网络结构、经营方式、收费办法都无法避免一场彻底的革命。如若孟老夫子活到现在，肯定会再次惊呼："互联网者，电信之罪人也！"

用户电报之死

20年前，为了适应经济改革和对外开放的需要，我国电信部门花几十亿元建设了一个覆盖全国城市的用户电报网。不论是外国商社还是国内经济实体，都可以在自己的办公室通过电传打字机发送电报文件，而免去了必须派专人到电报局发电报之苦，电信部门也取得了不错的经济收益。

但是好景不长，传真机的出现威胁了用户电报业务的发展和生存。你想啊，用电传打字机先打出英文字母，发给对方后，有时还要翻译成中文，价钱又贵又麻烦。而使用传真机，不管英文、中文还是少数民族文字，也不管是图纸还是照片，"唰"的一下就传过去多方便！可是面对这样的技术进步，当时的有关管理部门硬是要制止传真机的使用，并采用"经济调节"手段，谁在电话线上安装一台传真机，月租费要额外增加350元！如果私自安装，一旦发现就要缴纳上千元的罚款。

当时的主管部门还立项研究如何挽救用户电报、延缓传真机的发展。在一次评审会上，我坚决主张要对用户电报采取"摧枯拉朽"战略，鼓励传真机大力发展，因为先进生产力代替落后生产力是不可阻挡的。虽然当时产生了很大的争论，但是最后的结果，还是生产力决定生产关系，用户电报提前退役，传真机解禁，获得了快速发展，但是不久又被互联网取代。

仔细想一想，历史上人们犯过的类似错误还有不少。因为按照工业企业的经济规则，大量的沉淀资本不愿意轻易退出财务循环，运营商一般都不愿主动进行技术升级换代，往往还要阻止别人升级换代。直到最近还有位资深电信人士认为，"新技术的发展前提是不能对原有技术的投资人造成伤害"。我想如果我们的决策者也陷入长远利益与眼前利益的冲突之中，就会不自觉地"与先进生产力为敌"，糊里糊涂地沦为落后生产力的代表。

可视图文之死

上世纪80年代初，在密特朗总统直接重视下，为缩短与美国的信息化差距，法国政府强力推行社会信息化，在全国快速建起了一个“可视图文”计算机网络。它的设计理念是由国家邮电部集中建设一个大型中央数据库，由分散在全国各地电信部门的专用终端机（迷你泰尔）检索中央数据库的信息，最多曾经发展到600多万个终端设备，总建设费用超过百亿法郎。后来德国也试图采用集中化信息网络模式，但由于美国互联网崛起，德国中途改变了主意。

2000年，我访问法国电信，曾经问他们“可视图文”网络的运营情况，他们很不情愿地告诉我，当时走了很大的弯路。1998年法国电信开始朝互联网方向改造，两年才改造了40万个终端，现在已经决定将原有终端全部拆除，重新建设互联网。

由于欧洲国家的经济政策更倾向国家资本主义，用工业集中化的办法搞信息化，结果造成很大失误。美国更崇尚分散化的自由资本主义，结果再次成为互联网时代的世界中心。

我国20世纪90年代初期，也计划采用法国模式建设可视图文系统，后来及时发现了可视图文的技术和网络缺陷，果断下马。但是最高决策层并未认识到可视图文失败的真正原因，直到最近，还有顶级专家呼吁我国政府要像抓“两弹一星”那样抓国家信息化建设。结果从上百个大型管理信息系统，到几十个部门内部专用信息公路，失败者多，成功者少。其实明眼人内心都知道，我国的互联网产业是在“姥姥不疼、舅舅不爱”的环境中成长起来的，其中也不乏勇敢者成了互联网早期的“革命先烈”。

但是，又由于互联网的先天缺陷（无管理、无质量保证），世界各国都提出互联网治理（包括技术的和制度的）的口号。如果说互联网代表最先进的生产力，那么它既不适应工业集中化的生产关系，更不适应小农经济、完全自由分散化的生产关系。信息社会需要的是一种“分布式的协同化”生产关系。一旦这种生产关系在某个国家首先确立，那么信息时代的世界经济结构将真正面临新的洗牌。

小灵通“生也幸运，死也自然”

我国小灵通自1997年诞生，到2007年发展到顶峰，全国近一亿用户，作为“穷人的大哥大”是功不可没的。但它又是在中国特殊政策环境中应运而生的一种适用的中间技术。如果当时固网运营商有移动通信牌照；如果2000年的移动通信改双向收费为单向收费的政策如期实施，中国电信和中国网通都不会在大城市发展小灵通。

2008年电信重组，三大运营商都有了移动通信的经营权，3G发展在即。有人认为小灵通是穷人的手机，还应该发展；有人则建议可将它改进升级为更先进的移动通信技术。我看这两种意见都值得商榷。

首先，“穷人用低级产品，富人用高级产品”是工业经济的规则。在信息通信领域，穷国的网络一般要比富国先进；中国年轻人的手机往往比西方一些小老板的手机还要时髦。其次，小灵通技术来自PHS，它是公用无绳电话的延伸，怎么改造也难以升入3G、LTE系列，只能是另辟蹊径，但难以进入国际标准，风险很大。

一项新技术有没有生命力，至少要看三个因素：一是先进性；二是经济性；三是实用性。信息通信技术属于网络经济，除了以上三性之外，还要看是否符合网络规律，也就是能不能够成为主流。一个最显性的问题是3G时代，2G网络也将逐步退出市场，小灵通不可能再有稳定的市场空间。

我不想卷入更多的争辩，尤其是有利益背景的争辩，我只想和大家回顾一下我国电信技术发展政策曾经走过的弯路，也许对大家更有裨益。

中国改革开放初期，不止一位国际友人提出，中国不需要高新技术，中国只能采用一种适用的中间技术和梯度发展战略。后来这个观点影响到中国国家政策，在电信领域也一度形成了“采用适用技术，小步快跑、梯度发展”的建设思想。我国曾经引进了发达国家更新换代拆下来的继电器式交换设备和模拟地面微波通信传输设备。80年代中期，我国政府部门还制定了数字、模拟长期兼容，长途光缆、电缆长期兼容的技术政策；80年代末，为了充分发挥电报网的效益，惩罚性地限制先进传真机发展；90年代中期，有人建议我国大力发展公共无绳电话（CT2）系统，还有可视图文（Video）系统。还有人曾经预言：“BP机永远不会消亡。”

其实无独有偶，美国微软公司为了贫穷地区专门生产过百元简易计算机；贝尔实验室也曾为发展中国家研制过专用简易上网终端，但都因为违背网络经济规律而流产。

我国电信行业及时发现"小步快跑"、"梯度等级"发展战略既不能满足强劲的市场需求，又有离开主流技术标准的危险，于是重新制定了"新技术、高起点、一步到位"的跨越发展方针。经过30年改革与发展，我国信息通信业在程控电话、光纤通信领域实现了最明显的技术跨越，到2006年通信网络规模世界第一，网络技术装备也达到世界一流水平，而且在芯片设计技术、通信标准领域取得了重大突破。

按照传统经济思路，技术越先进，功能越强大，价格也就越贵，叫做优质优价、低质低价，因为功能强大意味着占有更多的稀有资源。但是信息通信不是这样，它完全可以做到"高而不贵"。因为它具有一般工业经济没有的技术经济规律。一个基本事实就是，信息通信消耗的物质资源主要是集成电路和光导纤维，它们的材料来源都是沙子，而且技术的进步带来的是对原材料的用量越来越少，所以信息通信的发展几乎不受资源稀缺性的限制。

我曾经多次说过，如果中国13亿人都拥有私人汽车，道路会怎样？石油会怎样？简直不可想象。但13亿人都通过先进的通信网络打电话、实现高速上网，人会更聪明，社会会更和谐。

从目前情况看，我国不排除小灵通在个别地区作为固定电话延伸，继续服务一段时间，也可能向数据业务领域适当延伸，但是很快就会遇到频率问题、产业链问题。整体上应该何去何从，我看还是顺势而退，将用户资源转向3G网络，作为3G网络的低端手机用户群更为现实！

广播、电信都是落后生产力

我讲过"广电部门有信息内容和节目源的优势，电信部门有光纤核心网的优势，应该联合起来共同向消费者提供更好的服务"，引起了广电系统一些朋友的不满；最近我又讲了"小灵通应该顺势而退"，又让"对小灵通有着深厚感情"的电信界人士不大高兴。其实研究人员就应该摆脱利益纠葛和感情用事，"不唯书、不唯上、只唯实”才是正道。但这“三唯”说来容易，做起来何其难也！

中国的四大发明有三大发明属于信息技术，它早已不代表先进生产力，却总能激起我们“大国崛起”的民族情愫。瓦特发明的蒸汽机曾经是先进生产力，当时有人要对蒸汽机进行改进，瓦特也是坚决反对，利益和感情使然。人类社会经过几百年的工业化建设，现在谁要是还把大烟囱当做工业化的标志，那不是疯子就是傻子。但是囿于利益和感情，又有多少人不自觉地充当了落后生产力的代表？

1837年，摩尔斯发明有线电报；1876年贝尔发明有线电话；1894年，波波夫和马克尼同时发明无线电通信；1897年马克尼在伦敦成立了第一家无线电通信公司，1906年美国费森登发明无线电广播。但是100多年来人们建起的电信网的特征是分级结构的军事化组织方式，它在信息通信作为新型先进生产力的今天，显得是那么落后和不适应。至于广播网包括今天的广播电视网，属于更落后的大喇叭传播方式，早在30年前，《第三次浪潮》的作者就预言，单向广播方式将让位给双向载波方式。今天看来，新一代互联网已经具备将所有广播、电视、电话、文字、图像一网打尽的能力，只不过是碍着落后部门的利益或落伍专家的感情偏爱，政府不得不一次又一次妥协，不断提出什么“传统技术、先进技术各有各的优势，要共同发展，要相得益彰，要相互融合”等等。就像电信部门20年前提出要采用数字技术与模拟技术长期兼容、电缆技术与光缆技术长期兼容的科技政策一样，似乎只有如此才可以照顾到各方利益和感情。但是广大消费者的利益，整个社会进步的利益究竟应该由谁来考量？

在互联网及其技术方向越来越明确的今天，我国具有世界独有的市场优势和千载难逢的历史机遇。我们能不能丢弃一些工业社会遗留下来的坛坛罐罐，在互联网及其技术上努力构建信息时代新型生产力的伟大平台！

广播电视属于一种点对面的信息传播方式，看似效率很高，实则非常落后。就像过去公社里生产队长用大喇叭一喊，社员们都去上工一样。电信则属于兵营式信息传递方式，由军到师，由师到团，由团到营，也已经过时。而互联网的信息传播方式是平等互动方式。尤其是各国正在着力研究的新一代互联网，在平等互动基础上增加了自组织特征，将成为广播、电信的真正掘墓人。当然，电信的传输网不会被埋葬，广播电视接入部分也不会被全部埋葬，它们可能会与FTTH（光纤到户）、3G、4G、WIFI、WIMAX、RFID技术共同成为未来信息通信网络的多只胳臂。而原有广播、电信网络的中心部位只能等待寿终正寝。

《第三次浪潮》的作者阿尔温·托夫勒上世纪70年代就提出来，广播方式将让位给载波方式，现在看来载波方式又要让位给互动方式。因为信息社会的真谛是多样化、个性化、多元化，目前的宝塔结构要变成“网格”结构，将来的广而告之要变成“窄而告知”。新型互联网的平等、开放和自组织精神将席卷整个人类社会。

三网融合，刻不容缓

2007年6月，我曾对某大报记者说过，“电信部门的光纤核心网络比较先进；广电部门具有节目源和最后一公里的优势”。后来听说广电部门非常有意见，甚至认为，电信部门的优势就是有钱，其光纤网络还不如广电部门先进。

我在许多场合（包括广电部门组织的会议）中都讲过，三网融合是信息生产力发展的必然趋势，必须发挥电信、广播电视、互联网的各自优势，向社会提供无所不到的信息通信服务。如果每个部门都认为自己可以包打天下，而忽略“融合”真谛，那就会阻碍先进生产力的发展。

我一直认为，融合就是和而不同，工业社会是标准化的社会，大家都讲“世界大同”，而且都想用自己的模式去同化别人；信息社会是多元化多样化的社会，应该讲“世界协同”，也就是多元协作、和而不同，这就是网络时代社会协同的必然规律。

我们且不讲国际组织对电信的定义本来就包括“一切语音、数据、图像信号的传输、发射、接收”；就算继续坚持“中国特色”，也只是在信息内容管制上的特色，不应该成为信息网络不能融合的理由和借口，无论在美国、欧洲，还是在中国香港和中国台湾，三网融合已经成为信息生产力的主旋律。

我曾主管过国家光纤通信技术攻关工作（国家光纤通信领导小组办公室），关注了我国ICT发展的全过程，现在不得不再次提出“三网融合，刻不容缓”的主张，否则我们只能在信息时代沦落为落后生产力的代表。

三网融合需要更新理念

20年前，中国建筑学会邀请我出席“城市建设理念研讨会”，会期三天，还要求我在会上发言。本人对建筑学一窍不通，怎敢在全国专业会议上弄舌，就打电话给会议秘书处了解情况。原来我曾写过《信息技术促使城市朝带状化发展》的文章，所以受邀参会，我想那就先上会听一听吧，结果受益匪浅。

原来几位建筑学泰斗和部分中青年专家早在20年前就发现我国城市建设出现了中心放射、高层集中、功能同构的重大弊端，呼吁改变我国城市建设理念，走“区域化协同生态”建设道路。过了若干年后，人们才认识到协同生态的极端重要性，但是北京已经难改“中心放射，六环大饼”的格局；现在即使你走到西部中等以上城市，也难以分辨是上海南京路，还是南京新街口。大型百货商店、购物商场占据着城市中心位置，据说城市这个名词最早就是指“城中之市”。然而随着交通、通信技术的进步，各地百货大楼正在走向衰亡，中心放射、摊大饼式的建设理念除了带来诸多城市难题病症之外，最早的经济性、安全性已经荡然无存。

据说拿破仑当初建设巴黎市，第一个功能就要求他的骑兵部队在八分钟之内到达巴黎城市的任一角落，所以聪明的城市规划师设计出以凯旋门为中心的十条放射型大街。现在巴黎倒是个旅游观光的好去处。

如果说我国30年来城市建设走了很大弯路，那么我国信息通信建设走过的弯路更值得认真总结。早先我国最重视的是有线、无线广播系统，城市家庭普及半导体收音机，农村家家都有公社小喇叭，几乎不需要电话，是改革开放、市场经济促使固定电话、移动通信奇迹般发展起来。后来我们又推行几十个全国纵向信息系统，其中很多系统成了信息孤岛。前几年，我们制定过广电、电信互不进入的隔离政策；不久前又进一步收紧互联网视频政策。

现在，我国通信部门经过多次分拆、改组、重组耽误了一些时间，广电部门发展较快，三网融合的条件看来日臻成熟。但是我们的信息化建设理念要不要来一番梳理呢？我们是要建设中心放射型的星状三网融合结构？还是建设分级控制型的树状三网融合结构？抑或借鉴“后现代城市”发展方向，建设分布式的协同生态型三网融合结构？

我认为根据我国国情，应该尽快组建一个权威的综合信息通信委员会，及早做出正确的"三网融合"战略规划，不要重复以往的弯路和我国城市建设领域曾经出现的类似问题。

互联网是当代最先进的生产力

许多人都把三网融合看作广电与电信之间的一场利益博弈，广电有人说电信太强了，应该受到压制；电信有人说广电利用特殊垄断地位搞不公平竞争。于是出现了一个严重的问题：谁来替互联网这个最先进的生产力说句话？令人想起一位伟人的名言："数学公理一旦违反了人们的阶级利益，也要遭到强烈的反对！"

我早就说过，广播和电信都正在沦为落后的生产力。因为广播表征农业社会组织方式，属于族长中心辐射式信息结构，有人形容它是"公社大喇叭"模式；电信则表征工业社会组织方式，属于典型的宝塔分级控制信息结构；只有互联网表征信息社会的组织方式，属于扁平分布式的自组织信息结构，而且正以超边际规律向所有生产、生活领域渗透，成为当代最先进的生产力。

三网融合的精髓是在互联网核心技术创新的基础上承载所有广播电视和信息通信业务，目的是合理发挥各自优势，通过异质竞争共享信息资源，为老百姓提供高而不贵、日益丰富的应用服务。如果大家都热中抢基础结构建设的蛋糕，忽略信息共享这个根本，很可能造成利益障目，贻误战机！

宽带业务定能大行其道

1、市场有需求

近年来，常有人抱怨说中国通信业发展过快，反而在社会上引起了不少麻烦。这话不是完全没有依据，但是立足点太低，颠倒了问题的本末。回顾改革开放初期，中国经济有三大"瓶颈"，一是交通，二是能源，三是通信。30年过去，交通更加拥挤、能源仍然紧张，只有通信由短缺转为过剩，并建成世界最大的通信网络，网络先进性和用户渗透率都超越了许多西方国家。每位严肃的国民都会盛赞我国通信行业利用后发优势，实现跨越发展的巨大成就。

我国通信业的进一步发展确实遇到了一大难题，那就是宽带数字业务在我国有没有市场？有人提出，中国经济落后，通信没有必要普及那么快，现在要发展宽带业务肯定没有市场。有人说50年前美国人就发明了可视电话，但一直没有应用，那么现在中国搞网络视频、手机电视能有市场吗？答案是肯定的，原因有二：一是今日通信市场已经和50年前完全不同，50年前的固定电话安装在大办公室、大家庭或者大街上，几乎是标准的公众通信方式；而现在的通信设施安装在小型办公环境、移动环境和小型家庭中，是典型的个人通信方式，只要资费低廉，视频业务恰逢其时。二是今日视频业务早已超出可视电话范畴，发展出更多的宽带互动、网络家庭、游戏娱乐、移动定位、检测控制等业务。

现在我国有人一方面抱怨电信运营商业务单一，缺少新增长点；另一方面又抱怨带宽资源不够，要对大流量用户上网采取限制措施。可见宽带业务并非没有市场，而是传统理念与工业经济规则制约了13亿人的信息需求。

2、技术有突破

近10年来，宽带核心网络经过新型光纤、高速路由器的不断改进，足以满足宽带业务的技术要求。2000年前，日本通信界主张光纤到家，美国人则倾向XDSL，现在业界已经形成共识，光纤到家已经到了大规模普及阶段。与此同时，多种无线宽带接入技术也具备了规模普及的条件。如果按照技术周期理论，电信从模拟到数字、再从数字到宽带，目前正处于宽带业务普及的前夜。

3、企业有动力

世界电信业经过30年的改革，正在由传统电信朝信息融合方向转型。我国电信企业经过20年的改革与快速发展，也遇到能否进一步持续发展的严肃问题。“无所不到的信息化服务”已经成为电信企业最重要的发展空间。而IPTV、网络家庭、手机电视、网络视频互动肯定会成为企业竞争的新热点。

4、核心问题是树立新经济观念

是促进还是阻碍信息生产力的发展，核心问题是能不能真正树立为大众服务的网络新经济观念。因为按照传统工业经济理论，企业肯定选择牛奶撇油、抢占高端市场的战略；但是按照网络时代的新经济理论，信息服务必须采取“高而不贵，大众市场”战略。一个最大的不同就是工业经济的基础资源是钢铁和石油，资源稀缺性和私人占有性的矛盾不可调和；网络经济的基础资源是光纤和集成电路，它们的来源都是沙子，资源充足性和信息共享性正在形成无边界合作潮流。我曾经说过，如果要使全世界70亿人都拥有汽车和洋房，就会给地球带来灾难，而全世界每人都有宽带手机，每个家庭和办公室都能宽带上网，社会就更透明，资源就更节省，生活就更方便。

可惜现代工业经济理论，还在教人们用争夺石油那样的心态去制造物以稀为贵的神话，甚至推崇由私人（或者利益集团）占有网络和信息资源。

我国移动通信产业的成功与思考

——纪念中国移动通信业20周年

自1987年11月广东第一套模拟移动通信系统（TACS）开通以后，我国移动通信业一发而不可收。截至2007年8月，移动电话用户超过5亿，移动网络设备制造也进入世界先进行列，预计2007年移动运营业加制造业的年营业额将超过5,000亿人民币。在这不平凡的20年中，有许多宝贵经验和历史教训都值得总结与思考。

1、一封海外来信引起的争议

上世纪80年代后期，一封美国来信放到中国总理的办公桌前，这是由一位在美国学习冶金技术的中国留学生贸然寄出的人民来信。这位留学生以他高昂的热忱和敏锐的视点，向中国总理谏言：“必须抓住信息革命的机会，大力发展我国的移动通信产业。”当时的总理也以同样的热忱加责任感认真批示，要求有关部门“认真研究、务必落实”。

当时中国科技界正在展开一场新技术革命的大讨论，许多报告都把信息技术列为第一重要的高新技术。无论从产业结构调整、经济改革发展还是社会进步看，大力发展信息通信技术都是中国经济改革与社会发展的一个重要切入点。但是，由于历史的局限性，当时某大报发表权威文章，认为信息革命是西方国家对我们进行意识形态渗透的工具；中国只能讲资本主义社会和社会主义社会，不能讲信息社会。还有人提出，中国是个落后的农业国，只能沿着人家走过的道路一步一步地补上工业化这门课，不会有什么“利用后发优势、实现跨越发展”的神话。

无独有偶，当时又有一位境外专家来华做报告，说信息革命是西方电子传教士编造的神话，中国还是应该大力发展重化工业，不要在实现工业化之前就搞什么信息化。

在这样两种截然相反的意见氛围中，中国移动通信业的发展开始了谨慎而又艰难的选择。通信业内的一部分人认为通信要搭上信息革命这班车，摘掉“传统保守、严重落后”的帽子；另一些人则认为，中国还是一个穷国，多数地区能用上一台手摇磁电话就不错了，国家也不可能有那么多钱去发展高级移动通信技术。在这两种意见的互搏中，终于在1989年确定了到2000年，我国移动电话将发展到700万用户的战略目标。

随着改革开放大潮的推进，我国通信需求形成了雪崩效应。经过电信行业全体员工的不懈努力，到2000年年底，终于超额10倍完成我国移动通信发展战略目标：移动电话用户数达到8,526万户，移动电话交换机容量达1.3亿门。

然而，在这一时期，我国移动通信设备主要还是依靠进口，移动通信制造业明显落后于运营业。

2、GSM和CDMA之争

自1987年到1994年，我国模拟移动通信手机用户发展到近300万户。这时候，欧洲GSM数字移动通信技术已经快速普及，美国CDMA数字移动通信制式也开始成熟，于是国内专家展开了选择哪一种数字移动通信制式的论战。

有专家认为欧洲GSM标准组网方便，适合我国情况。而且自20世纪70年代我国数字通信传输技术就已经摒弃了当时美国的24路/96路系列标准，决定统一采用欧洲32路/128路系列标准。另外一些专家则认为，美国提出的CDMA制式先进，频率利用效率高，系统容量大，更适合我国人口众多和未来数据业务发展。但是，最后综合考虑各方面情况，包括美国知识产权过度保护的负面影响和欧洲对我国的技术开放政策，中国联通和当时的中国电信都选择了欧洲的GSM移动通信制式。

1999年出于国际政治需要和电信竞争的更高层面考虑，我国决定引进美国CDMA移动通信系统，这给了中国联通公司一个差异化竞争的机会，但是由于多重因素，CDMA在中国的发展没有达到预期效果。中国GSM成为世界最大的数字移动通信网络，由此也带动了一批国内外通信制造商的发展壮大，比如爱立信、诺基亚、华为、中兴等。

3、小灵通搅局

1995年，中国手机用户数已达380万户，但由于设备昂贵，只有一些企业老板和少数高端人群使用得起。1996年，一个日本电信代表团来中国演示个人手持通信系统（PHS）技术，据说成本可以降低到普通手机的1/3。但是我国多数电信专家认为，PHS系统局限性较大，只能是一种过渡技术，况且随着我国数字移动通信网络的快速普及，手机成本和通话费用肯定会大幅度降低。于是我国电信主管部门决定不把该项技术列入我国通信行业的主流技术。

到1998年，借电信部门试验多种无线接入技术的机会，我国浙江一个城镇首先开通了利用PHS的接入技术改造成功的“社区无线电话系统”，这一系统后来被定名为小灵通。之后，陕西、广东也开始了这种源自PHS技术的试验网络。

1999年，我国移动电话用户已发展到4,600万户，并以年均80%以上的速度增长。同年11月，电信主管部门组织开展移动电话改单向收费的调研，准备于2001年元旦在全国实行移动电话单向收费，同时降低收费标准。令人没有想到的是这一举措引起了2000年香港股市的剧烈波动，致使单向收费方案流产。在各种压力之下，主管部门放松了对小灵通的限制，到2006年小灵通用户数超过9,000万。

但是小灵通是在特殊政策环境中诞生的一个怪胎，如果说它有一定的合理性，那就是它在一个阶段满足了低端人群对移动通信服务的渴求。然而它毕竟不能代表先进生产力的发展方向，根据网络经济规律，先进的通信主流技术肯定比非主流的中间技术更具备价格优势。

4、小步快跑和跨越发展

1979年，中国改革开放伊始，美国一位预测学大师称中国是一条又大又破的船，上面挤满了10亿人口，每人都在用手划水前进。“你们需要的是一根木桨，如果为你们安装一台先进的发动机，这艘船就会散掉！”他的结论是中国不需要高新技术，只能采用适用技术和梯度发展战略。

后来这个观点影响到国家政策。在电信领域也一度形成了“采用适用技术，小步快跑、梯度发展”的建设思想。于是在我国西部引进了发达国家更新换代拆下来的继电器式交换设备和模拟地面微波通信传输设备。也有不少人主张在发展移动通信之前，先在我国城市搞一个共用无绳电话（CT2）体系。

是共和国成立以来电信主管部门最外行的一位老部长发现了个中问题。他在一次中顾委会议上提出，我国电信业应该转变“小步快跑”发展策略，改为“新技术、高起点、一步到位”的跨越发展方针。

20年过去了，我国信息产业实现了最明显的跨越，通信网络规模世界第一，网络技术装备也达到世界一流水平，而且在芯片设计技术、通信标准领域取得了重大突破。直到2006年美国还有人使用大哥大模拟手机，欧洲有些城市之间通信还在使用铜质电缆传输，而我们全部实现了数字手机、光缆传输。在2000年，“以信息化带动工业化，发挥后发优势，努力实现技术的跨越式发展”成为我国的一项国策。

5、栽花还是插柳

从1982年福建引进日本第一套万门程控电话交换机开始，我国通信产业主要通过引进设备一举改变了运营业的落后面貌。但是如果长期依靠进口设备，我国信息通信业的发展将失去后劲，自主研发通信设备成了国家决策层的一块心病。

改革开放之前，我国通信设备主要由电子部所属少数几家工厂和邮电部几十家工厂提供，在长期的计划经济环境中，技术力量和生产能力都不能满足电信业快速发展的需求。为了使我国通信制造业跟上时代的步伐，国家采取了引进生产线、与国外合资办厂等多种措施，使我国通信制造能力有所增强，但还是满足不了信息通信技术日新月异的发展需求。随着改革开放政策的进一步深入，通信制造业改制以后，才出现了“巨（龙）、大（唐）、中（兴）、华（为）”这样一开始就面向市场经济的民族高新技术企业。现在除了巨龙集团之外，大、中、华三家企业做得都非常成功，而且各有特色。

总部位于深圳的华为是一家完全民营化的通信设备制造商，2006年，华为实现了110亿美元的合同销售额，2007年预计将突破160亿美元，其中国外市场占70%以上。尤其是在3G、IP等前沿技术领域，华为已成为竞争极为激烈的国际通信制造业的一匹黑马。许多欧美通信设备巨头惊叹：“中国华为抢走了我们很大一部分市场！”在国内移动通信设备市场上，华为后来居上，今天已经与爱立信、诺西这样的跨国制造商并列成为国内移动运营商的重要供应商，为我国从电信大国走向电信强国奠定了坚实的基础。

中兴通信也是改革开放以后出现的由国有资产启动，同样非常成功的一家上市公司。中兴在 CDMA 技术领域与华为在 GSM 技术领域一起，都成为我国移动运营商的长期紧密合作伙伴。中国的移动运营商能够走向世界一流，华为、中兴功不可没。

6、知识产权是把“双刃剑”

第一代移动通信和第二代移动通信大发展阶段，中国通信制造业基本没有话语权；3G 时代，中国研究提出的 TD-SCDMA 成为世界三大移动通信标准之一。从这三大国际标准的发展情况来看，欧洲提出的 W-CDMA 以他们一贯的开放心态赢得了最多市场份额；TD-SCDMA 也以国际合作发展模式显示出后来居上的势头；只有美国人提出的 CDMA2000，由于知识产权要价太高，保护过度，发展较为缓慢。又由于三大国际标准都有美国人的基础 CDMA 专利，最近国际互联网阵营将 WIMAX 推进了 3G 国际标准行列，形成新的国际标准竞争态势。

美国一贯以世界老大自居，而且坚持用工业社会的理念营销他们的“知识产品”，结果很有可能既伤害他人同时也伤害自己。我国科技界对待知识产权也存在两种态度。一种态度认为，市场规则是机会平等，既然中国没有知识产权优势，就只能服从人家的规则。等到自己成为知识产权强国以后，也可以对其他国家强调知识产权，坐吃专利。

第二种态度认为，要深刻理解“比特经济”与“原子经济”的根本区别。物质产品的价值是内聚的和排他性的，知识产品的价值则是发散的和共享性的，生产者、经营者、消费者之间兼容、合作、共赢才是信息时代新市场经济的根本特征。如果大家一味仿照“原子经济”的市场规则，对知识产权形成过度保护，结果必然陷入一种“囚徒困境”，形成两败俱伤的结局。

这两种对待知识产权的态度很可能就是能否实现公平和谐信息社会的分水岭。

7、赞“高而不贵”的比特经济精神

我国有专家认为，中国经济还不够发达，有 2G 技术就够用了；3G 技术肯定没有市场，过早发展 3G 就会造成全行业严重亏损。

但也有专家认为，信息通信与传统工业的不同之处就在于发展中国家可以利用后发优势，直接采用更先进技术，走跨越式的发展道路。我国曾经在程控交换和光纤宽带建设领域实现了跨越发展，现在我国的运营业和制造业都非昔日可比，更应该抓住3G机遇，实现更好的技术升级和信息生产力的更大跨越。

然而，人们还是习惯于工业社会"质优价高"的营销思维模式，经营者担心大规模投资能否回收；消费者担心企业借3G机会搭车涨价。针对以上误解，我国学者提出了"3G高而不贵"的口号，致力于让更多的消费者能够以更低的成本享受移动通信服务。

其实人们只要稍加留心就可以明白，1G时代一台大哥大手机在北京要3万元以上；后来一台超过大哥大性能的2G手机初上市价格也就几千元；而3G手机性能再好，也没有理由明显超过2G价格。

正是在这种新经济理念指导下，我国移动通信行业坚定了发展3G的信心。从制定"积极跟踪、先行试验、培育市场、支持发展"十六字方针，到提出TD-SCDMA国际标准、建立TD-SCDMA产业联盟，移动通信行业为我国积极稳妥地发展3G技术奠定了基础。

8、电信强国不是梦

中国能不能尽快由电信大国进入电信强国行列，运营商和制造商背负着共同的责任，能不能在标准、技术、业务、营销、市场拓展上引领业界潮流是关键，而在下一代移动通信网络建设机遇中率先实现向全IP转型则是关键中的关键。

2007年中国移动与华为强强联手，采用华为的EnerG GSM解决方案升级、扩容全国GSM网络，该方案包含基于ALL IP的基站控制器和系列化新一代基站，在全球率先实现了基于IP组网的GSM无线网络商用。该方案同时支持2G/3G共用平台，实现GSM网络向全IP网络的平滑演进。

中兴近年也取得了不俗的成绩。根据2007年8月份公布的中兴2007年上半年财报显示：2007年上半年中兴实现营业收入152.32亿元人民币。中兴在国内市场上，TD-SCDMA等产品业绩优异。

以大唐电信集团公司为首提出的TD-SCDMA国际3G标准，正在我国多个城市进行商用试验，一些国外运营企业也决定采用TD-SCDMA技术。下一步TD-SCDMA技术将从产品层面进一步演进，支持包括HSDPA、HSUPA等数据能力更强的技术，还要支持双模多模终端以及多频点组网等。与此同时我国还不失时机地启动4G标准研究，准备在近期向国际电信联盟提交正式4G标准版本。

值得深思的是，在我国移动通信产业新格局中，一些曾经风光一时的国外通信设备巨头如今已经沦为弱势厂商，难以支撑中国移动运营商的网络转型战略，而被边缘化，甚至有可能彻底退出中国移动通信市场。

如果说在五年以前，人们还认为中国从电信大国到电信强国只是一个美好的愿望，那么现在可以预见，中国实现电信强国已经不是遥远的梦想，它正在我国通信运营企业和设备制造企业员工的不懈努力中逐步变为现实。

面临后现代经济的严峻挑战

我国的工业现代化梦想，从建国初期就开始了，据说上个世纪50年代毛泽东主席第二次登上天安门城楼，看到前门大街都是一些低矮的旧房子，跟身边人说我十年后再登天安门要看的是工厂、烟囱。那时候大烟囱似乎成了工业化的代名词。现在有些人的脑子里，现代化还是停留在城市高楼和工业厂房阶段，很少从后现代化的视角来深度地考察我们现在所处时代的要求。后现代化就是要走出以消耗物质资源为主的原子经济阶段，走向以消耗信息知识资源为主的比特经济阶段。

目前我们正处在一个新旧经济剧烈摩擦的时代，电信领域遇到了从电信网到互联网的痛苦的转型。我们走了很多弯路，这是难以避免的。电信诞生于工业经济的鼎盛时期，难免有好多工业时代遗传的DNA，比如中心控制、宝塔结构。而互联网诞生于信息时代，最大特点是无中心、无级别。随着互联网的发展与治理，有人说互联网从原先的无政府主义又回到有政府管制的阶段，但是这跟电信的管制有本质区别。还有人说互联网要回归电信文化，我不敢苟同，因为它不是真正意义上的回归，电信文化走向互联网文化是不可逆转的，因为今天的互联网遇到的诸如质量保障问题、信息安全问题，都可以在技术发展和制度健全中逐步得到解决。

三网融合问题在我国成了老大难问题。我在一次会议上讲过，广播电视部门有节目源和高频电缆接入网的优势，电信部门有光纤核心网的优势，应该把两者的优势结合起来，给老百姓贡献更优质的信息服务。结果遭遇来自广播电视部门的强烈反对。目前我又参加计算机界的一个晚餐会，遇到广播电视部门的一位领导。他认为电信网络就是没有广电网络先进，主要表现在接入带宽方面。我负责过国家光纤领导小组办公室的工作，还是有资格说电信部门的光纤网络是个什么水平。几年前我去美国一家地方通信公司访问，考察了这家公司光纤到户的情况。在我的印象中，日本的电信政策是光纤到户，美国电信政策是ADSL双绞线宽带技术到户。该公司技术人员说，以前我们搞ADSL，主要是跟时代华纳（曾经是美国最大的广播电视公司）的高频电缆竞争最后一公里市场，现在美国广播电视部门已经退出基础网络市场，技术进步已经实现任何距离的光纤都比铜线便宜的情况，我们当然要全部实现光纤到户。

我国电信行业改革过程中曾经遇到三个认识误区，一个是市场原教旨主义误区，认为市场经济就是多赚钱，有人还兜售电信市场三十六计，什么声东击西计、偷梁换柱计、浑水摸鱼计等等。第二个误区就是回归垄断的误区，认为美国电信行业先是拆分，后又合并走了弯路，现在的正确道路是回归垄断。第三个是运输经济学的误区，电信网最早的设计方法就是怎么节省带宽、节省距离，现在带宽和距离都不是问题，你还节省有什么意义。过去我国制定电信资费的思想原则就是分钟数乘以距离因素，与铁道运输的吨公里思路没有什么区别。可是现在使用互联网的成本和距离没有任何关系，下一代互联网的成本与占用带宽也没有任何关系，必须在后现代思维基础上研究新的收费方式。

有一位已逝华人学者杨小凯，他曾经在国际经济学界创始了一个新兴古典经济学派，他的核心理论工具是超边际分析。因为人们发现，进入后现代社会，传统理论工具正在发生锈蚀，最突出的是线性边际分析，以及梯度发展理论。线性边际分析就是用线性趋势外推的办法预测未来；梯度发展就是按照东中西部不同经济发展阶段采取小步快跑政策。

有人说现在中国的主要问题是富人还不够富，应该让富人再富一点，然后通过税收（二次分配）后给西部穷人补贴，或者让富人做做社会公益，捐助穷人，这叫三次分配，反哺穷人。我想这种传统发展方式不可能适合中国社会，我们还是采用更积极的办法，用后现代的思路，直接给穷人先进的信息工具，弥合数字鸿沟，更快提高农村劳动者素质，自己创造财富。

工业化理论的基础是物质资源稀缺，占有欲望无限；信息化的理论基础是资源节省，理性消费。在基础资源已经发生重大改变的情况下，还有必要按照工业时代的思路思考这些问题吗？前两天我和一位计算机专家吃饭，他说计算机会更快更好地实现网络均富，而不是数字鸿沟。数字鸿沟是一个误区，不存在这个问题。因为什么呢？后现代经济就是直接可以实现大众化经济，直接让穷人掌握信息，提高劳动者素质，自己创造财富，而不是等待别人救济。

电信业亟待处理好四个关系

中共十七大报告在总结过去五年的工作时指出，“能源、交通、通信等基础设施和重点工程建设成效显著”。但是人们感受得到，交通仍很拥挤，能源日趋紧张，唯电信在价格逐年下降的同时，普及程度也超过世界平均水平，成为支撑未来信息社会的世界第一大网络。

然而近年来，社会关于电信的爆料频出，主要是没有处理好以下四个关系：

1、经济效益与社会效益的关系

电信属于准公共品，又是未来信息社会最重要的基础结构。但受市场原教旨主义影响，社会一度要求电信与工商业同样追求利润最大化，使企业在“孔方兄”面前迷失了方向。本人曾多次呼吁，“电信是个又细又长的面包”；“社会效益远大于经济效益”。

2、市场竞争与网络合作的关系

传统市场经济崇尚市场参与者之间对抗竞争；网络新市场经济必然走向“无边界合作”，只有在合作基础上适度竞争，才能形成网络时代先进的信息生产力。

3、经营者与消费者的共赢关系

传统市场经济中经营者与消费者之间存在零和博弈关系，经营者追求利润最大化；消费者要求最好免费或者费用最小化。这种对抗博弈的结果大大增加双方的交易成本，形成纳什均衡。我国电信经营者与消费者长期互不信任，以致进入了对抗博弈的怪圈。而网络新市场经济的核心是打造兼容、合作、与消费者共赢的新型利益关系。

4、政府监管与社会监督的关系

电信市场属于管制经济范畴，然而管制者掌握的信息量恒小于经营者掌握信息的总和，由政府监管转向社会监管是必然趋势。我国政府管制资源和能力严重不足，更应该充分依靠由社团、专家咨询机构和大众参与的社会监督，尽快改善管制者的社会形象，提高决策的“视点、姿态和水平”，促进公平信息社会的建设。

美国电信改革之悲哀

中国通信：近两年全球电信业风起云涌，大宗并购接踵而至，爱立信收购马可尼、阿尔卡特与朗讯合并、诺基亚网络设备部和西门子通信部合二为一……请您为我们分析一下系列合并事件的背景。

杨培芳：**通信制造业和电信运营业不同，全球通信制造业的市场化和竞争程度很高，企业的优胜劣汰完全由市场规律决定，由市场自动调整达到供求平衡。以上系列合并事件的发生，说明全球通信制造业市场出现了一定程度的过剩，市场资源需要整合以形成新的平衡。**

中国通信：2006年年底，经美国联邦通讯委员会（FCC）全票通过，AT&T 完成了对 BellSouth 的收购。AT&T 几经分拆之后重归于一，您怎么评价其分拆历史？

杨培芳：**AT&T 分分合合这么多年，表明美国电信业改革在走弯路，原因是一直没有找到一个合适的改革模式，对产业规律把握不准，是一种莫大的悲哀。**

业界对 AT&T 今天的局面有两种反思。一种认为 AT&T 走弯路是因为自由化改革决心不够彻底；另一种认为具有网络性质的产业不宜竞争，而应该“重建垄断的辉煌”。就目前的情况来看，业内人士多倾向后一种见解。

中国通信：回头再看，AT&T 从合到分，又从分到合，是必经之路吗？

杨培芳：**电信业从垄断走向适度竞争是一种必然趋势，分拆AT&T也是必要的，但过度分拆、分拆过细导致了竞争效率下降和大量社会成本的浪费。**

另一方面，电信业改革主要受到经济学思潮的影响，20年前自由竞争的政策主张对AT&T分拆起到重要作用。但到今天看，新自由主义的影响力似乎在减弱，重建垄断的思想在抬头。实际上美国政策多年来就是在“新自由主义”和“新凯恩斯主义”之间玩弄“面多了加水，水多了加面”的游戏。

有人认为美国电信业可以无限制地进行合久必分、分久必合的循环，但是中国电信业决不能那样做，因为作为一个13亿人口的发展中国家，无力承担反复重组的巨大社会成本。

中国通信：那么，您认为并购将给AT&T带来什么？或者说AT&T将实现哪些目标？

杨培芳：**从AT&T公司看来，并购肯定会得到市场拓展、业务链更为有利的好处，也有可能使它在一定程度上恢复昔日辉煌。但是能否如愿以偿还要看美国的消费者对这个老牌电信王国的新举措是否买账，有消息说美国部分电信消费者坚决反对这起并购案。**

中国通信：通过并购BellSouth，AT&T成为美国最大的电话、无线和宽带互联网服务商，这会对市场竞争产生怎样的影响？

杨培芳：**在这起并购案以前，美国基本上有三家大型电信企业在全国竞争，这次并购以后，AT&T的市场份额将远远超过另外两家公司各自的市场份额，成为美国电信市场上的巨无霸，这会使美国电信市场竞争更为失衡，对广大电信用户极为不利。**

中国通信：我们知道，并购和重组是中国国企改革的重要内容，AT&T收购BellSouth对中国电信业改革有何启示？

杨培芳：**不管是回归垄断，还是充分自由竞争，都不符合电信业的行业特点，不利于电信业长远发展。中国电信业应该走适度竞争，有效竞争之路。**

中国通信：国资委领导日前表示，为实现2010年央企减少至80家到100家的目标，2007年要加大央企布局结构调整力度，以出资人为主导，按照21个业务板块调整规划，遵循市场规律，依法推进联合重组。您是怎么解读这段话的？

杨培芳：**我不反对电信业重组。保留三四家全业务许可的运营商在数量上是合理的，只要能促进有效竞争，有人提出过六合三、六合四的方案，我看都有一定道理，但不能长期维持双寡头垄断局面，更不能回归独家垄断。**

中国通信：最后一个问题，若中国电信业果真重组，该怎么进行？

杨培芳：**把握三大原则：在细分市场里保持三家实力相当的竞争者；培养大型的有品牌的专业化企业；鼓励差异化竞争实现合作共赢，有效解决互联互通、服务质量等问题。最终目标是有利于消费者放心消费，有利于行业健康发展，有利于我国早日实现公平和谐的信息社会。**

“破船”理论可以休矣

1979年，我国改革开放伊始，美国未来学会主席（名字不详）来华做报告，称中国是一条又大又破的船，上面挤满了10亿人口，每人都在用手划水前进。现在需要一根木桨或者木棍，如果在这条船上安装一台先进的发动机，就会沉入大海。他的结论是中国只能采用适用技术，不需要先进技术云云。

我听了这话，当时心里很不是味儿，而且这话一直在我耳边响了20多年。可悲的是这个观点竟然通过我国有些资深学者影响到国家政策。比如我国科技界曾一度倡导中间技术，电信领域也有人提倡采用外国人拆下来的二手通信设备，或者在发展移动通信之前，先搞一个共用无绳电话（CT2）体系。

1990年我在一份重要研究报告中明确提出我国信息产业应该“利用后发优势，走跨越式发展道路”的建议。报告认为由于深层文化原因，我国在工业精细加工领域已经没有优势，但在未来芯片设计能力、软件和新型服务产业具有更大潜力。结果这份本来可以获得高奖的研究报告仅仅被勉强通过鉴定。当时就有资深专家发言：既然落后了就只有劣势，哪里还敢跨越，应该老老实实回去补课，补钢铁、水泥工业之课！

20年过去了，我国信息产业实现了最明显的跨越，通信网络规模和装备技术水平都一跃达到世界一流，而且在芯片设计技术、通信标准领域取得了重大突破。你到美国，还有人使用大哥大模拟手机；你到法国，有些城市之间通信还使用铜质电缆传输。而我们全部是数字手机、光缆传输。

但是面对下一轮技术变革，中国应该做何选择？药方何止上百？但我有两句话还是想提醒决策者：一是认真分析中国特有优势，有所不为有所为之；二是不能错过重要历史机遇，龟兔赛完跑步，下一轮该赛游泳了，乌龟比兔子更有资格参与制定游泳规则！

信息社会的真正基石

2009年9月18日，我出席世界通信展的一个国际会议，讲到光导纤维的重要性时，顺便问几位外国朋友：半导体的发明人、集成电路的发明人都获得了诺贝尔奖，为什么光纤之父、英籍华人高锟没有获得诺贝尔奖？时隔两个多星期，10月6日，透过光纤互联网传来消息，瑞典皇家学会将2009年诺贝尔物理学奖授予了高锟博士。

高锟1964年在英国标准电信实验室工作期间，发表了《用光波代替电波，用玻璃导线代替铜线的可能性》的文章，开启了一场光通信革命。当时，激光器刚刚发明不久，善于冒险的高锟参与了当时最热门的大气激光通信试验，因为激光的波长属于亚微米波段，它比常用的短波、超短波、微波（厘米级）无线电具有大得多的载荷能力。可是由于激光波长与散布在空气中的尘埃、水汽、云雾粒子直径相近，再加上大气湍流等地面物理影响，根本达不到普通无线电的通信效果。于是这位年轻的工程师就来了个“异想天开”，能不能用一根四壁装满反射镜的导管，抽成真空，形成激光波导通信，而且计算出来，只要每公里的光波损失在20分贝以下，就可以达到实用要求。6年后，世界第一根每公里损耗达到20 分贝的实用光纤在美国康宁公司问世，随后光纤实际载荷能力以每6个月翻番的速度飙升。

近20年来移动通信发展很快，社会上形成一种误解，认为无线通信很快会代替以光纤为标志的有线通信，国际上也不断有人设想用低轨卫星代替光纤骨干网。这是一种莫大误解。美国麻省理工学院尼葛洛庞帝教授早就发现“天地翻转”规律：早期光纤适合中短距离通信，卫星适合跨洲越洋通信，随着光波技术的发展，光纤更适合跨洲越洋和固定目标的高速大信息量通信活动，而卫星通信被挤压到恶劣环境或者只作为近距离接入通信使用。

再说移动通信也就是手机到基站这一段使用无线电波，而用户越多，通信基站就越密集。像北京、上海、广州这样的大城市，基站间隔都缩短到了200米以内，而所有基站之间必须采用光纤连接，形成支撑移动通信的骨干网。尽管电信专家不厌其烦地解释"无线（频率资源）是有限的，有线（频率资源）是无限的"，但是社会媒体还是在误导百姓，无线通信代替有线通信的"美好"前景。

上个世纪70—80年代，高锟多次来中国大陆，我当时就在国家邮电部科技局，具体负责国家光纤通信领导小组办公室的技术攻关管理工作。记得高锟博士非常低调和谦逊，经常是娓娓而谈，有问必答，是个既有冒险思想，又有道德修养的，体现了东方、西方文化合璧生辉的科学家。这次获奖，据说他自己没有想到，但是我却早就想到了，而且为这个奖项姗姗来迟替他抱不平。

信息经济与工业经济最大的不同就在于工业经济的基础是钢铁、水泥，信息经济的基础是光导纤维、集成电路，它们的来源都是石英沙子，取之不尽，用之不竭，而且功能越来越强、用量越来越少。现在我国已将"低碳经济"、"绿色经济"作为重大国策，但是这一国策的实行如果没有光导纤维、集成电路这两大基石的支撑，是绝对不可能的，因为仅靠铜线和金属机械设备堆砌出来的一定是个悲惨的"现代化"！

别的不说，就说世界上几十亿人打电话、上网，如果没有光导纤维，估计得把世界所有的铜矿都开采出来，再全部埋回地下也不够，铜的价格肯定会超过黄金价格！我见过一张报纸上的老照片，照的是上世纪50年代的美国华尔街，密密麻麻全是横来竖往的电话线。旁注说明是"华尔街暗无天日"。所以人类社会不能总是沿着人们熟悉的路子走下去，"要在必然中寻求偶然，再使偶然变成必然"。

现在，国人都在感叹，为什么中国境内科学家出不来诺贝尔奖得主？这里也充满了偶然和必然的辨证法。但是有一条几乎可以肯定，那就是中国的教育体系和传统文化仍然在禁锢着整个民族的思维，尤其是青少年的思维。我辈只能为高锟庆幸，如果他既生在上海，又学在北京，恐怕也与诺贝尔奖无缘。

第三章：谁更代表先进生产力

切莫充当落后生产力的代表

2010年的5·17世界电信日刚过，就听某企业高管讲："现在电信企业只能是他们认为什么技术赚钱就先发展什么技术，在哪儿能赚钱就在哪儿发展。除非政府下命令在农村普及3G，在全国城乡普及光纤到户，企业也能做到。"于是人们很容易想到一句话，叫作"牵着不走，打着才走"。

岂止现在，早在上世纪80年代，我国电信部门（当时政企不分）就制定了数字、模拟长期兼容，光纤、电缆长期兼容，程控交换、磁石交换长期并存，电报、传真长期并存的行业政策。结果是武汉邮电研究院领导说服了国务院综合部门及时制定了新建长途通信线路一律采用光缆的国家政策；是全国城乡一致要求追上程控电话的浪潮，才淘汰了机械电话；是国家改革开放要求淘汰公众电报、淘汰BP机，才使我国电信领域实现了时代的跨越，否则以上技术进步还要遭到经营者的长期反对。因为竞争不充分，越采用传统的技术，企业自身就越划算。觉得奇怪吗？我们真真制定过"抑止传真机取代电报网"的政策；有人说过"BP机永远不会消亡"；主张过"小灵通不能退市"；甚至主张"在大城市发展3G，小城市发展2G，在农村发展小灵通"。

再回头看一看中国"村村通电话"政策始末，开始信息产业部领导想说服国家综合管理部门向运营商收取"电信普遍服务基金"用于农村通信和信息化建设，几经辗转未果（其实我国基金何其多？），最后不得不实行包干政策，将村村通任务硬性分配给运营企业。起初各运营商如鲠在喉，无不推脱责任，但实行没多久，就发现农村是一片广阔蓝海，于是开始抢占市场，跑马圈地。

我国3G建设至少耽搁了5年，使得本来在整体通信领域缩小的与发达国家的差距又有所拉大。现在有的国家已经明确不再发展2G网络，技术前沿业已证明，光纤在任何距离都优于铜缆，这正是我国实现第二次宽带通信技术跨越的绝好机遇。希望我国通信企业远离"传统保守"的旧病，不要将信息宽带基础设施也按中、东、西三步走，"梯度发展、小步快跑"，那是对时代不负责任，也是对本企业长远利益不负责任。

基础设施共享是有效竞争的关键

记者：您如何看待《关于推进电信基础设施共建共享的紧急通知》的出台意义？

杨培芳：《通知》的出台是促进电信市场有效竞争的关键环节，也是必要的手段。我个人认为该通知的出台能更好地促进市场有效竞争，引导运营商从资源比较优势的竞争转向创新比较优势的竞争，进一步明确了限制存量、鼓励增量市场的发展思路，从而保证每个企业都能走上技术创新和规模化发展道路。

我们知道，电信运营业的三大基础资源分别是：移动基站、光纤管道和最后一公里，只有从网络资源上解决共享问题，才能对新进入者提供有效的竞争环境，否则新进入者只能处于弱势，无法撼动强势运营商的地位，这不利于形成市场有效竞争。

我们知道，网络经济是服务大众的经济，网络经济发展正在改变集中稀缺资源只为有钱人服务的传统经营理念，网络的使用价值与用户数的平方呈正比。正是因为网络经济具有公共性、基础性、自然垄断性的特质，因此网络资源共享就显得尤其重要和迫切。

记者：有人认为应该借鉴电力、铁路模式，实行网业分离，由政府垄断整个基础网络，电信业务则完全开放竞争，这样是否可从根本上杜绝重复建设？

杨培芳：网业分离的构思有合理性的一面，近年来国内外也都进行过电信网业分离的试验，但是结果并不成功。因为电信与交通、能源的性质是不同的，一个属于物质经济，一个属于信息经济。交通运输的是“吨公里”，电力供出的是“千瓦小时”，百年不变；而电信技术日新月异，电信业务层出不穷，很难想象一个不掌握任何电信业务的网络公司如何去满足日益多元化和无边界社区化的服务需求。所以当前最好的办法还是在共建共享基础上，引导运营商在技术创新、业务创新层面展开更有效的竞争，而不是将基础电信网络回归政府、垄断经营。

记者：该《通知》的出台是否会成为“双刃剑”？对于该《通知》的实际执行操作，您有何建议？

杨培芳：基础设施共享政策在促进市场有效竞争方面有积极作用，但不利的因素是在执行中有难度，如果处理不好会引发不必要的矛盾，将直接影响到消费者对通信的日常使用。该通知不仅旨在缓解重复建设以及网络使用的低效问题，而且对运营商之间的互联互通、网络安全也提出了新的要求，因此在对待这一问题上必须高度谨慎，要从细节上制定相关的配套政策，使之能真正在执行中落实到位。

我个人认为，主要可以从以下三个方面加强在执行中的操作力度。第一，就是通过相应的法规来对该通知的内容进行合法性的规范，使之具有明确的法律效力。虽然此次工信部对该通知的执行高度重视，并以加强考核来敦促各运营企业的执行力度，但相应的法规工作必不可少。第二，建立相应的评估机制，由中立的专家队伍对共建共享的相关细则进行测算，以科学体系来进行规范，明确在网络资源中共建共享的比例，例如韩国移动通信基站的共享比例为30%。第三，建立科学合理的网间结算体系，为出租者和新进入者寻找一个利益平衡点，由政府组织中立的部门和专家进行测算，使运营企业双方都能从中获得好处而不吃亏，公平科学的网间结算体系是保证该《通知》能长期运营的关键。保证产业的持续健康发展必须以科学发展观为指导，而不是“拍脑袋、一刀切”所能解决的。

记者：基础设施双向开放，对弱势运营商有利还是对强势运营商更有利？

杨培芳：掌握大量资源的运营商比新进入者处于更有利的位置，也更具主动性，但基础设施双向开放，近期肯定对弱势运营商有利，长期则会形成共赢局面。我认为在新的市场竞争环境中，运营商必须建立新的市场竞争观，提升竞争水平，以兼容、平等、共赢的思想去思考网络资源的共建共享问题，摒弃以往狭隘的竞争观，在信息产业日益融合的时代，共享也能创造赢利空间，出租基础设施也会成为运营商的一项合乎情理的重要收入。

记者：基础设施的共建共享对重组后的电信运营商加快全国布网，尤其是促进3G建设有何积极意义？

杨培芳：肯定会加快运营商在全国的布网速度，尤其是3G网络的建设。可以从以下方面来看待：第一，缓解运营商基站选址难的问题，大量基站的建设已经引发许多矛盾，共享无疑是个好方法；第二，3G正式启动在即，基站共建共享在一定程度上可以融洽运营商和百姓之间的关系，虽然目前关于辐射对人体影响还没有相关的标准，但减少基站建设肯定符合普通民众的利益；第三，光纤、路由器、管道共享有利于促进下一代宽带业务的竞争与发展，开启信息通信更大的市场空间。引导信息通信朝“绿色”、“和谐”方向发展是社会经济科学发展的必然要求。

网络生产力对传统经济学的挑战

20多年来，世界多数国家在交通、电力和通信等“网络性产业”的市场化改革都没有获得预期的成功。进入21世纪以后，各国不得不开始在市场与政府之间进行新一轮“面多加水、水多加面”的权衡。具体表现在新世纪前后，西方政府对弗里德曼和斯蒂格利茨不同的政策主张的更替或者折中主义的处理技巧。

其实经济学界在“自由市场”和“政府干预”之间的拉锯战早已持续了一个多世纪，再继续下去也不会有很好的理论出路。因为这种“二元对立”的思维模式只能代表工业社会的哲学思维模式，信息社会的哲学基础应该是“三元协同”，也就是在自由市场和政府干预之外，正在显现出的第三种经济调节力量。

大家知道，两百年前亚当·斯密发现自由市场这只看不见的手；上世纪初，钱德勒在分析铁路和电报的社会功能基础上提出政府是看得见的手；近20年来，互联网及其产业的飞速发展，促使社会“公共协同”力量陡增，“第三只手”将在未来经济中扮演重要的角色（见拙作《网络协同经济学——第三只手的凸现》，经济科学出版社）。网络生产力将比任何理论说教都更能促进人类早日实现公平、和谐的信息社会。

网络生产力对传统市场经济形成了三大挑战。

一是“生产资源稀缺，消费欲望无限”这个传统经济的立论之本开始动摇；二是“收益递减”的经济规律将让位于“收益递增”；三是现代市场经济的“嫌贫爱富”特征将让位于后现代市场经济的“信息共享、利润摊薄”。

由于网络经济的基础资源不再是钢铁和水泥，而是集成电路和光导纤维，它们的主要来源是都是沙子，几乎取之不尽、用之不竭。另外随着信息和知识的普及，人们的物质消费观念变得理性起来，因为吃得太饱太好都是要患病的，囤积太多物质产品只能代表落后理念。

在工业领域，有钱人可以开奔驰车，没钱人可以骑自行车；在网络世界，有钱人和没钱人要用几乎同样的计算机上网、同样的手机通话。还有一个更重要的经济效应，就是网络外部性。在工业领域，新汽车拥有者会给原汽车拥有者带来道路拥塞、燃油价格上升的负面影响；而在网络世界里，新用户的加入会使原有用户在不增加任何成本的情况下净增使用价值。

网络通道与内容产业应该协调发展
——在2007年无线娱乐国际会议上的讲话

各位下午好！很高兴参加无线娱乐的国际会议，也想和大家一块探讨网络通道与内容产业和谐发展的策略问题。

大家都关心整个国家的信息化建设，这是发展无线娱乐大的前提，但是很可惜，在以往20几年当中，我们国家的通信业和信息化是两条道上跑的车，没有很好地融合。同时对整个信息化的理解也出现了偏差。我们国家理解信息化可能经历了几个阶段。最初就是每一个单位都要买一台计算机。后又从小型机发展到大型机、巨型机，以计算中心的方式搞信息化。后来微机发展很快，这时候出现了新的动向，我们国家认为搞信息化就是搞内部的专用信息系统。又过了一阶段进一步认识到信息化和工业化是两个不同的概念，工业社会是系统的概念，一个机器系统，一个动力系统，都是内部专用的。真正信息化应该是社会化、网络化的信息化，应该由部门分割走向融合。融合起来谈何容易，不论在政策层面还是在产业层面都遇到一些难题。网络内容产业发展受制于通信业，最早的内容网站经历了艰难的创业历程，由于各方面的原因发展非常困难，甚至成了“革命先烈”，包括瀛海威等公司都不见了。由于利益的掣肘，各个层面强调自己的利益最大化，最后谁也发展不起来。当然网络娱乐或无线娱乐可能是最新的切入点，如果一个网络上的功能只给少部分人消费那无论如何成本降不下来，因为量上不去，这样由于没有应用，市场就会枯萎。我们的网络娱乐一开始就建立在草根基础上，可能是一个新型的增长点。

各国在基础电信领域都是由少数几个运营商经营，为内容服务商、应用服务商提供通道和平台。通信网络技术的走向有三个为主。第一是网络传输层以光纤为主。有人预测70年以内没有别的方式能代替光纤通信技术，起码现在还看不到，有人说将来用脑电波通信，目前还看不到应用。第二个是业务平台要以 IP 为主。第三是接入层一定是以移动无线为主。

整个网络产业正在形成一个新的产业链。从融合来讲，主要是语音平台、图像平台都向数据平台融合。接入层则是多种分散的方式，现在是3G，还有蓝牙，还有超宽带、空间激光通信，以及 WiFi 和 WiMax。终端则是更为个性化的，并不是一讲融合，就成了一个网络、一个技术、一种接入方式，甚至有人认为多媒体就是把各种终端，无论是电视机、电话机、电脑等家用电器都放在一个大盒子里，这是一种误区。多媒体就是一种接口，你需要各种各样的终端设备，都能够通过这个接口进入开放的网络世界。

现在几家电信公司提出要做综合信息服务提供商，很多 SP、CP 很着急，电信运营商要转型成为综合信息提供商，我们 SP/CP 不是没饭吃了吗？实际上融合用词非常准确，不是谁吃掉谁，而是和而不同、各得其所。

通信业的转型可能形成新的产业链，包含四个产业：一个是设备制造业，一个是通信运营业，一个是内容提供业，一个是应用服务业。内容提供业就包括了网上娱乐，将来人们在网上可能不光听音乐，还要看电视短片，和新媒体联系起来。手机多种功能开发出来以后，人们的生活变得更为便捷。我们有不少的人是搞内容或无线音乐的，大家都觉得信息社会应该信息内容为王，可是内容提供商认为我们从来没找到过为王的感觉，这是以前的现实。以后是不是内容为王，有人说将来肯定是内容为王，因为有知识产权保护，内容说了算。但是我想信息产业的发展规律不以感情为转移，管道为王的时代可能要过去，内容为王的时代是不是能够到来？我认为将来发展走向无王时代。因为企业最初的竞争总是同质竞争，最后就会实现异质竞争，在整个网络产业链中谁也离不开谁。这就形成平等价值链模式，这是一个理想的趋向。现在可能还是运营商说了算，今后的趋势是公平价值链模式。

我国通信发展有几个认识上的误区。第一个就是先进技术无用论，有人说发展第三代移动通信没什么用，第三代移动通信就是拿手机看电视，你开车看电视肯定要撞车，你走路看电视肯定撞到树上。一些人认为中国还很穷，当前主要还是解决老百姓的衣食住行问题，信息通信技术是发达国家超前占领我国市场的迷魂计。第二个是市场原教旨主义，认为市场经济就是要赚钱，千方百计想把老百姓的钱掏出来。我听到过营销大师讲市场竞争三十六计，什么瞒天过海计、声东击西计、浑水摸鱼计等等不一而足。第三个是回归垄断的误区。有人认为网络技术发展需要由政府垄断代替原来的行业垄断。电信行业不是现在6家，也不是4家、3家，最后要归为一个行业一家，这样中国的竞争力就更强大。如果电信领域只有一家，钢铁领域只有一家，石油领域只有一家，中国这些行业都可以进入世界百强。第四个误区就是运输经济学的误区，电信行业所用经济学的理论一直是工业运输经济学理论，就是按照距离乘以交通业务量作为计费单元向老百姓收钱。一吨货物运一公里多少钱，四吨货物四公里就是十六。后来又有人建议通信服务按比特数收费，也有的消费者愿意像自来水一样，用一滴水交一滴的钱。如果这样做，运营商将美得冒泡，因为电信成本的特征和自来水是相反的。水和石油、稀有金属一样，都是稀有资源，越用越少，单位成本是按指数曲线上升的。信息包括软件以及知识，参与共享的人足够多了以后，边际成本几乎为零。一个软件完成以后，一个人用和一万个人用成本是一样的。在这种情况下我们对整个网络的设计思想、收费模式，包括网络音乐、网络娱乐的收费模式都需要重新考虑，要摒弃工业时代的计费模式，才能使网络服务获得健康发展。

有人认为，我国还是一个穷国，还处在大力发展重化工业的阶段，信息化没必要发展那么快。还有的认为老百姓没有钱就不要打电话，不要上网，搞什么村村通工程！能有饭吃、有衣穿就不错了。实际上我国钢铁产量已经超过美国的两倍，能源的消耗量增长很快，今年计划降低单位GDP的能源消耗，结果又上升0.7个百分点。真正要上升的信息化指数却没有怎么上升，我们国家信息化指数在30个国家中排名在27位。通信是做得不错的，在全世界都是靠前的，主要是我们的信息内容和宽带信息应用拉了综合信息化程度的后腿。

刚才讲了那么多问题。应该怎么发展？重要的是改变观念。过去按工业经济的思路解决网络和信息行业的问题，现在看来已经行不通了。因为信息网络与工业经济有完全不同的经济规律。无论你做电信业还是网络内容业，或者是网络应用业，都应该树立网络协同思想，只有协同起来大家才能把这个产业真正做好，顺利走向互利共赢的新经济时代。谢谢大家！

以人为本还是以物为本？

如果你搜索一下“物联网”，大概有几百万条链接。物联网或许已成为IT界最热的词汇。它是继信息高速公路、网络家庭、泛在网络、智慧地球之后足以令国人再次激动的一个新概念。有关国际组织把物联网定义为“未来互联网的延伸，属于互联网的一部分”，这个定义可能是比较准确的。因为“网络家庭”讲的就是各种家电上网和在线遥测、遥控；“泛在网络”讲的是与人类生产、生活中相关的任何事物都可以通过电子标签、射频技术连接到网络。而物联网至多也就是把互联网技术进一步向各行各业的生产和服务领域延伸，也就是说，它还是为人服务的，而不可能将一草一木、一砖一石都变为相互传递信息的主体。

不幸的是我们所到许多重量级人物讲得绘声绘色，说互联网是人与人之间的联系手段，物联网则是物与物之间的联系方式；还有人说，互联网连接的是我们人类，物联网连接的则是大自然！真使人一头雾水。我一直标榜自己是站在先进生产力一边的，可不解的是，我们的科技竟然发展到不再造福全人类，而去造福宇宙万物的程度！

这令我想起美国“铱系统”的破产。铱系统计划用66颗低轨卫星信号覆盖地球，无论你在南极、北极，还是到了哪个无人区，都会有卫星信号时刻为你服务。多么理想的通信方式，可是流产了。拿美国AT&T中国公司一位前总裁的话说：“我们干通信100多年，知道通信是为人类服务的，而提出铱系统方案的那些人认为通信是为大海里的鱼类服务的。”

还有一位计算机专家这样描述我们未来的生活环境：你居住的房间除了所有家电、门窗都永远在线之外，墙面上有大屏幕，安防系统有声控开关，门板上有触摸屏，座椅上、靠背上、餐桌上、床边上都有触摸屏，你想干什么只要按一下触摸屏就可以随心所欲。好恐怖啊，你无论上班，还是居家休息，只能老老实实，怎敢乱说乱动，甚至睡觉都不敢翻身！

但物联网还是个有用的概念。其价值就在于它再次超越了通信主要服务于生活和人们感情交往的传统定位，使通信向更广泛的工农业生产和现代服务业领域渗透，成为信息社会最活跃的生产力。

共献共享之“云服务”

2007年，一些大型信息企业开始推出他们的“云计算”计划，云计算一词源自计算机界的分布式、网格化计算模式。由于信息网络的发展与快速普及，计算机的发展轨迹由原先的中型机—大型机—巨型机反过来朝向微型机—笔记本—移动多媒体方向发展。尤其是移动互联网的迅猛发展，使今日的信息网络超越了信息交流、商务交易的范畴，渗透到社会生产、公共服务、个人消费领域的各个环节。一种信息生产力的现实共享模式应运而生，这就是云计算，更确切地说应该叫作“云服务”。

计算机发展的初期，人们必须到计算中心以独占方式使用计算机完成科学运算；到中期阶段，人们可以通过远程通信系统以集团拥有计算能力的方式完成更多信息处理业务；到了高级阶段，人们可以坐在家里或者在移动状态下以社会共享方式，完成信息交流、人际交往、商务交易甚至生产、服务过程的监测与控制。所谓云服务就是信息处理能力的高度共享模式。

——基础设施云服务。有条件的信息服务提供商可以将他们富裕的计算能力、存储能力、交换能力、接口能力通过网络向客户，包括竞争伙伴，相互提供有偿共享服务。这在基础电信领域已经较为普遍。移动通信基站、光纤管道共建共享，到网间互联互通、平等结算、携号转网，都可以看作云服务的早期模式。

——数据平台云服务。服务提供商将数据库、数据中心和中间件通过网络提供给使用者共享。用户可以使用平台云服务进行新业务的生成，或者以第三方形式向其他用户部署新业务或者提供新业务的转售服务。

——软件云服务。通过互联网将成功的软件租赁给海量用户使用。与传统软件模

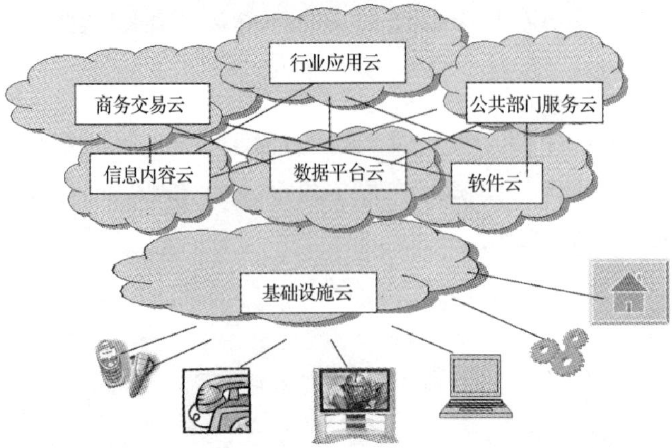

图3－1 云服务的层级结构

式相比，软件云服务具有更低的开发和维护成本，同时具有更低的应用门槛和应用风险。用户不必支付软件开发费用，也不用担心软件的安装、部署风险和软件的维护升级问题，只要支付使用费，就可以获得不间断的服务。同时这种软件云服务模式还可以大大降低软件商的销售成本和维护成本，使其专注于提高软件质量与服务水平，与用户实现互利双赢。

——网络应用云服务（包括信息内容云服务、商务交易云服务、公共部门云服务、行业应用云服务）。随着第三代互联网技术的发展，网络应用正在从信息交流、信息内容向各行业生产、服务过程的监测、控制等应用领域延伸，除了现有的信息内容云服务、商务交易云服务、公共部门云服务之外，各类行业应用云服务群体将应运而生，它很可能成为未来生产型服务业的主要形式。

随着云服务的迅速发展，将涌现一大批白领个体从业人员。他们既是信息生产者，又是信息消费者，既是云服务能力的提供商，又是云服务的最终消费者。他们在真正产销合一的业态中实现贡献与分享的高度统一。直接从事一线生产的劳动者迅速减少，白领劳动者将成为主体劳动大军，在新劳动价值平等交换的基础上，“各尽所能、各取所需”的社会形态绝对不再是幻想。

第四章

从“一分为二”到“一分为三”

二元对立和三元协同

牛顿力学有力地支撑了对立统一的哲学思想，也使我国古代就已形成的“物生有两，体分左右，皆有二也”的朴素辩证法观念找到了近代科学解释。然而牛顿力学观察的是两个物体之间的相互作用，是以质量和能量作为物质的两个本源特质的。人们很容易理解任何事物都有正反两个方面，非此即彼、非我即敌的机械认识论观点就是这种思想方法的极端体现。

在整个工业生产力阶段，一方面人们依靠物料、能量构筑了烟囱、厂房、铁路和桥梁；另一方面，人们又在夺取物料和能量的争斗中力求战胜对手，战胜自然。于是形成了追求单一目标和单一因果链的简单化决策方法。工业社会盛行的对资源的掠夺性开发，把人与自然对立起来，把人与人对立起来，斗争与反斗争，压制与反压制，控制与反控制的思想方法已经使人类社会遭受了太多的报复。然而对立斗争的长期效果并不总是一个吃掉一个，而往往是两败俱伤，由第三者或第三态主导局面。

经济技术发展把人们推进到了信息时代，人们遇到的诸多问题已经不可能在牛顿力学的单一因果链的思维平台上获得满意的答案，除了对立双方之间的力学作用之外，还必须考虑介质或信息的作用。

信息社会的本质是多样性的社会，没有多样性就没有信息。黑与白、正与负、好人与坏人、正确与错误、真理与谬误、科学与迷信之间尚存在许多有待进一步认识的空间。一批综合学科应时而生，这表明人们力求超越工业时代的方法论，以多维模型、统筹兼顾的方法建立人与人之间，人与环境之间协调共生的组织体系。

信息社会的哲学原则应该是使每个社会单元通过信息的协调作用，找到佳越化的生存空间。它至少要考虑三个最基本的要素而不是两个。比如主体、对象和环境，正态、负态和零态，宏观、微观和中观，客观、主观与媒介，信源、信宿与噪声等等。

一种三基元哲学思想正在孕育之中。这种哲学思想认为，在同一个时空内，任何事物都是由三个具有正交完备性的最基本的特质构成，即运动不能由一个或两个规律加以说明，而任何第四个规律要么是某一规律的结果，要么是与其他基本规律交互派生的产物。

比如热力学有三定律，机械学有三定律，生物学有三定律（变异、遗传、自然淘汰），现代交叉科学有老三论（控制论、信息论、系统论）、新三论（协同论、突变论、耗散结构论），马克思主义有三个基本来源，人的视觉有三基色原理。甚至一向作为计算机技术最基础的二进制码也有可能发展成三进制（1，0，–1）。有人已经证明，三进制才是效率最高的运算方法。此外，还存在最具有挑战性的两个问题，一是物质是否由质量、能量、信息三个基本特质完整地体现，二是组织形态是否也存在无序、有序、自序这三种极端模式。

热力学第二定律揭示了孤立系统从有序到无序的熵增演化规律，而人类社会作为开放系统则被普遍认为是沿着从无序到有序的熵减规律演化的，因为这个开放系统不断地从外界吸取能量。可是，当我们穿透历史，就不难发现人类社会远非只遵循从自然无序到强制有序的单向发展过程，基于信息的自组织作用，人类社会正在走向自序发展方向。

达尔文时代的人们不可能预见自组织的力量，那时人们普遍认为生物进化只能服从“自然选择、适者生存”这把利剑。这正好说明那个时代的人对能量和外力的畏惧和崇拜。直到最近，科学才发现某些复杂开放系统在外界变化（信息）达到一定阈值时，就会自发形成一种有序结构。这就是说，有序化并不总是在力学规律下被强制形成，信息的作用可以使某些开放系统变得自发有序，我们称之为自序。

如果说小农经济是以质量为主导的无组织化的经济形态，工业经济是以能量为主导的被组织化经济形态，那么信息经济既不是被组织化经济的继续，也不是半组织状态或者中间道路，而是一种以信息为主导的独立的全新的自组织经济。农业社会的突出特点是个性无序，工业社会的突出特点是强制有序，信息社会的突出特点则是协同自序。

一位美国学者尼葛洛庞帝曾多次重复他的自组织试验。他在报告厅要求几百个人或者几千人随意鼓掌，在一片杂乱无章的掌声中过不了一两分钟就会形成有节奏的规律性掌声。他承认现代社会还有许多与这种自序状态非常不协调的东西，甚至在计算机网络里仍有大量有害的信息，但他坚信人类具有协同自律的本能，在信息日益透明的环境中会很快消灭少数不协调的掌声，并将它们融进共振的旋律之中。

如果这种三元协同哲学理念能够在现代认识论中立足的话，那么它是否能成为信息时代的哲学基础，并作为工业时代的一分为二哲学体系的超越和发展呢？我辈只能期待更多的有识之士在实践中继续探索和创造。

信息社会是多样性社会

学术界对信息的定义不下几十种。站在不同的角度，从不同层面上看，每种定义都有其合理性一面，但是从最本质的哲学意义上考察，应该只存在一种最接近信息本质的定义。直到目前，人们仍然没有停止对信息哲学本质的探求。

1948年，美国贝尔实验室的仙农第一次用数学方法定义“信息就是不定性的消除量”。认为信息具有使不确定性减少的能力，信息量就是不确定性减少的程度。仙农关于信息的定义至今在概率通信过程中仍然是有效的。我国一位学者曾撰文指出，现在人们正滥用信息概念，什么信息爆炸、信息膨胀，其实并不存在。因为按照仙农信息论的定义，不被受体所理解的信息并没有使不定性减少，也就不能称其为信息，它无异于能量虚掷和感情的空抛。

其实，仙农作为一个通信科学家，所定义的仅仅是进入他的人工通信模型中的信息，也叫做认识论信息。而信息作为与质量、能量并列的一个哲学本源，人们并不满意仙农的定义。依照仙农的观点，消息如果不被某一受体理解就没有信息，如果被另一受体所理解就有了信息。那么究竟这一消息中包含不包含信息呢？为了找到哲学本质的解释，1956年阿希贝提出，信息的存在与否取决于消息本身有没有变异度，信息就是被传递消息中的变异度。

从自然哲学层面上看，前苏联学者格卢什科夫把信息定义为“物质和能量在空间和时间上分布不均匀性的测度”。意大利学者朗格提出，“信息就是事物间的差异”。我国许多学者倾向把信息定义为“事物运动的状态和方式”。我比较赞成朗格的定义，并且认为信息是事物可传递的差异性。它包括自然界和人类社会普遍存在的可传递的差异性。差异越大，信息量就越大，没有差异就没有信息，不可传递的东西也不是信息。信息与知识、智慧、信号、符号的关系见下图：

在宇宙爆炸的一瞬间，既没有各类分子，也没有各种原子，很可能只有同种粒子组成的“宇宙之汤”。后来随着“宇宙之汤”的冷却，才慢慢形成基本粒子、各种原

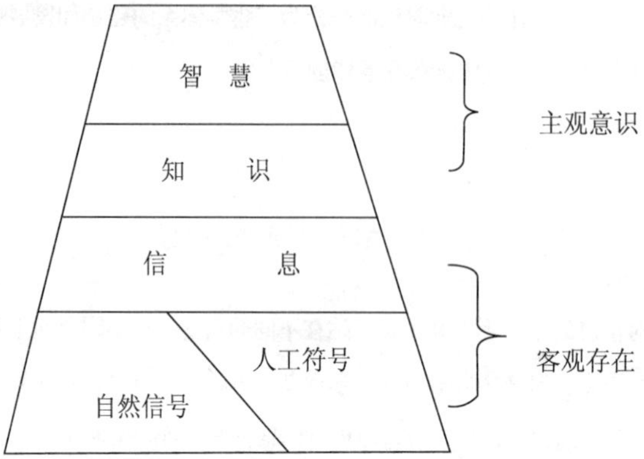

图4－1 信息及其相关关系

子、分子、大分子、有机分子和各类生命物种，越来越多样化起来。在宇宙起点的混沌世界里是没有任何信息的。在虽有多种元素、物种存在，却又在某种强力作用下保持高度一致的世界里，只能有少量的信息存在，只有在适应个性发展的日益多样化的世界里才孕育着更丰富的信息。

热力学第二定律认为，一个孤立系统总是朝着熵值（熵＝热量/绝对温度）增加的单一方向发展，最后达到处处热量相等的热平衡状态，也就是最混乱的无序状态。一杯开水置于室内，它的热量就会向四周散发，直到与室内温度相同。要使水温与室温的差异恢复就得靠外力加热，也就是使熵再次减少。

在负熵可以增加系统内部多样性的意义上讲，负熵就是信息。但是如果靠外力加热使系统内部状态同构，并没有增加系统内部的多样性，也就没有增加信息量。只有靠外力增加了系统内部的多样性才能增加信息量。

如果说整个物质世界在力学的作用下被组织有序发展的话，那么人类社会则更多依靠信息实现个性化自组织有序发展。社会经历了游牧、农业、工业阶段，正在向信息阶段过渡，从总体上看，社会分工越来越细，信息量也越来越大。但是工业社会的原则是大量生产标准化的同种产品的社会，高度集中一致的社会结构又在很大程度上限制了信息量的增长，只有信息社会才能在越来越透明的环境中实现个性有序的多样化社会结构。

工业社会的哲学原则是建立在牛顿力学和机械决定论基础上的强组织化原则，它强调共性，抹杀个性。这种组织原则在追求单一目标的群体活动中非常有效。恩格斯在《反杜林论》中曾引证拿破仑的话说：“两个马木留克兵绝对能打赢三个法国兵，一百个法国兵与一百个马木留克兵势均力敌，三百个法国兵大多能战胜三百个马木留克兵，而一千个法国兵则总能打败一千五百个马木留克兵。”其主要原因是两军的组织程度不同，而控制论的创始人维纳就把信息定义为组织程度的量度。那么信息是否就是组织程度呢？如果我们得出肯定的回答，我们就会沿着工业社会兵营规律的哲学原则，在集中控制经济的道路上越走越远。这一点在近30年的一系列历史事件中已经得到了证明。

上个世纪八十年代初期，我国曾经酝酿成立国民经济规划部，利用一台巨型计算机集中收集所有经济实体的运行信息，并通过精确运算来预测和控制全国生产企业的生产、销售过程。直到现在还是有许多人士，崇尚经济控制论和集中力量办大事的信条。

一次，我在一个高级培训班授课，在我前面讲学的一位控制论专家提出，我国经济总是在一控就死、一放就乱的过控制与欠控制的两极摇摆，最好的办法是缩短控制路径，找到最佳控制点。我在随后的讲演中首次提出，集中控制的思想方法只适应单一目标问题，在现代经济和社会领域，只有使多个行为主体在信息相对透明的环境中实现自组织化，才能形成多目标经济活动的次优组合。

论泰勒宝塔的倒掉

三十年代，鲁迅先生曾写过一篇杂文“论雷峰塔的倒掉”以庆幸代表皇权的法海之塔对白娘子追求个性解放思想统治的一朝崩溃。但是，在生产力尚不发达、少得可怜的信息传播渠道仅作为皇权帮凶的时代，这种暂时的个性解放又能换来什么呢？中国历代农民起义的命运要么以流血失败告终，给后人留下对皇权的敬畏和更深的仇恨，要么新帝登基坐殿继续新一轮皇权统治。只有先进的生产力与先进的哲学思想体系相结合才有可能从根本上更新体制，从而进一步促进生产力的发展。换言之，只有当信息上升为生产力的最重要的要素并成为广大民众在生产和生活中赖以自组织的首要条件时，这种个性解放才能持久和有效。我们可以毫无政治偏见地说，在工业社会，资产阶级所渲染的个性解放、自由民主，只不过是用来粉饰他们已获得的对广大劳动人民的统治地位的小把戏而已。美国一位大学教授不无深刻地指出，民主的本意应该是一人一票，可是现代资本主义制度最有代表性的东西反映在工厂和市场上，在工厂里是一股一票，在市场上是一美元一票，这不就是对西方民主虚伪性的一种最尖锐的揭露和讽刺吗？

值得庆幸的是工业社会生产力的加速发展孕育了新兴的信息生产力，它反过来要摧毁工业时代建立起来的管理体系和管理制度，促使工业社会经济管理和政治统治的宝塔结构倒塌。

在动力机器生产力阶段，美国著名的管理学家泰勒发明的宝塔型生产管理模式也许是最科学的组织结构。但它只能说是一种力学结构，而不是信息结构。这种结构是我们在兵营里或者中国历代修筑长城的伟大工程中见惯的结构。到信息生产力阶段，管理者的信息在理论上可以影响无限多的被管理者实现自组织。甚至在现代战争中，最高指挥部可以直接给每个战士下达信息指令，完成不同意图的战术组合，在这样的时代，继续延用这种宝塔体制，只会增加信息网络中的时延和噪声干扰。

技术的组织方式有时候比技术本身更重要。在网络时代，仅仅因为引入了语言处理机、个人计算机就称之为办公自动化是不切合实际的。因为在这个阶段，尽管会计不用算盘而改用计算机，秘书人员由处理文字档案转而处理电子数据，其工作本质并没有变，由上级逐级下达命令的工作方式并没有变。真正的办公自动化在于信息联网。不论你是最高经理还是一个新职员，只要将工作岗位与信息网络连接起来，下级就用不着看上司脸色办事，而是按照计算机存储的程序办事。许多现代化公司里，职员只要每天按照个人电子信箱里的程序完成任务，就可以几个星期不用见上级经理。这种分散而有序的管理模式也叫平面型管理模式。

如果将这种管理模式与中国秦汉时期修筑长城相对比，一种是必须严格依靠一种宝塔形的官僚制度，依靠强制力量完成最高指挥者的意志；一种则是扁平组织结构，以平等的信息交换方式，在透明的情况下实现共同的目标。

促使官僚制度终结的另一个重要方面是社会监督和民主网络的建立。通过电视传播网络，国家领导人的各项重要活动均置于普通群众的视觉之下；互联网和热线电话也可以把市长和平民连接在一起。在一些城市，政府利用有线电视系统定期举行听证会，并与普通公众对话，每个市民只要家里有电话和互联网，就可以直接向政府官员发问，并对全市范围的问题发表自己的意见。

当然这种网络民主方式尚具有很大的局限性，然而由公众利用电子信息手段参与政府决策，毕竟是人类在社会公众事务中增进共识的一种进步，里面包含了最终废除官僚制，实现真正社会民主的形式上的手段与线索。

无级网络与扁平社会

某报2007年10月23日报道：每个城市都有电话区号，就是这么一个小小的区号，在我国却引起了不小的争论。登录百度"城市吧"、新华网"城市论坛"，有关"026区号之争"的言论和文章何其多。郑州、深圳、苏州、大连、杭州、哈尔滨、长沙、青岛等城市，纷纷加入了争夺战，不少地方的政协委员甚至联名呼吁026落户自己的城市。某网甚至开辟了专题讨论区，全国各地的网友们就此问题激烈争论，回帖高达6,000多条。

目前，首都北京的电话区号为010，直辖市、中心区域城市为"02字头"的三位区号，普通省会城市和其他城市为四位区号。值得注意的是，在"02字头"的电话区号序列中，020为广州，021为上海，022为天津，023为重庆，024为沈阳，025为南京，027为武汉，028为成都，029为西安。但区号026至今仍是空白，这给人留下了浮想联翩的空间。

追根溯源，对长途电话区号026的争夺，长沙走在最前列。2000年，长沙学者发表论文建议，待"长沙－株洲－湘潭三城一体化"之后，向中央申请026作为"融城"后的区号。

盯上026的城市，远不止一座。深圳市政协委员联合提交了一份提案，呼吁将深圳长途电话区号0755升为026。同时，哈尔滨市某政协委员也看到了026这个亮点，力促哈尔滨抓住机会，升级区号。随后，大连网友发出了建议，建议大连的电话区号改为026。

许多人认为，"02排序的电话区号代表着一种区位优势和城市等级，所以，从某种意义上讲，拥有了02起头的电话区号，就等于实现了身份和地位的晋升"。02起头的电话区号均为省会城市和直辖市，所以，026成为众多实力城市争夺的焦点也就不足为怪。

得知记者采访026之争的事情，国家主管部门工作人员称，“没有确定的事情不能回答，避免引起几大城市的矛盾”。笔者认为，“电信业早已从电话时代过渡到互联网时代，电话区号排序越来越失去原来的意义。如果说过去人们比较在意一个城市的固定电话区号，那么移动电话号码的地域概念已经大大淡化；将来人们会大量通过互联网通话，那么它根本不存在地域概念。在互联网世界，所有用户都是平等分布的，不存在宝塔式的级别结构。即使将来026给了某个城市，也不能说明什么。”

“1975年以前，长途电话局的情形就像电影《列宁在1918》，话务员们忙成一团，戴着耳机，手拿电话塞绳，要北京的长途就插北京的塞孔，要上海就插上海的塞孔，那时候没有长途区号。”笔者回忆。

“文革”后期，我国电信部门倡导自力更生提高电话自动化水平，于是，部分省区开始自力更生研制半电子电话交换机，同时推广长途自动交换技术，主管部门就此组织调研，最后于1975年末至1976年初，多次讨论修改，制定了一系列通信技术文件，其中就包括我国长途自动电话制式和交换区号的方案，成为“文革”后电信领域第一份部定技术文件。从此，随着长途电话、市内电话、农村电话自动化的拓展，人工电话逐渐退出历史舞台，长途电话局大量话务员转岗。

在讨论长途电话城市区号的专家会议上，由于当时的背景，大家多倾向于把区号与城市的政治地位挂钩。为了突出北京的政治中心地位，参照汽车号牌编码，其区号定为01。其余两个直辖市和6个中心城市共用02；以下城市按汇接区关系和业务流量共用03—09。

“当时考虑到上海和天津是两个直辖市，于是就按照城市地位排序把021给上海，022给了天津。1975年制定电话区号的时候还没改革开放，如果说广东用020排在21前面纯属偶然，因为按照当时机械步进制的电话交换技术规则，0是排在9后面的数字。现在全部采用了数字程控技术，这些数字在技术上就没有了差别，早已无所谓前后。”笔者对记者说。

“对于当时长途区号的分配方案，当时就有专家认为极不合理。北京独占01，比实际需要浪费9倍的号码资源；后来只好在北京的01后又加了一个0”。

从“人体仿生”到“人脑仿生”

当年我参加国家信息技术政策起草研究。有控制论学者总喜欢用人体仿生学来比喻国家的信息化建设，说计算机相当于一个人的大脑，是国家的指挥中心，通信相当于人的神经，负责传导计算机的各项指令，于是建议国家成立一个“国民经济规划部”，集中最好的巨型计算机，时刻为国民经济各部门、各企业实体计算出最佳生产和资源分配方案。虽然这个经济规划部最后没有成立，但却建设了国家信息中心和众多纵向信息系统。

上世纪80年代末，一位国外友人建议中国不必再走欧洲、日本建立太多纵向信息管理系统的老路，可以在微机普及基础上直接建立横向社会化信息网络，但这个建议没有被采纳。现在回望我国长期喜欢纵向指挥体系的做法，有其合乎国情的一面。但看得更长远些，就会发现控制论适合工业机器生产力时代，服务论才适合信息网络生产力时代。

最近聆听一位科学家讲话，人脑由1,000亿个神经元组成，每个神经元都相当于一台微型计算机，它们之间没有中心指挥系统和分级管理系统，完全靠一种平等互动的“兴趣社区激发”方式工作。这恰恰与目前互联网的工作方式完全吻合。

我本不信什么“仿生学”这类学问，总觉得有些牵强附会。但是这一回我突然想到，如果真要仿生的话，是不是应该将我国信息化政策来一番“人脑仿生”思维平台的调整呢？

论人性之平等

中国古人认为“人之初，性本善”，但是几千年来，总是百姓多善，权贵寡善，社会多灾多难。西方人信奉性本恶的人性理论，却造就了几百年市场经济的辉煌。如果我们按照工业社会的传统思维逻辑，性恶论优于性善论，已经成为不争的事实。然而随着网络技术进步，信息日益透明，社会规律跟人们开了一个大玩笑：“善者被人欺，恶者惹人弃”，两者都将被淘汰。未来社会，人只有与他人平等相待、与自然环境平等相待，才能获得生存、繁衍的机会。

有人说，婴儿一生下来就要吃奶，小孩子到幼儿园就会与别的小朋友抢玩具，这不是性本恶的最雄辩证明吗？但是深入分析一下就会发现，婴儿吃饱了奶就要睡觉，小孩子的玩具玩过就扔掉，要靠大人教育才懂得好吃的东西要藏起来，好玩的玩具要收起来，而且是收藏越多越好。退一步分析，婴儿生下来就哭着找奶吃，不正是向世界宣布他的“平等生存”权利吗？何来自私之有？何来善恶之分？

其实在商品经济早期，人们参与市场交易也只是用多余的物品换回自己需要的物品，遵循的规则就是平等交换，没有多赚取对方利益的动机。到了近代工业阶段，资本的高度集中使其日益脱离生产，变为贪婪攫取利润的工具。于是就有了“人的本性就是自私，每个人都追求个人利益最大化”这个市场经济的假设前提。尤其是上个世纪末，西方一批顶级学者向世界强力推介所谓“华盛顿共识”，把经济个人主义追捧到极致。

随着信息生产力的发展，生产分工进一步细化，交易、交往频次快速增长。人们逐渐发现，在交往中一味追求个人利益最大化的结果不是双赢而是皆输！人类生产的根本目的也不是攫取最大利润，而是提高生存质量。除了满足基本物质需求之外，还需要两个最重要的东西，一是自然环境，二是人文环境，它们都直接影响人的生存质量。

理论前沿也从两个方面支持了信息社会回归平等互利的经济学观点。一是著名的“纳什均衡”，二是艾克斯罗德的“合作进化”模型。约翰·纳什用数学方法证明利己主义非合作博弈的均衡结果肯定是进入“皆输”的陷阱。后来他又在“三人演化合作博弈研究”中进一步证明，“如果交互的生物体或人类被假定为仅有自私、非合作的动机时，合作行为的自然演化是完全不可能的。真实的人类行为显然是由一些复杂并且促进彼此之间合作的本能来引导”。

艾克斯罗德则用计算机建立合作进化论模型证明，人们经过上千次重复博弈发现，无条件利他主义者首先被淘汰；赤裸裸的利己主义者也很快被淘汰；阴谋诡计者一度获得最多繁衍机会，但最后也被淘汰；只有平等合作者才能获得长远生存和繁衍的机会。遗憾的是现实的经济交易不可能一对一重复上千次，因此该模型在现实社会不能收敛，按照利己本能博弈的结果，人类社会还是要陷入“一切人欺骗一切人，一切人坑害一切人”的战争。

制度经济学派不乐意变更性本恶的传统经济假设前提，而是寄望于完善法律制度，但是历史早已证明，完全依靠正式制度约束，将带来任何社会都难以承受的交易成本。我国民工为了讨回几百元的工钱，要花几千元的诉讼费用，城市居民为了验证自己买到的是不是掺假食品，需要近万元的检测成本。

网络生产力的快速渗透使信息变得越来越透明起来，在同一个地球村庄，所有交易交往行为都要曝露于阳光之下，谁好谁孬，社会自有公论。经济人之间的非合作对抗性竞争不再像工业社会那样有效，人类将进入一个“自己活也要别人活”的闭环系统。只有在这样的条件下人们才会发现，遵循平等合作规则要比通过欺诈获得少数几次不义之财更有利。一个新的经济学悖论正在形成，那就是：“只有为别人创造价值，才能获得个人利益。”一个以价值为基础的崭新的商业模式悄然兴起。后现代市场经济正在为人们搭建一个三元合作思维平台。市场竞争必然由同质竞争向异质竞争转化，同质竞争产生对抗行为，异质竞争产生合作动机。在“泛网”条件下，经济效率与社会公平将实现高度的统一。

随着信息技术高度发展，生产资源不再稀缺，占有欲望也不再无限。“个人利益最大化”的动机逐渐要被“追求公平合理利益”的动机所取代。其实大众心理早就厌倦了坑蒙拐骗、尔虞我诈、贪得无厌的社会，日益透明的社会一定能摆脱“盲目市场经济”机理，以平等交易为基础的公平的信息社会正在加速向我们走来！

网络时代的十个法则

许多主流学者认为网络服务不过是工业时代的直线延伸，或者说是工业经济的一部分。我国一位资深学者就曾经说过，我们没有必要随意创造新概念和新理论，人类在几百年的产业革命中逐步完善起来的工业经济理论用于信息或者网络服务领域应该是无缝的。然而，时隔不久越来越多的人们开始感觉到，网络领域的游戏规则与工业领域是根本不同的两回事，并且发现工业社会的康庄大道已经走到了尽头。要涉足网络这个崭新的领域就必须了解这个领域的规则，当然既有人们约定的规则，又有天然法则，其中最为重要的是天然法则。

网络比机器重要 半个多世纪以前，列宁就曾经指出过，“大生产、机器、铁路、电话——有了这一切就有充分的可能把组织起来的工人的工作时间缩短到现在的四分之一，而保证他们享受到等于现在四倍的福利”（《列宁全集》第20卷第147页）。这在当时物资非常短缺的年代，是令人信服的，但是进入过剩经济时代，拼命开动机器生产有可能产出的不是四倍福利而是四倍的祸害。而网络则使生产者和消费者变得理智和透明，可以说有了网络才能缩短生产和消费之间的距离，才有充分的可能使生产者用原来四分之一的材料和能源，为社会创造四倍的使用价值。

一条重要的哲学原理是整体大于部分的总和。一千人的一支军队，除了这一千个身躯和佩带的武器之外，肯定还有更重要的东西。计算机也是机器，四台连接在一起的计算机比四台独立运行的计算机也许没有太大差别，但是几千万台联网的计算机比几千万台单独运作的计算机的功能可能要大出几万倍。

曲线比直线重要 工业社会通行的是建立在牛顿力学基础上的线性思维方式，而网络时代是一个完全的非线性世界，线性思维在非线性世界是毫无用处的。人们必须明白，未来不再是过去的延伸，按照历史时间序列外推未来的预测方法基本上是失效的。不少有远见的企业家也发现，昨日的成功秘诀几乎就是造成明日衰败的引信。在非线性的科学方法建立以前，认真分析未来情景和起主导作用的条件，以便适应变化了的环境，对决策者而言是头等重要的事。

从另一方面看，大机器或者工业的规模与效益之间呈线性相加关系，网络产业的规模与效益之间则呈现一种非线性的指数关系。

服务比产品重要 工业时代的人们注重产品，愿意购买产品，网络时代的人们将越来越重视服务，愿意以合理的价格购买服务。农村人过去愿意购买耕牛、农具，甚至小型拖拉机、小型飞机，以后的新式农民则喜欢出钱租用各类服务公司的长期或者短期作业服务。城市人过去愿意购买缝纫机、切菜机、洗碗机，尽管一年用不了几次。同时还喜欢藏书和购买磁带、光碟，尽管有的从来都不看。以后的城市人将喜欢下饭店、进洗衣店，当然最喜欢的服务还是上网获取信息，上网购物，上网娱乐。过去许多厂家卖产品搭配服务，目前许多厂家的服务营销收入开始大于出售产品的收入，买服务搭配设备会成为时尚。

价值比利润重要 工业时代的经营者拼命追求利润，甚至不惜破坏企业在市场上的声誉。网络时代的经营者与消费者将维持一种长期的连锁经济关系，有远见的企业家追求的是市场信誉和社会价值。对网络企业而言，应该以经济收支平衡为最佳状态，因为网络服务商卖出的是与客户共生的关系，收回的是公司长远存在的价值。

关系比能力重要 我国某大企业与消费者打官司，结果官司是打赢了，也显示出大企业决策者们的手段和能力，但却输掉了与消费者的融洽关系。即使这个消费者不去转投其他企业，也会增加企业融于社会的成本。网络时代，一个能力也许不大的人可以借助网络获得多助，一夜之间变得强大起来。我们也经常见到另一种情况，有的人很有能力，就是因为自视清高，处处都要高人一头，从不吃亏，最后沦为“个人理性的傻瓜”，或者变为赢者的诅咒。

资本比设备重要 工业时代人们看重的是企业长期投入形成的厂房设备，网络时代人们更注重企业在资本市场的价值，或者说企业运作资本的能力。我国边远地区的有些牧民的财富观就是看牛羊数量的多少，牛羊存栏越多，他们就越高兴，就是不愿把多余的牛羊换成现金。结果一场暴风雪过后，一个百万富翁马上又回到起点。一个老牌公司可能已经投入1,000亿元的固定资产，但是按照重置成本法评估，可能只剩下500亿元。一家新兴公司，前景好，品牌好，虽然只有100亿元资产，市值也许高达上千亿元。也许现代人们还不能容忍这里面的泡沫成分，但是它却实实在在地代表社会的价值取向，价值取向形成的无形资产也是资产，很可能是比自然磨损了的固定资产更可珍惜的资产。

普及比稀有重要 记得20世纪50年代，美国牛奶因生产过剩而倒进大海，为的是保持产品的稀有性，才能使生产者有利可图，在我国很早就有“谷贱伤农”的古训。20世纪80年代初期，我国彩色电视机供不应求，全国几十家电视机厂活得很风光。后来供给很快大于需求，造成大量积压和浪费；而网络经济是服务经济，因而是产销合一的经济，这种经济形态没有库存，也不会造成产品积压。必须以普及服务为首要目标，企业才能利用边际成本骤减特性适应日益摊薄的利润，消费者才能获得规模效益。

增量比存量重要 工业时代谁拥有大量的物质资源谁就强大，叫作有粮心才不慌，有钢国才富强。网络时代正在使原有的资产存量迅速贬值。许多传统大型企业难以存活，并不是体制或者机制问题，不信翻开它们的历史都有过昨日辉煌，主要原因是背了沉重的存量包袱。这种存量不仅是资产和退休人员存量，更重要的是陈旧观念和思想方法的存量。如果这些存量不能剥离、盘活或者利用起来，真的不如另起炉灶。翻开20世纪的经济史，最大的公司依时间顺序是钢铁、石油、汽车、电话、软件、网络。自然法则就是这样无情，老的难以救活，新的生生不已，网络时代加剧了这种更替，使人们明显地感到应接不暇。

专业比综合重要 工业时代的经营者追求大而全、小而全，一个公司什么都干，一家商店什么都卖。一家杂货店可以利用地域优势垄断一方。网络时代，距离因素趋于死亡，经营者的地域优势也正在丧失。“酒香不怕巷子深”在过去只是一句空话，现在人们在网上购物，不用考虑所选择的商家在什么地方，只要你的产品或者服务的性能价格比确有优势，就可以畅销世界。未来的经营者只剩下在某个方面做的是第一位的，不会有第二位经营者的生存空间。

从竞争的角度看，最原始的竞争是完全对抗性的竞争，你干什么我也干什么。高级阶段的竞争是避开正面对抗的交错式的竞争，你在这方面有优势，我就培育另类优势与你竞争。这种竞争的结果促进了更细化的社会分工，使原来占据综合优势的企业失掉了昨日辉煌，专业化集团公司正在成为新的明星企业。当然专业化经营也不是在一棵树上吊死，在一种专业化优势寿终之前，企业家必须培养新的专业化优势。

未来比历史重要 人们经常抱怨上帝的不公平，因为他把历史机会给了别人，把不幸给了自己。其实机会有各种各样，他有这种机会，你也会有那种机会。区别仅在于有的人能够利用自身优势抓住机会，有的人则与机会擦肩而过。工业时代是大鱼吃小鱼，网络时代是快鱼吃慢鱼。因为只有快鱼才能提前把握住未来，抓住机会。在经济生活中，有的人特别重视历史积淀，认为过去强大未来也会强大；有的人则特别重视未来，认为过去的强大也可以变作包袱或者累赘。一个国家也是这样，两百年前欧洲人抓住了纺织工业革命的机会，使中国上千年的丝绸文明黯然失色。一百年前美国人抓住了电气革命的机会，使欧洲的机器文明发生锈蚀。进入网络时代，这个世界变得更加不稳定，哪个国家或者地区会成为世界下一个经济重心，并不在于过去或者现在谁最强大，而在于谁的政策选择更适应未来。

现阶段最活跃的生产力

1978年3月18日，在全国科学大会上，邓小平所做的开幕词指出，四个现代化的关键是科学技术现代化，要大力发展我国的科技教育事业。他着重阐述了科学技术是生产力这一马克思主义的观点。1985年3月7日，他在全国科技工作会议上，再一次明确了“科学技术是生产力”的论述。1988年9月，他进一步肯定了“科学技术是第一生产力”。“科学技术是第一生产力”是邓小平从历史唯物主义认识论的高度出发，从当代世界科技发展的状况出发，得出的科学结论。据当时权威部门研究结果表明，在八个科技领域中，信息科技是排在第一位的最重要领域。在信息社会，信息通信技术的高度普及对解放生产力、提高人们生活水平、创建和谐社会具有重要积极意义。为此，记者邀请笔者就信息技术如何解放社会生产力这一话题进行解读。

记者：如何正确认识信息产业对国民经济的促进作用？

杨培芳：长期以来，我们对信息通信业更多是停留在业务与技术的层面来认识与评价，更多只是关注当前电信业的技术发展与业务营销，缺乏更高层面的定位。因此我个人呼吁更多的业内人士应该从国民经济和社会发展的高度对信息通信业进行定位与评价。信息通信业已不是简单的电话电报通信，可以毫不夸张地说，信息通信技术已经成为信息社会最重要的公共性的基础设施。

记者：从工业社会向信息社会过渡，请您从电信业作为一个新兴产业对国民经济发展的贡献这一角度，分析一下信息技术对社会生产力的促进作用。

杨培芳：我们正处在从工业社会向信息社会的过渡期。我国信息通信业对国民经济的重大贡献可以从2006年的一组统计数据进行说明：2006年全年电信业务收入增长11.6%，电信业务总量增长26.1%，对国民经济的直接贡献率约为4%—6%，对国民经济的间接贡献率估计越过10%。从以上数据我们可以直观地认识到信息通信技术对社会生产力的促进作用。信息通信技术与现代工业相结合才能有效地解放生产力，进一步提高社会整体效率。

记者：信息通信技术对现代服务业的发展有何重要意义？

杨培芳：信息通信技术是现代服务业发展的“引擎”，目前国家已经将现代服务业定为国家发展的重要战略。现代服务业的发展离不开信息通信技术的支撑。只有现代服务业发展了，才能更好地支撑现代工业的发展。

如果继续按照传统的重、轻工业交替发展的模式发展现代工业，已经不可持续。传统工业的发展需要大量能源与资源的投入，因此其所创造的效益中科学技术所占的比重较低，但是能源与资源具有不可再生性，不利于整个经济的可持续发展。因此国家提出“信息化带动工业化、走新型工业化发展道路、建立节约型发展模式”的发展国策。

目前，国家提倡创建节约型社会。有人就认为节约型社会是全面节约，对信息技术的利用也应该有所节约，少打电话、少建网络，其实这一认识是极为错误的。国民经济的发展离不开“能源、材料、信息”三大基础资源，且这三大基础资源是可以相互替代的。如果出现信息不足的情况，则要通过能源、材料来进行弥补；而如果社会信息充分透明，就可以大量节约能源、材料和其他社会成本。关键问题是能源与材料都是稀缺资源，而信息不仅不是稀缺资源，而且只有更广泛的普及才能发挥更大效用。因此充分利用信息技术反而是创建节约型社会、促进国民经济又好又快发展的重要手段。现在许多国家在制定新一轮“无所不在的信息化发展战略”，我们必须要从这样的高度来认识信息通信技术的发展与普及。

记者：请您谈谈信息通信技术对消除数字鸿沟所发挥的不可替代作用？

杨培芳：信息通信技术对促进和谐社会建设具有重要意义。信息通信属于天然大众经济，它耗用的主要材料是硅系集成电路和光导纤维，体积、能耗越来越低，价格直线下降，致使各国的普遍服务的范围和目标不断提升。因此我国的普遍服务也不会停留在“村村通电话”这一阶段，应该逐步实现任何人在任何地方都能享受到先进的信息通信服务。网络经济就是服务大众的经济，网络的价值与用户的平方呈正比。穷人加入信息通信网络，对原来有钱的用户而言，不但没有负面影响，而且在不增加花费的情况下增加了你的选择机会，实现了更高的使用价值。这一点非常重要，是其他行业所没有的，这预示着网络经济应该更早面向大众。

正如前面所说的，信息通信技术的快速普及，只会大量节约稀缺资源，发挥事半功倍的社会效果。它为整个社会经济提供了一个崭新的、更高阶段的发展平台。

记者：信息通信对我国建设和谐社会是否也有显著作用？

杨培芳：你讲得很对。传统的“原子经济”是以私人占有、对立竞争为基础伦理的经济，而“比特经济”则是以“兼容、合作、共赢”为伦理基础的新经济。信息通信对缩小城乡差别、贫富悬殊具有不可替代的作用。学者们越来越认为，信息透明必然增进人们的共识，并形成一种无所不到的非正式约束力，促进社会经济的空前和谐、人群之间的空前和谐，加快我国社会主义和谐社会的建设步伐。

走向互利共赢的新经济时代

信息化是建立社会主义和谐社会的重要条件。在新形势下，信息通信行业更应该自觉树立以人为本、合作共赢的统筹发展观念，促进三网融合乃至通信与整个信息化的融合，使信息通信市场尽快在平等、合作和互动氛围下开拓一个共生多赢的发展空间。

1、信息通信促进经济增长方式转变

2005年，中国粗钢产量达3.4亿吨，遥居世界第一位，但高品质钢材却要靠进口。能源产量已居世界第二位。能源消费量占世界的11.2%，但能源使用效率只有30%，发达国家已经达到50%。我国煤炭消费比重占能耗总量的73%，石油占18%，天然气占2%，水电仅占6%，可见，中国能耗结构极不合理。按照传统增长模式，我国单位GDP中耗费的能源是世界发达国家的2—3倍。靠这种增长模式还能维持多久是国人必须考虑的问题。

信息通信突破了时空的制约，使得信息传递、搜寻、处理的成本极大降低；减少了市场中供求双方、竞争各方之间的信息不对称状况，提高了资源配置效率。这可促进农业集约化、工业柔性化、城建社区化、交通实时化、商业配送化、金融电子化、教育网络化、医疗监测化、公务透明化和劳动高级化，成为改造传统经济增长方式的有效手段。要从“信息化带动工业化”和“走新型工业化道路”的高度认识信息通信在国家中长期规划中的战略地位。

2、电信与信息化融合，将产生巨大的市场空间和发展机会

20世纪80年代中国经济发展有三大“瓶颈”：交通、能源和通信。经过20多年的发展，通信的“瓶颈”已经基本解决，信息通信产业成绩斐然。但是近年来我国通信发展开始乏力。有人认为通信发展过快，已经超越了我国当前阶段的消费能力，通信能力已经过剩，没有新的发展空间。但是另一方面，在权威部门选取的30个典型国家信息化指数测评中，中国以30.6的综合指数居第27位，可见，我国信息化水平还

很落后，发展空间还大得很。

单就通信业而言，我国固定电话和移动电话网络规模都居世界第一位，网络的技术先进程度也已名列前茅。但是我国宽带业务发展落后，基础电信、计算机服务和IT制造业尚没有形成合力，这是我国ICT产业链发展中的致命问题。一旦我国信息化实现业务和技术的升级，现有通信能力不是过剩，而是严重不足！

担心通信能力发展过剩的人同时也担心，平民百姓都用起了宽带业务，我国的基础通信可能像今天的城市交通一样严重阻塞。其实他们是混淆了信息经济与工业运输经济的根本区别，运输经济成本伴随运量是递增的，信息经济成本伴随业务量是迅速递减的。

悲哀的是，以往我国基础电信部门对信息化缺乏热情，信息服务部门又对电信信心不足，热衷于另搞基础网络。设备制造企业则进退维谷，苦不堪言。经过10年的磨合，人们逐渐认识到：电信必须融入信息化才能找到更大的发展空间；信息服务必须通过电信用户才能落地生根；设备商必须依靠电信与信息化融合才能形成新的产品市场。可以说，目前是我国形成ICT产业链的最佳时机。

3、必须重视新经济规律

信息通信业为整个社会提供了一个新型增长方式的发展平台；同时它又具有新经济发展规律。如果说，传统电信网还是按集中化大工业生产规律发展起来的，那么未来以IP技术为核心的信息通信网则必然向分布化信息融合服务方向发展。我们正处在技术转型、产业转型、经济转型乃至社会转型的这样一个重要时代。

但是，一个时期以来，受西方经济个人主义政策影响，我国电信也出现了互联不畅、无效竞争和管制不力等问题。其深层次原因还在于对新经济条件下电信产业发展规律把握不准，企业片面追求利润、不愿意承担更多社会责任。

那么，什么是网络新经济规律呢？与传统经济比较，新经济规律主要体现在以下几个方面：

——企业规模由最优边界到无边界。经济学认为企业起源于小生产者的交易费用增加，组成企业就减少了内部交易成本。但是在传统经济条件下，企业规模又受到资源、能源、运输费用的约束，企业超过一定规模，就会出现收益递减，这就是企业的边界。

信息技术的高度普及，产生了现代企业尤其是网络企业生产和销售的无边界效应，企业规模越大，单位产品或服务的成本越低。如果说汽车制造公司、电视机制造公司还有最优规模边界，那么微软公司的视窗、英特公司的芯片、互联网服务已经是无所不到。这给传统企业组织理论带来了严重的挑战。

——基本约束从资源稀缺、欲望无限到资源节省、消费理性。传统经济学的一个基本前提是“生产资源是稀缺的，人们的消费欲望是无限的”。但是网络新经济的发展使得生产资源不再稀缺，人们的消费欲望也不再无限。因为传统经济的基础资源是钢铁和水泥，新经济的基础资源是沙子（硅）和信息。新经济的发展一方面使传统工业得到一次轻型化的根本提升，另一方面也使人们的消费行为快速趋于理性，传统经济学的基石开始动摇。

——经济结构从分散化、集中化到分布化。在亚当·斯密时代，分散生产、自由市场是当时经济的主要特征。大工业时代，生产的集中化必然导致政府干预，进而形成许多国家采用高度集中的计划经济体制。但是千万个企业对着一个政府，政府掌握的信息永远小于企业掌握信息的总和。大量信息被沉淀，长期粗放式资源配置造成结构失调和整体效率低下的直接后果。信息时代，网络化发展为表面上看似分散的生产方式提供了可靠基石。企业在越来越透明的信息环境中可以及时调整产品方向和产业方向，在家上班的劳动者队伍日益庞大，公司经理通过网络对他的雇员进行民主式管理，组织结构也由宝塔型向扁平化发展，共同利益将促使整个社会资源优质互补、高效运作。这时的生产不是回到小农分散模式，而是进入一种网络化分布模式。

——思维方式由二元对立到多元协同。长期以来，世界各国所追求的现代化实际上是工业化现代化模式。工业时代的思维方式是在二元对立的矛盾中追求齐一性。

从政府分拆企业到鼓励企业全球结盟，从微软公司捆绑销售官司的不了了之到网络经济泡沫破灭，说明当今世界已进入一个新旧经济剧烈摩擦的年代。摩擦的结果将是，网络最终迫使人们放弃狭隘对立斗争的齐一性观点，以差异化的平等、合作和互动精神拥抱整个社会。

4、融合是信息生产力发展的必然趋势

一百多年来，电气通信领域从分别建设电报网、电话网、电视网、计算机网向综合信息服务网的努力一直都没有停止过。到目前为止，各国的主流趋势是，网络的核心传输层已经由智能光纤网融合为一体；语音平台、图像平台、数据平台也正在融合为单一数据平台；而网络内容服务层、应用服务层和用户接入层，发展趋势是多元化的根本不需要融合。所以在技术上对三网融合不再有任何疑义。

我国遇到的一个主要难题出现在生产关系和意识形态层面。现在看来，政府将经济治理和文化治理问题分设管制机构、互相协调配合应该是一个智慧的选择。也就是电信监管部门管综合信息服务网络（传输层、平台层、接入层），文化部门管内容，包括所有媒体的内容。总而言之，三网融合一定会得到较圆满的解决，为我国经济、社会信息化开辟更广阔的健康发展空间。

5、树立服务大众的后现代市场观念

传统工商业都把有钱人的腰包当作主要市场目标，因为大家都知道，赚富人的钱更容易。按照嫌贫爱富的潜规则，人们愿意建造总统套房和豪华轿车，不愿意为平民提供基础服务。随着技术进步和社会发展，这种高端市场策略在许多领域越来越遇到麻烦。因为物质资源总是有限的，人类不可能沿着物质生产的直线模式无限增长。另一方面，随着工业社会向信息社会的转型，市场从短缺经济进入了全面过剩，经济萧条可能是未来社会长期的表现形式。当高端消费者的物质需求获得满足以后，社会生产力还要不要继续发展？朝哪个方向发展？这是有远见的经济学家和企业家都需要认真思考的问题。

在信息通信领域，从高端市场向大众市场的转变趋势已经非常明显。根据网络经济法则，网络的使用价值与用户的平方呈正比。按照信息流通规则，如果一个网络只供几个有钱人使用，可能没有什么信息流量。只有"差异"才产生信息流通的势能，在电信发展史上，已经有过采用高端市场战略而失败的教训。像可视电话、"铱星"系统以及新加坡的CDMA建设，仅靠少量高端用户难以支撑一个必须覆盖全国甚至全球的网络，要么公司破产，要么把一个新建的网络全部拆除！

另一方面，许多落后国家和地区，因为优先发展网络产业，利用信息均富效应，很快缩短了与发达地区的经济差距。据联合国组织在欠发达国家调查，远程教育、远程医疗等高级网络服务在边远贫困地区的价值远比大城市高，甚至造成那里的居民在特定情况下愿意支付适度高于城市的通信价格。当大运营商们对广大农村电信市场还不屑一顾的时候，一些有远见的企业家已经看到这里孕育着一个重要的潜在市场。

从经济属性看，工业商品的特征在于内部性和独占性，信息服务因特征在于外部性和共享性。也就是说，信息价值与价格（趋于成本）的取向是相背离的。所以总体上讲，工业经济容易产生两极分化，网络经济更能促进共同富裕。目前出现数字鸿沟的主要原因在于按照传统市场经济规则，低端消费者尽管提升了全网价值，但他们没有足够的支付能力。要想使农村的潜在市场变成显在市场，社会急需建立一种为穷人服务也有利可图的制度安排和机制。

最近，从我国实施的"村村通电话"和"村村通电视"工程一线传来了令人振奋的消息，那就是许多企业看到了为穷人服务的商机，在一定的政策条件下，企业开始乐意更多承担社会责任。我国要全面建设小康社会，不但要村村通电话、通电视，还要家家通宽带网络。看来这并不是什么神话，因为在世界经济转轨时代出现了有利于我国率先建设公平信息社会的历史机会。

山寨现象可能孕育一场后现代革命

"山寨"，"非正统"之谓也，多是啸聚山林的草莽英雄，既除暴安良、替天行道，也打家劫舍、扰乱秩序。但今日的"山寨手机"、"山寨电脑"、"山寨文化"已经远非传统认知的那样简单。它甚至可以看作是信息生产力时代冲破传统经济规则的一场革命的前奏，富含信息社会干细胞的活跃成分，可能正孕育着一场后现代化的伟大革命。

工业大机器的生产过程是由分散的小作坊、小车间加工零件，最后由集中化大生产线组装成整机出厂，相应的经济规则是权力和资本高度集中，体力工人被剥夺；社会思维模式是"两元对立统一"。就像美国社会的一贯思维模式一样，全世界只能集中统一到"美式"这一种人类文明之下。

信息产业（包括信息设备制造业、信息服务业和知识传播业）的生产过程是由大公司设计、生产，并提供标准化芯片、基础软件和通信平台，然后由分散的小公司甚至是自由职业者组装成整机或是创新成某种个性化系统服务业务。与时代相适应的经济规则是权力和资本的分布化模式，垄断资本将被剥夺，已经腐朽并日益脱离生产的金融制度将被改造，知识工人将被提升为中产阶级，社会思维模式也相应变为“三元合作、互惠共赢”。一种个性化共存、多元化共荣的社会正在走来。

如果我们承认这种信息生产力的发展趋势，那么我们就应该检讨半个多世纪以来都干了些什么？从“不是东风压倒西风，就是西风压倒东风”，到“美国经验放之四海而皆准”；从被迫承认美国知识产权和国际互联网规则，到憧憬大国崛起，结果并不乐观。据说美国已经有人建议总统要立志改变美式两元对立思维模式，以适应后现代社会规律。我国无论是身在庙堂的精英，还是蜗居民间的草根，能否奋力跳出长期工业社会伦理的羁绊，在信息生产力基础上迎接新经济革命的到来？

寻觅后现代生存环境

上海友人在天目山置业，几次邀游未能成行。这次就赴沪讲学机会，驱车经嘉兴、杭州历4个多小时，因途经“土老帽”饭店用餐，抵天目山已是夜间22点。

进得山门，坡路行缓，友告前面灯光便是寒舍。忽闻潺潺水声，凉风习习，草香、花香扑面而来。放下行李，心已不耐，逐水声而去，但见皎洁月光之下有一小溪，流光粼粼，蜿蜒而下，两边峡谷，莫测幽深。回得山庄乃见房间设备，应有尽有，有线电视、手机信号、宽带上网，与大城市无异，又见门前成一小院，院侧一池清水，随时可以游泳嬉戏。因累早憩，感微风探窗，携裹大量负氧离子催人入梦。次日凌晨，与伴同行重访溪水峡谷，见岚雾缭绕，古刹掩匿，林木高耸，农田茂密，满眼苍翠。花草馨香，沁人心脾，一对松鼠，自由跳跃，诱人流连忘返。

回到驻地，见林间小路掩映房舍，好一幅山水画卷。因值早餐时分，已有近村商农在路旁卖起新鲜菜蔬、卤水豆腐，香气诱人。一顿丰盛而别致的早餐之后，与友人一同进景区一游，庵、庙、松、竹、石，与其他名山亦无大异。

缓步林间，反思人类工业现代化之道路，从烟囱林立、机器轰鸣，到摩天大楼、车水马龙，得失对错，各值几何？然又有复古仁人，憧憬过往时光，留恋原始生态。如是面多加水、水多加面，合久必分、分久必合，一放就乱、一收就死，岂有终日？

吾辈不才，窃以为地球上70亿人口倘若人人都想拥有豪华别墅、高档轿车，则钢铁、水泥、能源不支，离世界大战不远矣；但不论住在特大城市，还是边乡僻壤，每人都拥有先进手机，人人都可以宽带上网（从事科研、设计、控制、交往、交易），则离和谐社会不远矣！人类既不能持续工业现代化，更不可回到原始生态，必须超越现代化线性思维模式，寻觅一条更前卫的后现代化生存道路。

信息社会的哲学基础是互组织化

不论人们是否认识到，信息生产力都得改变传统生产关系、伦理秩序乃至政策体系。如果说农业社会生产力适合小农分散的“无组织”生产关系；工业社会生产力适应集中化的“被组织”的生产关系；那么信息社会生产力只适应分布化的“互组织”生产关系。它既不等于无组织，也不等于被组织和自组织，而是在信息日益透明环境中形成的相互监督、协同共生的更高阶段的组织形式。达尔文时代的人们不可能预见互组织的力量，那时人们普遍认为生物进化只能服从“自然选择、优胜劣汰”这把利剑，说明那个时代的人对能量和力学的畏惧和崇拜。直到近代，科学才发现某些复杂开放系统在外界环境变化达到一定阈值时，就会自发形成一种有序结构。这就是说，有序并不总是在力学规律下被强制形成，环境的作用可以使某些开放系统形成自发有序。我们可以把开放系统分为自然系统和人类社会系统，自然系统的自发有序主要是单向作用的结果，可称作自组织化，人类社会系统的自发有序则是互动作用的结果，可称作互组织化。

由于长期工业经济对人们思想的无形禁锢，现代社会（也包括西方）思维和政策实践似乎只有两种手段、两种政策，那就是“一放就乱、一乱就收”，或者在分散化和集中化之间采取“水多加面、面多加水”的简单策略。我国则有人主张中庸之术，或许是个没有办法的办法，但是中庸之术对于处在大转型期的社会则潜伏着更大的危机。比如对恶势力的迁就和对进步力量的压抑，最终还是要导致革命，重复二元对抗的哲学思维模式。

据说有人死后先去了地狱，看到那里许多人围着一桌可口饭菜却闹得不可开交，因为每个人手里都有一个长把勺子，就是不能把饭送到自己嘴里去。于是这个人又去了天堂，还是同样的饭菜，同样的勺子，每个人都吃得津津有味，原来天堂里的人是拿着勺子给他人喂饭的。后来这个人又回到了人间，发现人们苦乐不均，但是普遍感到不怎么幸福，因为这里同样的饭菜，由一位长者拿着一把长勺给大家喂饭，同样是争得不可开交。

可见地狱和人间都缺少天堂里的第三种思维方式，在小农生产力和大工业生产力时代也不可能形成第三种思维方式。现在的问题是人类社会已经进入信息生产力时代，人们却依然不能摆脱两种固化思维方式的羁绊。

电信网是工业时代的产物，它适合分级管理，集中控制；互联网则是信息时代的重要标志，它更适合必要规则下的互组织工作方式。当前各国都很重视互联网治理，但它与传统电信网的严格管制是两回事。我们不能一味靠力学原则通过堵的办法达到一时的被动有序状态，而应该加快互联网立法和网络伦理建设，在清晰透明的社会导向环境中，通过实名制和公共评价机制来实现协同有序，构建后现代社会的长效治理机制。

“世界大同”和“世界协同”

自古至今，说不清有多少志士仁人梦想过“世界大同”。近代更走来一批实践者，从美国总统到日本天皇，无不为这个人类最高理想而战。但是他们大都陷入一个误区，就是想用工业社会形成的“大机器”、“大一统”理念统一这个世界。

美国总统想用“美国文明”统一世界，于是引起朝鲜、越南、中东战争不断；日本天皇也想用“大和”文明“共荣”世界，结果唤来几亿人的苦难，天皇裕仁最终在二战中无条件投降。

可见凡刻意求大同者均未脱离传统工业社会的“对立统一”哲学理念。信息社会的真髓是多样化和多元化，而多样化的持续就必须靠一种协同机制来维系。是非、曲直、失道、得道，自有这种机制进行刚性调节，不管弱者还是强者，只要有存在的价值，就应该平等相待。不必由这一个去同化另一个，信息时代需要“世界协同”的大智慧！

第五章

网络经济伦理

传统市场经济的伦理取向

市场经济运行是普遍性主体活动的结果。它排除了计划体制下的自上而下的由少部分人的意志对于经济活动的支配性作用，交互主体在市场经济中起着决定性的作用。亚当·斯密认为，自发形成的市场制度是追求私利的经济人所达成的某种妥协或自我约束，从而形成公正的秩序，以实现社会福利最大化 。所以一般说来，市场经济拒绝一切公平伦理的预先设计。

现实的市场经济又总是存在许多缺陷，伦理秩序不可能由追求私利的主体们自发形成，还需要国家权力或者社会公共机构在一定程度上的正确引导或者干预。也就是说，市场伦理与国家的法律秩序有着深刻的内在关联，现代经济生活不仅要求交互主体的互相尊重的伦理，而且离不开法律甚至公共政策的保障。但是按照市场经济的最原始的假设前提，国家权力也是追求私利的经济人，于是就会出现政府腐败和精英分子玩弄法律进行不良博弈的趋向。

长期市场经济实践使人们开始反思亚当·斯密的伦理悖论，就是市场主体的利己行为究竟能不能形成总体上的利他机制。对此最具权威的思考来自诺贝尔经济学奖获得者约翰·纳什，他在1994年就证明市场主体间非合作博弈的结果必然是两败俱损的均衡模型，也就是著名的纳什均衡。2005年，纳什又发表了“三人合作演化博弈”的研究论文，他进一步认为，“如果交互的生物体或人类被假定为仅有自私、非合作的动机时，合作行为的自然演化是完全不可能的。此处为了避免可能的误解，我详细说明一下，真实的人类行为显然是由一些复杂的本能来引导，并且促进彼此之间的合作；此外，还有一些文化方面的因素影响到个人对其行为的纠正，并且经常是达到更高的合作效率”。

我们有理由认为纯粹利己行为和完全利他行为都不是经济交易的伦理前提，人们在不断探索中发现，公平交易和平等合作才是人们经济交易行为的真正动机。遗憾的是传统市场经济实践已经背离公平交易、平等合作的伦理。

第五章：网络经济伦理

网络经济交易中的伦理缺失

改革开放以来，我国经济取得了飞速发展，但是由于计划经济向市场经济转轨需要一个过程，在这个过程中，我国社会在公共服务和经济交易伦理方面出现了一些缺失。随着信息网络的普及，人们本应该在经济交往中变得越来越理性和公平，然而网络是一把“双刃剑”，传统经济的伦理缺失有可能利用网络工具扩大它的负面影响。

大家知道，亚当·斯密最初对市场经济的假设，是在完全竞争状态下，每个人都为自身利益生产或消费，就可以在无计划、无目标的行为中实现社会利益最大的结果。但是，网络经济比工业经济更难以做到完全竞争，一些人为了自身利益最大化，利用甚至制造信息不对称，严重破坏经济交易中的“公平、正义”伦理和道德规范。在商品、服务和其他经济交易中出现了大量假冒伪劣、坑蒙拐骗事件；一些人利用先进的网络工具发布虚假广告，群发不真实商品信息，使得人们真假难辨。吃东西怕中毒，买东西怕上当，交易双方互不信任，不知道还能相信谁，从而大大提高了交流成本，使国民生存环境和生活质量大打折扣。

网络交易伦理与现实社会中的经济交易伦理体系情况有所不同。由于网上交易具有虚拟性、开放性以及交互主体地址和身份的不确定性，由此极易造成现实社会不良经济交易行为的放大，对交易正义原则提出更严峻的挑战，主要表现为：

1、扩大了交换主体的趋利动机，破坏公平交易伦理原则。按照市场经济的假设前提，理性经济人的行为特征就是追求个人利益最大化。随着信息通信网络的普及，获得利益的机会成本迅速降低而且周期缩短，使每个人都力图抓住良机进行买卖，每个人都有可能成为投机家，强化了企图不劳而获、损人利己、乘人之危、趁机发不义之财的心理。

2、加大了信息不对称，难以实现平等互利伦理原则。如果交易双方对产品信息的掌握是充分对称的，那么假冒伪劣产品就不会有存在的市场。随着信息的爆炸，交换主体的位置、资讯、实力以及交易对象的结构、特征、性能、质量、技术含量、价值、成本越来越显得扑朔迷离。在这样的信息环境中，极易造成信息强势一方失去约束，形成垄断和实现暴富。

3、利用网络强行推销，破坏自愿交易伦理原则。交易活动应由交换主体依照法律在双方自愿条件下进行，不应该受到他人的限制或者强制，一切欺诈、胁迫情况下的交易都应视为无效，这是公平交易的前提。但是在网络经济交易中，经常出现强买强卖和欺诈销售付款的情况。比如各类信息通信业务的定制消费，经常在消费者不知情或者不经意的情况下，强行扣除预付款。还有的不法分子利用通信工具定向发布虚假信息，当你按照他的指令进行信用卡操作时，不法分子将你的存款余额盗走。

4、在网络交易中欺诈对方，破坏诚信伦理原则。市场诚信原则主要指不搞欺诈，恪守信用，全面履行承诺，不故意规避法律义务和责任，不滥用对方之信任或者恶意利用对方疏忽获取交易中的不正当利益。网络交易比传统市场交易增加了过程的不透明，一旦参与交易的某一方失信，将大大提高整个交易的风险和交易成本。尤其是信息强势一方很可能一刻之间使另一方倾家荡产，从而也增加了双方恪守诚信的难度。

5、利用网络交易，容易违背经济契约。经济交易是建立在社会分工基础上的劳动产品的交换，其遵循的基本原则是等价交换。双方一旦达成等价交换契约，就必须履行，不履行契约也就是践踏了人类本性。英国思想家霍布斯认为："权力的相互转让就是人们的所谓契约，立约一方可以将约定之物先自交付，而让对方在以后某确定时期履行义务，在此期间叫作先行托管。"—— 一旦如期履行，就称作简约或守信，出其本意不履行者为违约或失信。

在网络交易中由于交易双方不能做到一手交钱、一手交货，给交易一方提供了更多违背契约的机会。这也是我国现代物流体系遭遇的一大难题。

6、滥用信息垄断地位，破坏有序竞争伦理原则。市场交换是交易者之间的互动过程，有序竞争也是交换效率和经济秩序的重要体现。一方面交易双方为了达成协议，必须相互协作；另一方面交易的多个参与者之间的利益差别又可以引起矛盾和冲突。于是协作、配合、博弈、角逐相辅相成，构成交易活动的竞争中有合作、合作中有竞争的有序的行为过程。

但是在网络交易过程中，由于信息资源的超边际扩张和垄断性的实际存在，信息资源强势者一旦无视伦理，很容易滥用垄断地位，破坏有序竞争。

第五章：网络经济伦理

电子商务涉及的伦理问题

电子商务的流程包括交易前买卖双方和参与交易各方在签约前的准备活动；交易谈判和签订合同；办理交易进行的手续；交易合同的履行和索赔。

不同类型的电子商务交易，虽然都包括上述四个阶段，但其流程形式是不同的。对于互联网商业来讲，基本上可以归纳为两种基本的流程：网络商品滞销的流程和网络商品中介交易的流程。在电子商务活动流程的第一步，即交易前的准备阶段，交易双方特别是买方在这个阶段是处于弱势地位的，这主要是由于网络信息发布的随意性，导致了互联网上的虚假信息泛滥。这类电子商务诈骗或欺骗、误导较多地见于B2C和C2C的交易案例中，从事这类网络诈骗活动的卖家，大都采用在知名电子商务网站如“易趣”、“淘宝”等，发布虚假信息，以所谓“超低价”、“免税”、“走私货”、“慈善义卖”的名义出售各种商品。很多买家在他们低价的诱惑下上当受骗。由于网上交易多是异地交易，通常需要汇款。不法分子一般要求消费者先付部分款，再以各种理由诱骗消费者付余款或者其他各种名目的款项，等收到钱款或他们的伎俩被识破时，就立即切断与消费者的联系。

出现这种情况的伦理原因主要在于，人在“无标识状态”的情况下，缺少相应的行为约束。在传统的商务活动中，卖家有自己的实体店面、产品的样品，卖家需要做出一些努力让买家通过对厂房、店面、产品的考察，认定自己的产品是值得购买的，并为买家的第二次购买积攒信誉。因此，卖家要为自己的行为负责任。和面对面的传统交易不同，在进行电子商务活动时，卖家是不需要把自己的真实身份展示给买家的，虽然在各知名网站上都推出了买卖双方的信誉机制，可是欺骗行为还是较传统交易多发。

由于传统道德观念对电子商务的影响日益削弱，新的伦理和法制尚未完全建立，对于电子商务这样一个新兴事物，没有适用的道德伦理机制。利用电子商务进行交易必然会涉及信用与支付问题。由于电子商务的“无纸化”和“无址化”，对参加交易的各方提出了更高的信用要求。处于转型期的中国社会，传统的“礼仪社会”价值体系的约束作用正在日趋削弱，而基于法制基础之上的“契约社会”还远未形成。信用的概念在不少人的眼中甚是淡薄，这给电子商务支付带来了很大的挑战。

目前国内所进行的电子商务交易，其支付手段多种多样——信用卡、借记卡、储蓄卡、邮局汇款和货到付款等多种支付方式混合使用，有的甚至是使用网上查询、网下交易的方法。虽然现在有一些银行开始进行在线支付和开办网上银行业务等方面的试点工作，但是在中国信用制度还很不完善的情况下，单靠银行的力量也很难解决信用问题。

由于人与人间的信任度较差，很少有人愿意贸然通过网络的形式把自己的信用卡账号等个人资料告知网站或企业。而今大多数从事电子商务的企业，其支付方式中都有货到付款，由快递公司代收费这种收款方式，往往被多数用户青睐。这样做可以解决在货款的支付中双方互不信任的问题，但在这样的案例中，互联网仅仅起到了一个网络产品展示平台的作用。电子商务活动的最终目的就是为了进行快捷、方便、安全的交易，使资金使用和货物流向趋于合理，从某种意义上讲，采用货到付款的买卖双方并没有进行真正意义上的电子商务交易，违背了电子商务活动的初衷。

另外，物流配送也是电子商务的一个重要环节。如果没有相应的物流配送，电子商务就不能够进行有效的运作，也不能够产生规模效应，不能够为消费者提供满意的服务，使消费者对电子商务这样一种先进的商业运作方式产生怀疑和失去信任。在物流配送这一环节中，是否具有良好的商业伦理，对消费者秉持一种真正负责的态度，是物流配送当中一个非常重要的因素，它在某种程度上保证了物流配送的及时和准确。

那么网络交易究竟需要什么样的伦理规范呢？首先，我们必须明白，网络新经济在现实社会只是初露端倪，适合信息时代的网络伦理规范的形式是一个长期的不断完善的互动过程。另外，网络新经济理论是对工业经济理论的重大突破和发展，人们要想建设适合信息社会网络交易的伦理规范，必须从深入研究网络经济的基本规律开始。

网络经济交易的伦理原则

经济学在历史上是作为伦理学的一个分支发展起来的。经济研究的起始阶段，人们就把经济行为与人类行为所追求的目的相联系，而人类行为的动机复杂多样，追求的目标是多元的，如果经济学关注真实的人而不是被狭隘的描述方式扭曲和抽象化了的人，则经济学研究亦与人们对财富以外的追求有关。特别是到了信息爆炸的时代，人类的行为更加多样化和复杂化，这符合经济学基本目标中很重要的一点：“在一个社会中，人们拥有福利分配上的公正性直接关涉每个社会成员的生存状态并构成社会基本的道义性。”

信息时代，网络就像一把“双刃剑”，一方面加速了生产要素的流动，使生产要素更为有效地组合，创造了更多的社会财富，增加了社会福利；另一方面也导致了数字鸿沟的加深，使强者愈强、弱者愈弱。在这种情况下就更加需要一种有效的调节机制出现，这种调节机制就是信息时代的网络透明交易伦理。

网络交易伦理直接影响着信息社会的经济运行，它与传统的工业经济伦理相比，具有三个最为突出的基本原则，一旦离开这三个原则，网络交易将不可能健康进行下去。也就是说，网络交易伦理应该建立在下面的三个原则之上：

一、促进资源共享原则

网络上的资源共享源于信息共享，包括软件、程序源代码等。以搜索引擎为例：搜索的过程就是资源共享的过程，搜索到的结果就是大量免费的资源。而在一般的网络浏览过程中，资源共享也体现得淋漓尽致。只要上网，就可以得到大量的资源，这也许是网络社会最大的特点。当然，这种免费具有约定性，它使用的是网络提供的默认值。如果超出约定的条件和范围，这一原则就会受到挑战和限制。但是，无论如何，网络社会中所体现的最大限度资源共享原则，毕竟不同于商品社会中的资源配置原则。后者体现的是利益最优原则，而前者却是以信息的最大化为出发点的。因而，作为网络社会所特有的资源共享，理应成为网络伦理学的首要原则。

二、一致同意性原则

一致同意性原则强调网络行为都应遵循一般的道义性，它必须是诚实的、公正的和真实的。尤其在那些通过网络交往的人中间，双方一般都被理想化成为具有上述优点的人，因而值得信赖。很显然，一致同意性被当作网络行为的前提和默认值而先入为主地存在于网络人头脑当中。虽然这种认识不具有客观性，但是并不妨碍它成为网络伦理学的原则，只不过同时也是网络伦理追求的目标罢了。这也是网络伦理在当前遇到的最具争议性的原则。虽然通过网络交往的人都希望对方所描述的都是真实的，但是由于缺乏一定的监督机制和惩戒措施，网络人还是会按照自己的理解和意愿，而不是按照大家通常希望的规则那样行动。这样就给这一原则增添了许多变数，带来了许多问题，例如，利用网络进行诈骗、侵权等等。

三、网络自律性原则

自律性是伦理学的目的。在网络社会中，由于个人具有充分的自由，缺少约束，要达成一致同意，显然是不现实的。这就要求每个网络人都遵循自律性，遵守一般道义原则，才能够达到自己的目的。所以，自律性原则可以看作一种最终的道德诉求而和其他原则共同构成网络伦理的基本原则。如果说，普通伦理中也强调这一原则的话，那么，网络伦理无非是更加突出这一特点罢了。自律性的另一个意义是，遵循最小授权原则。即只在网络中获取应当获取的资源，而不越权去访问或者试图获取那些不应该获得的资源，否则就会被取消授权。因此，自律性为网络伦理的终极目标和终极关怀。

网络自律与传统自律的最大不同在于它是透明监督环境下的自律，而非慎独自省。

理论前沿已经证明，伦理与道德可以成为“政府失灵”之后的第三方调节机制，但是没有公众监督网络形成刚性道德约束，这种调节是苍白无力的。要真正形成调节经济的“第三只手”，必须利用现代信息通信网络，建立全国网络诚信体系。建议组建少数几家网络信誉公共机构，采用非营利公司运作机制，先从诚信交易和信誉查询网站做起，在适度分工、适度竞争环境中逐步扩大服务范围。

网络经济交易伦理的重建

一、坚持等价交换　反对个人利益最大化

商品经济早期，人们参与市场交易只是用多余的物品换回自己需要的物品，遵循的规则就是平等交换，没有多赚取对方利益的动机。到了近代工业阶段，资本的高度集中使其日益脱离生产，变为攫取利润的工具。于是就有了“人的本性就是自私，每个人都追求个人利益最大化”这个市场经济的假设前提。尤其是上个世纪末，西方一批顶级学者向世界强力推介所谓“华盛顿共识”，把私有化和经济个人主义追捧到极致。

随着信息生产力的发展，生产分工进一步细化，交易、交往频次快速增长。人们逐渐发现，在交往中一味追求个人利益最大化的结果不是双赢而是皆输！人类生产的根本目的也不是攫取最大利润，而是提高生活质量。除了满足基本物质需求之外，还需要两个最重要的东西，一是自然环境，二是人文环境，它们都直接影响人的生活质量。

理论前沿也支持信息社会回归平等互利的经济学观点。艾克斯罗德用计算机建立"合作进化论"模型证明，人们经过上千次重复博弈发现，无条件利他主义者首先被淘汰；赤裸裸的利己主义者也很快被淘汰；阴谋诡计者一度获得最多繁衍机会，但最后也被淘汰；只有平等合作者才能获得长远生存和繁衍的机会。

遗憾的是现实的经济交易不可能一对一重复上千次，因此该模型在现实社会不能收敛，按照利己本能博弈的结果，人类社会还是要陷入"一切人欺骗一切人，一切人坑害一切人"的战争。

网络生产力的快速渗透使信息变得越来越透明起来，在同一个地球村庄，所有交易行为都要曝露在阳光之下，谁好谁孬，社会自有公论。经济人之间的非合作对抗性竞争不再像工业社会那样有效，人类将进入一个"自己活也要别人活"的闭环系统。只有在这样的条件下人们才会发现，遵循平等合作规则要比通过欺诈获得少数几次不义之财更有利。我国有不少共产党员反映，党教我公而忘私和大公无私，市场经济教我个人利益最大化。怎样才能摆脱这种二元对立思维方式的困扰？可喜的是后现代市场规则正在为人们搭建一个三元合作思维方式的平台。在"泛网"条件下，一个新的经济学悖论正在形成，那就是："只有为他人创造价值，才能获得个人的合理利益。"

二、坚持经济正义　反对"人性本恶"和"两元对立"逻辑

中国古人认为"人之初，性本善"，结果几千年来，善良的老百姓祖祖辈辈过着困苦的日子。西方人直接提出性本恶的人性理论，却造就了几百年市场经济的成就。可是信息生产力的发展正在造成"善者被人欺，恶者遭人弃"，两者都将被未来社会淘汰的局面。人类只有与人平等相待，与自然平等相待，才能获得长远生存、繁衍的机会。

第五章：网络经济伦理

有人说，婴儿一生下来就要吃奶，小孩子到幼儿园就会与别的小朋友抢玩具，这不是性本恶的最雄辩证明吗？但是深入分析一下就会发现，婴儿吃饱了就睡觉，小孩子的玩具玩过就扔掉，要靠大人教育才懂得好吃的东西要藏起来、好玩的玩具要收起来，而且是占有越多对他自己越有利。退一步分析，婴儿生下来哭喊着找奶吃，不正是向世界宣布他的“平等生存”权利吗？何来自私之有？何来善恶之分？

面对我国经济改革中出现的公平交易、公共道德的缺失，有些学者提出回到“全心全意为人民服务”时代，甚至在早已作古的“孔孟之道”中寻找伦理出路。其实是长期工业社会使人们的“二元对立”思想根深蒂固，总认为不是赚钱就是赔钱；不是唯利是图就得无私奉献。其实多数人内心既不想当圣人，也不想当恶人，他们只想当平等对待别人，也让别人平等对待自己的人。

我们的观念应该与时俱进，要破除工业社会两元对立的思想束缚，顺应信息时代的“三元合作”思想潮流，回归“平等交换”的经济伦理规则，网络交易更需要经济正义伦理的支撑。

三、坚持合作共赢　反对社会达尔文主义

几百年来，不加节制的工业文明正在把人类带进一个误区，将现实世界中的“弱肉强食，物竞天择”奉为真理。甚至教化世人，只要不违法，为了个人利益可以不择手段。在误区中的人们甚至认为只有通过人们利己行为的互动才可以实现帕累托最优，增进社会福利。实际上我们看到的则是物欲横流、金钱万能，掠夺开发。只要不让别人抓住证据，严重犯罪也可以逍遥法外。

面对现实社会的道德缺失，制度经济学派寄望于完善法律制度。但是历史早已证明，完全依靠法律的正式约束，将带来任何社会都难以承受的交易成本。我国民工为了讨回几百元的工钱，要花几千元的诉讼费用；城市居民为了验证自己买到的是不是掺假食品，需要近万元的检测成本。

合作共赢的伦理规则不仅涵盖经营者与消费者之间的关系，同时也涵盖经营者之间的关系。在信息通信产业链中，原来说管道为王，以后是内容为王。而新泰尔定律认为，随着网络有效竞争的加剧，使同一细分市场的同质竞争快速过渡到异质竞争，从而形成更为紧密的新产业链条。在这个新产业链条之中，将出现每个环节

相互依靠，形成公平的价值链。也就是说，既然不同经营者之间谁都离不开谁，就不存在由谁为王的问题，链条的各个环节都很重要，利益必须公平分配。

然而，市场和政府的力量都难以使人们走出社会达尔文主义的误区。在西方，有效的办法是借助宗教的道德力量。目前在中国利用宗教甚至倡导“国学”的观点也很强势，甚至有人认为这就是超越市场、超越政府的第三种力量。但是宗教的约束力在于它的“来世报应”说教，“国学”的力量来自“慎独、内省”修炼，它们面对信息时代都是违背科学精神而又苍白无力的。真正超越市场、超越政府的第三种力量是网络规律下的“社会协同”准则，它的微观机制就是全民监督的透明管道，而网络及其产业就是这种透明管道的基础。

四、坚持自愿交易准则　反对强买强卖行为

市场经济的一个重要前提就是买卖双方自愿成交，谁也不能强迫谁。在传统经济领域虽然也有强买强卖的不道德行为，但是在现代文明社会已经非常少见，但是网络经济交易则大大扩张了强买强卖的机会。比如最近中国互联网协会调查，我国手机用户平均每天收到6条垃圾短信。再比如互联网上的流氓广告、短信、电话、视频聊天陷阱，搞得消费者十分头痛、防不胜防。

一方面主管部门需要加大监管力度，另一方面必须在网络交易中大力倡导自愿交易的伦理准则。

五、坚持有序竞争　反对滥用垄断地位

传统经济学理论认为，市场经济本身具有克服市场弊病、实现平等交易的自愈能力，那就是充分竞争。但是在网络条件下，随着生产和销售的无边界化，市场主体之间将越来越难以实现充分竞争，这在我国信息通信产业改革和电子商务的实践中已经得到证明。

由于网络经济扩大了马太效应，在细分市场中很容易形成新的垄断，有人称之为“用新垄断代替旧垄断”和“重建垄断时代的辉煌”。其实一个成熟的市场经济应该反对一切垄断行为，尤其是要反对滥用垄断地位。一方面我们要用可竞争理论在垄断性行业培育有效竞争，另一方面要通过正式约束和非正式约束，制止滥用垄断地位的行为。

六、坚持诚信交易　反对网络欺诈行为

网络经济是一把“双刃剑”，它一方面可以把交易中的不良行为曝光，形成一种社会威慑力量，又可以利用网络交易的实时性和不确定性扩大虚假信息的负面作用，甚至造成整个交易体系的崩溃。在我国广泛存在的虚假广告、虚假短信、增值服务陷阱以及直接骗取信用卡金额的案件屡屡发生。使人们很难互相信任，大大提高了整个社会的交易成本。

其实人们从心底都很厌倦坑蒙拐骗、尔虞我诈的经济环境，只是被一种“盲目追求急功近利的力量”推向奸商、贪官和刁民的行列。好在信息网络使我们的经济交易变得越来越透明，我国也正在加快建设社会诚信网络查询体系，虽然我们离诚信交易还有一段不小的路程，但是应该坚信，一个以平等交易为基础的和谐信息社会正在加速向我们走来。

七、坚持资费简单透明　反对制造价格陷阱

在全国房价疯涨、油价疯涨，水价、电价、煤气和邮政价格也多次上调的时代，唯有电信服务价格一再下调。照理说，这对老百姓应该是一缕清风送爽的感觉了，但是回想每次电信价格调整，老百姓似乎都不怎么买账。尤其是2006年北京大幅度降低移动电信资费，仍然撩起消费者意见大波，原因肯定是多方面的，但是一个重要因素是全国上千种电信资费方案，搞得越来越纷乱和不透明，使消费者无所适从。

改革开放以来，我国老百姓一方面摆脱了长期短缺经济的困扰，另一方面，又饱尝了假冒伪劣、坑蒙拐骗、谁都不敢相信谁的苦恼。而电信领域有条件率先做到资费简单透明、诚信经营，让老百姓明明白白消费。

通信网络的普及为全社会提供了信息透明的条件，但是人们却更倾向利用网络制造信息不对称，从中赚取不义之财。这种心态被一个强大的伦理势力所保护，那就是“企业就是追求自身利益最大化”。尽管理论前沿和实证研究都已经证明，在信息时代，诚信经营将比利用奇技淫巧赚取不义之财更有利于企业长远发展，但是，在一个浮躁成性的年代，如何才能形成让人们关注企业和社会长远发展的机制呢？最有效的办法还是让大家超越工业社会规则，伸张网络经济规律，使人们尽快变得理性起来。

八、坚持普遍服务　反对牛奶撇脂

在工业经济领域，消费市场的新进入者会给原有的消费者带来机会损失，在网络经济领域，消费市场的新进入者却给原有消费者带来更多的信息机会，这就是网络特有的外部经济性。

美国诺贝尔经济学奖获得者舒尔茨早就指出过，当富人的消费需求得到较充分的满足以后，就会出现富人有钱没有东西要买、穷人要买东西又没钱的局面，这个问题不解决，世界经济就会停滞。联合国开发计划署通过研究也发现，先进的电信与信息技术在边远贫困地区比城市更有价值。因此各国不断扩展信息网络的普遍服务政策，不仅是为了保证低收入者的通信人权，更是出于长远经济利益的考虑。普通服务一方面需要公共政策推动，另一方面，更需要市场理性延续。尽管如此，还是有些企业有意逃避普遍服务义务，一味搞牛奶撇油的倾向。我国尚未出台以普遍服务基金为核心内容的公共政策，有实力、有品牌的电信经营者应该自觉坚持普遍服务的方向，反对牛奶撇油（只要高端市场）的短视行为和歧视大众市场的伦理倾向。

市场原动力的伦理异化

有人担心随着诚信透明和公平交易机制的形成，经营者的利润会越来越薄，消费者将获得最大利益，人们有可能丧失投资热情和生产的原动力。我们认为随着市场经济的理性化发展，长远的共同利益驱动可以逐步代替经济个人主义的原动力，经营者的推动力让位给消费者拉动力肯定会成为历史的必然。

美国密执安州立大学的艾克斯罗德1996年建立了一个人类行为的合作演化计算机模型。他先设定了两个前提：一、每个人都是自私的；二、没有权威干预个人决策。也就是说，个人可以完全按照自己利益最大化的企图进行决策。

第一个模型只有A和B两人进行博弈，他们的选择是完全无差异的。选择C代表合作，选择D代表不合作。如果A、B都选择C合作，则两人各得3分；如果一方选C，一方选D，则选C的得零分，选D的得5分；如果A、B都选D，双方各得1分。显然，对群体利益来说最好的结果是双方都选C，各得3分，共得6分。如果一方选C，一方选D，总体得5分。如果两人都选D，总体得2分。结果每个人在追求个体利益最大化时，两人都会选择D，也就是宁愿使群体利益受损，这就是所谓的囚徒困境。

困境就在于，每个人采取各自的优超策略时，得出的解是稳定的，但不是帕累托最优的，这个结果体现了个体理性与群体理性的矛盾。在数学上，这个一次性决策的矩阵没有最优解。

艾克斯罗德认为，如果博弈在多人间进行，而且次数未知，对策者就会意识到，当持续地采取合作并达成默契时，对策者就能持续地各得3分；但如果持续地不合作的话，每个人就永远得1分。这样，合作的动机就会显现出来。多次对局下，未来的收益应比现在的收益多一个折现率W，W越大，表示未来的收益越重要。在多人对策持续进行下去，且W比较大，即未来充分重要时，最优的策略是与别人采取的策略有关的。

于是艾克斯罗德建立了第二个模型。他邀请多人来参加游戏，得分规则与前面的矩阵相同，什么时候结束游戏是未知的。他要求每个参赛者把追求得分最多的策略写成计算机程序，然后用单循环赛的方式将参赛程序两两博弈，以找出什么样的策略得分最高。

第一轮游戏有14个程序参加，再加上艾克斯罗德自己的一个随机程序（即以50%的概率选取合作或不合作），运转了300次。结果得分最高的程序是加拿大学者罗伯布写的“一报还一报”（tit for tat）。这个程序的特点是，第一次对局采用合作的策略，以后每一步都跟随对方上一步的策略，你上一次合作，我这一次就合作；你上一次不合作，我这一次就不合作。艾克斯罗德还发现，得分排在前面的程序有三个特点：第一，从不首先背叛，即“善良的”；第二，对于对方的背叛行为一定要报复，不能总是合作，即“可激怒的”；第三，不能人家一次背叛，你就没完没了的报复，以后人家只要改为合作，你也要合作，即具有“宽容性”。

为了进一步验证上述结论，艾氏决定邀请更多的人再做一次游戏。这次他征集到了62个程序，加上他自己的随机程序，又进行了一次竞赛。结果，第一名的仍是“一报还一报”，也就是说“一报还一报”仍是最优策略，而且第一次试验的三个特点仍然存在。这个实验结果很有趣。“一报还一报”原来在群体中占1/63，经过1,000代的演化，结构稳定下来时，它占了24%。另外，有一些程序在演化过程中消失了。其中有一个值得研究的程序，即原来前15名中唯一的“不善良的”程序，它的对策方案是，首先合作，当发现对方一直在合作，它就突然来个不合作，如果对方立刻报复它，它就恢复合作，如果对方仍然合作，它就继续背叛。这个程序一开始演化繁衍很快，但等到除了“一报还一报”之外的其他程序开始消失时，它的演化速度就开始下降了。可见，以合作系数来测量，群体是越来越合作的。

演化实验还揭示了一个哲理：一个策略的成功应该以对方的成功为基础。“一报还一报”在两两博弈时，得分不可能超过对方，最多打个平手，但它的总分最高。它赖以生存的基础是很牢固的，因为它也让对方得到了高分。极端自私者就不是这样，它得到高分时，对方必然得到低分。它的成功是建立在别人失败的基础上的，而失败者总是要被淘汰的，当失败者被淘汰之后，这个好占别人便宜的“成功者”也要被淘汰。

那么，在一个极端自私者所组成的不合作者的群体中，只占1/63的“一报还一报”者能否生存呢？艾氏发现，在得分矩阵和未来的折现系数一定的情况下，可以算出，只要群体的5%或更多成员是“一报还一报”的，这些合作者就能生存，而且，只要他们的得分超过群体的总平均分，这个合作的群体就会越来越大，最后蔓延到整个群体。反之，无论不合作者在一个合作者占多数的群体中有多大比例，不合作者都是不可能自下而上的。这就说明，社会向合作进化的棘轮是不可逆转的，群体的合作性越来越大。

近十年来学界都一致称赞艾克斯罗德合作演化模型的重要结论。但是这个模型有一个致命的问题，就是重复博弈在现实社会经济交易中是很难完全实现的。一次性博弈引发了大量不合作的行为，而且，对策的一方在遭到对方背叛之后，往往没有机会也没有还手之力进行报复。在现实社会如何使艾克斯罗德模型得以收敛，也就是不用重复博弈几百次和上千次，就能将极端自私的人以及狡诈多端、善于坑蒙拐骗的人淘汰出局？网络是一个不可替代的生产力基础。

我们在艾克斯罗德模型上加入网络条件以后，就可以形成一个“网络加速演化合作博弈”模型。该模型同样采用多人重复博弈程序，只是加入了网络透明与诚信监督条件，进入计算机模拟博弈矩阵，最终结论与艾氏计算结果应该基本一样，只是更快地淘汰了极端损人利己者和阴谋诡计者，相对滞后淘汰了无条件持合作态度者，最后还是剩下“一报还一报”的平等合作者。说明在网络透明条件下，平等合作既是行为个体的最优选择，也是符合公共利益的伦理规则。

第五章：网络经济伦理

金融危机呼吁新经济伦理

传统工业时代出现周期性经济危机，完全是因为信息滞后造成了生产过剩，大量产品积压，资本家又不愿低价销售，“牛奶只好倒进大海”。进入21世纪以后，首先是网络泡沫，很快又是房地产泡沫引发了范围更大、危害更深的经济危机，人们对网络新经济的美好预期也像泡沫一样破灭。但是，这两次危机与上世纪工业时代的危机有很大不同，它不再是因为信息滞后而恰恰是因为不良信息通过网络迅速传播造成的恶果，根源是金融资本日益贪婪、投机的本性所致。

网络科技作为信息时代的新型生产力，既扩张良好信用对社会的积极影响，同时也放大不良信用的消极影响。而传统市场规则和制度并不能保证所有经济主体的良好信用，一旦某个链条出现失信，很快就会产生多米诺骨牌效应。尤其是现代金融制度日益脱离实体经济，寄生性、危害性越来越大。如果不彻底改革现代金融制度乃至市场规则，继续在官僚支配和自由市场之间采取摇摆政策，由此引发的信用危机很可能酿成更大的经济问题甚至社会冲突。而改革金融制度和传统市场规则的前提就是要建立网络时代的新经济伦理。

一、市场经济的伦理缺失

一般说来，市场经济拒绝一切公平伦理的预先设计。可是市场秩序又不可能由追求私利的主体们自发形成，还需要国家权力或者社会公共机构在一定程度上的正确引导或者干预。按照市场经济的原始假设前提，国家权力也是追求私利的经济人，于是就出现了政府腐败和精英分子玩弄法律进行不良博弈获取不义之财的趋向。

长期市场经济实践使人们开始反思，利己行为究竟能不能形成总体上的利他机制。这些思考中最具权威性的是诺贝尔经济学奖获得者约翰·纳什1994年就证明的市场主体间非合作博弈的结果必然是两败俱损的均衡模型，也就是著名的纳什均衡。2005年，纳什又发表了“三人演化合作博弈研究”论文，他进一步认为，“如果交互的生物体或人类被假定为仅有自私、非合作的动机时，合作行为的自然演化是完全不可能的。此处为了避免可能的误解，我详细说明一下，真实的人类行为显然是由一些复杂的本能来引导，并且促进彼此之间的合作；此外，还有一些文化方面的因素影响到个人对其行为的纠正，并且经常是达到更高的合作效率”。

前卫的学者们不断提出，纯粹利己行为和完全利他行为都不是经济交易的伦理前提；公平交易和互惠共赢才是人们经济交易行为的真正动机。如果说传统市场经济是建立在利己伦理上的一套完整体系，计划经济是建立在利他伦理上的一套体系，那么新市场经济应该是建立在平等互惠伦理上的一套崭新的体系。

二、网络交易活动的伦理前提

由于网络信息发布的随意性和不可追究性，交易双方特别是买方在开始阶段总是处于弱势地位的，导致了互联网上的虚假信息泛滥。这类电子商务欺骗、误导甚至诈骗较多见于 B2C 和 C2C 的交易案例中，从事这类网络诈骗活动的卖家，大都采用在知名电子商务网站如“易趣”、“淘宝”等发布虚假信息，以所谓“超低价”、“免税”、“走私货”、“慈善义卖”的名义出售各种商品，很多买家在他们低价的诱惑下上当受骗。

由于网上交易多是异地交易，通常需要汇款，不法分子一般要求消费者先付部分款，再以各种理由诱骗消费者付余款或者其他各种名目的款项，等收到钱款或他们的伎俩被识破时，就立即切断与消费者的联系。

出现这种情况的伦理原因主要在于，人在“无标识状态”的情况下，缺少相应的行为约束。在传统的商务活动中，卖家有自己的实体店面、产品的样品，卖家需要做出一些努力让买家通过对厂房、店面、产品的考察，认定自己的产品是值得购买的，并为买家的第二次购买积攒信誉。因此，卖家要为自己的行为负责任。和面对面的传统交易不同，在进行电子商务活动时，卖家是不需要把自己的真实身份展示给买家的，虽然在各知名网站上都推出了买卖双方的信誉机制，可是欺骗行为还是较之传统交易多发，这是因为卖家的行为是在“无标识状态”下进行的。

利用电子商务进行交易必然会涉及信用与支付问题。由于电子商务的“无纸化”和“无址化”，对参加交易的各方提出了更高的信用要求。处于转型期的中国社会，传统的“义理社会”价值体系的约束作用日趋削弱，而基于法制基础之上的“契约社会”还远未形成。信用的概念在不少人的眼中甚是淡薄，因此也给与电子商务密切配套的支付手段带来了很大的不利影响。

目前国内所进行的电子商务交易，其支付手段多种多样——信用卡、借记卡、储蓄卡、邮局汇款和货到付款等多种支付方式混合使用，有的甚至是使用网上查询、网下交易的方法。虽然现在有一些银行开始进行在线支付和开办网上银行业务等方面的试点工作，但是在信用制度还很不完善的情况下，单靠银行的力量也很难解决信用问题。

而且，由于人与人间的信任度较差，很少有人愿意贸然通过网络的形式把自己的信用卡账号等个人资料告知网站或企业。而今大多数从事电子商务的企业，其支付方式中都有货到付款，由快递公司代收费这种收款方式，往往被多数用户青睐。这样做可以解决在货款的支付中双方互不信任的问题，但在这样的案例中，互联网仅仅起到了一个网络产品展示平台的作用，电子商务活动的最终目的，就是为了进行快捷、方便、安全的交易，使资金使用和货物流向趋于合理，从某种意义上讲，采用货到付款的买卖双方并没有进行一次真正意义上的电子商务交易，违背了电子商务活动的初衷。

另外，物流配送也是电子商务的一个重要环节，如果没有相应的物流配送，电子商务就不能够进行有效的运作，也不能够产生规模效应，不能够为消费者提供满意的服务，使消费者对电子商务这样一种先进的商业运作方式产生怀疑和失去信任。在物流配送这一环节中，技术因素是一个方面的问题，而是否具有良好的商业伦理，对消费者秉持一种真正负责的态度，也是物流配送当中一个非常重要的因素，它在某种程度上保证了物流配送的及时和准确。

三、网络经济伦理精神和形成机理

网络经济与传统经济的重要区别在于它独有的“多元兼容、平等互动、互惠共赢”这样三种伦理精神。这样的伦理精神并非源自人们的主观愿望，而是社会生产力的发展规律决定了经济交易伦理的必然走向。

蒸汽机革命以前，劳动者直接使用手工工具或简单的分体式机械装置，作用到劳动对象，形成当时的生产力。蒸汽机革命以后，劳动者群共同操纵动力系统，驱动工作机器，作用到劳动对象，形成工业社会的生产力。信息革命使劳动者站在生产过程之外，通过信息网络协调动力系统和工作机器，作用到劳动对象，形成信息社会的生产力。

手工工具和分体机械装置一般是在私人独占条件下使用的；动力系统一般是在集团专用情况下运行的；而信息网络，只有在资源共享条件下，才能实现它的真正价值。

网络经济的主要基础不再是钢铁、水泥和稀有金属，而是集成电路、光导纤维，其次，信息和知识则来自人脑和电脑，它就像一根蜡烛可以点燃无限多的蜡烛一样，衍生成本几乎为零，生产边界和销售边界正在消失。

有人担心信息透明和网络诚信机制会破坏以贪欲和营利主义为基础的投资热情和生产的原动力，致使网络新经济伦理成为乌托邦式的幻想。果真如此吗？答案是否定的，因为网络时代与农业、工业时代生产力的最大不同是“无边界互动”生产方式。虽然现在市场上坑蒙拐骗的恶性事件不断，但在边远村庄，由于人们具备重复博弈的环境，仍然保持着淳朴的民风。网络经济正在构建一个地球村庄，人们终将发现“市场交易一方的真正成功必须以对方的成功为基础”，追求长远利益比短期投机获得不义之财更加可靠。

美国密执安州立大学的艾克斯罗德1996年建立了一个人类行为的合作演化计算机模型，进行了循环重复博弈。结果，首先被淘汰的是“无条件的善良合作者”，接着被淘汰的则是“一贯不合作者”，最终获得第一名的是“一报还一报”的平等合作者。也就是说“一报还一报”永远是最优策略。进化实验还揭示了一个重要哲理：一个策略的成功应该以对方的成功为基础。“一报还一报”在两两博弈时，得分不可能超过对方，最多打个平手，但它的总分最高。它赖以生存的基础是很牢固的，因为它也让对方得到了高分。极端自私者就不是这样，它得到高分时，对方必然得到低分。它的成功是建立在别人失败的基础上的，而失败者总是要被淘汰的，当失败者被淘汰之后，这个好占别人便宜的“成功者”也要被淘汰。

四、建设新经济伦理的必要条件

1、改革现代金融制度

现有金融制度的最大危害是短期行为、唯利是图。要从制度设计上变短期个人利益驱动为长远共同利益驱动，将产业重心从片面增加GOP但耗费社会稀有资源、破坏环境、危害健康的产业引向信息、环境、社保、教育、医疗等现代服务业。

2、建立第三方网络诚信体系

理论前沿已经证明，道德可以成为“政府失灵”之后的第三方调节机制，但是没有公众监督的道德是苍白无力的，必须利用现代信息通信网络，建立全国网络诚信体系。

建议组建少数几家权威的网络信誉评估机构，采用非营利公司的运作机制，先从诚信交易和信誉查询网站做起，在适度分工、适度竞争环境中逐步扩大服务范围。尤其对金融资本的不规范行为采取政府管制、社会监督、市场自律“三只手”共同约束的机制。

3、强力推行网络“实名制”

在电子商务和其他网络交易活动中，强力推行实名制，使每个行为主体都树立为自己行为负责的观念。同时也逐步积累每个行为主体的诚信记录。真正实现从货币交换、证券交换到信用交换的过渡，以大大降低社会交易成本。

4、健全法律与制度保障

伦理道德可以对大量日常的人类活动形成非正式约束，法律和制度则是伦理道德的底线与刚性框架。在网络条件下，伦理虽然也具备了一定的刚性约束效果，但是法律制度框架依然是第一重要的公共规则的保障。

电子商务交易规则需要立法；网络实名制需要立法；成立网络信誉公共机构及其运作模式也需要立法。

不良信息需要三层治理

最近社会对手机垃圾短信和“响一声回拨电话”比较重视，但它不是一个孤立的手机不良信息行为问题，可能还涉及卡类欺诈信息、虚假广告、网络病毒、流氓软件等。而且随着信息技术的进一步普及，肯定还会出现更新颖、更离奇的不良信息。

信息技术同其他新科技一样具有两面性，一面是为生产生活提供方便，一面是干扰甚至破坏人们的正常生活和社会秩序。但是信息科技发展到网络高级阶段，就会越来越彰显公平和正义，网络透明的本性最终将把害群之马暴露在光天化日之下。要达到这样一种境界，目前还需要在三个层面做较长期的不懈努力。

第一个层面是用法律手段制止那些违法犯罪行为。比如盗用密码、骗取他人财物，可能害死人的虚假广告，诱人回拨电话扣取信息费，严重干扰他人生活和社会秩序的垃圾短信等。但现在的一个难题是应该由谁来认定、根据什么标准来认定哪些不良信息属于违法犯罪，现在已经出现电信运营商误把社会部门的公益群发短信停播的问题。

第二个层面是在网络实名制基础上建立不良信息的社会监督和举报体系。有人认为消费者买一个通信设备与买件服装一样，没有必要出示身份证。其实不然，网络服务不是工业产品，它涉及公共安全。就像你买汽车要严格登记一样，因为会涉及他人或者公共利益。而且在一个透明的社会里，每个人都应该为自己的行为负责任。

第三个层面是企业、个人，或其他行为主体的自律。建议成立第三方社会公共机构，负责信息内容的网上实时评估。从伦理道德层面建立不让好人吃亏的机制，以便有效制止不良信息，繁荣信息市场。

网民都应该遵守互联网伦理

主持人：各位网友大家下午好，欢迎来到今天由搜狐IT和计世网在互联网大会现场合办的总裁访谈间，我们今天有幸请到的是信产部电信经济专家委员会秘书长杨培芳先生。

杨培芳：各位网友，大家好。

主持人：这次来参加2008年互联网大会，您有没有什么感触？

杨培芳：今年的互联网大会非常不一般，因为我们中国互联网的用户数已经到了世界第一位。网民激增，使得互联网的作用越来越明显。在我们的生产、生活、服务以及政治层面都离不开互联网。上到国家主席、下到农村的一些菜农已经离不开互联网，网络已经与我们的生活息息相关。

主持人：是不是2008年的一个比较明显的趋势是，我国互联网的影响力正变得越来越大，比如我们的温家宝总理、胡锦涛主席都在互联网上和大家交流，这在以前是没有的。

杨培芳：**所以我说这个社会越来越扁平化，无论社会精英还是草根平民，大家都站在同一个平台上，共同理性地思考我们的经济问题、社会问题和民生问题，最重要的还有一个安全问题。最近三鹿奶粉事件，社会反应很强烈。有了互联网，社会上一些好事大家都可以褒奖，出现坏的事情大家都可以批评，使我们的社会朝着透明、公平、公正方向发展，这个力量是不可小视的。**

主持人：但是互联网上也有一些不太健康的东西，多吗？您觉得？

杨培芳：**刚才我在会上也讲到了，互联网对社会有10个方面的积极影响，也有几个方面的不利影响。第一个不利影响就是不良信息，这个不良信息包括虚假信息、垃圾短信、还有有害的、有毒的，比如说木马病毒、流氓软件，这些东西既危害社会，又危害互联网自身的发展。对于不良信息，我们可以在网上建立监测和评价体系，谁发布了不良信息，必要时我能够找到你。这就要实行网络实名制，慢慢地把上网行为规范起来。还有一些负面的影响也不能小视，比如越来越多的电子垃圾怎么处理？它形成了对环境的污染。再比如说越来越多的海量信息，你要用的东西都被淹没了，你要找一个有用的信息非常困难。在这种情况下怎么搜索出有用的东西来，不要浪费人们的宝贵时间，浪费时间就是浪费生命啊。但是我想要解决这些问题，解铃还需系铃人，它们都可以通过互联网的发展来解决。**

相对于负面影响，网络的正面影响要多很多。农业需要精准化生产，工业需要柔性化制造，运输需要实时掌握在途信息。城市建设可以改变集中化大城市模式，形成区域城镇化建设理念，因为距离不再是问题。还有就是可以实现远程教育、远程医疗，网上贸易，甚至还有公共事务的民主决策。通过网络可以更快地推进我们的社会公平公正，科学发展、均衡发展。总而言之，互联网带来的负面影响相对于它的正面影响还是微不足道的，而且也是可以解决的。

主持人：杨老师，我想问一下，下一步是不是应该有一些比较具体的措施去整顿互联网上这些负面的影响，另外一个问题就是整顿的重点是什么？

杨培芳：**现在大家反映最强烈的主要是不良信息，要治理不良信息，一方面需**

要立法。比如说，你看这条信息，你觉得比较反感，你就说它是垃圾信息或者不良信息，我看这条信息很有用，怎么界定它是有害信息还是无害信息呢？这就需要有一些专业分析和研究。通过立法把它定下来。同时，我们要推行网络实名制，因为你在网上，你发布信息也好，你发表言论也好，你必须为你的言论负责，不可能变成一个自由市场，不受任何约束。当然对于一般的社会评论，也没有必要统统署名，只要法律认为必要时能通过技术手段找到发布者就行了。

在现实的社会当中你要为你的行为负责，在虚拟社会里面也要为你的行为负责。因为虚拟社会映射到现实社会，同样会产生积极和消极的影响，都得要负责任。这一点来说都是平等的，不存在不负责任的言论和不负责任的行动。随着互联网越来越普及，人们会越来越认识到这一点。通过立法和必要的技术手段，我们要使大家更好地利用互联网，去享受先进的技术带来的好处，而不至于受到它的危害。

主持人：那杨老师，您刚才提到的网络实名制，是不是现在已经开始采取相关的措施或者正在制定相关的方案？

杨培芳：据我所知，相关部门正在抓紧制定这样的法律和政策，我想陆续会出台一些办法，使得我们的网络更加净化，能够使大家安全地上网。但是现在还有一些问题，我看到网络上面好多流氓软件，你想点击有用的东西，它老跟着你跑，虽然危害不那么严重，但是很讨厌，这就是一个伦理问题。

所谓网络伦理，它不仅仅是道德，道德主要靠自我约束，而伦理则包含了一种内在机制。要形成一种网络监督机制，靠大家共同来监督。在现实社会里互相监督是比较难的，但是在网络社会里面，可以更方便建立举报机制、评估机制。你做了好事，大家认可你；你做了坏事，大家唾弃你，不一定都要付诸法律。

我刚才讲演也谈到，人与人之间多次重复打交道，最终都会平等相待。如果你老是偷偷地害人，最终也会被大家发现。用圣经的一段话就叫做，你可以短期骗所有人，也可以长期骗部分人，但是你不可能长期骗所有人。在网络日益透明的条件下，更容易形成一报还一报的机制，实现公平和谐的信息社会。

主持人：看来网络环境的净化是势在必行。在过去的四五年当中，互联网的促进作用是非常大。在未来，现在用户已经是2亿多了，再往上发展还会有那么高的速度，对经济的促进作用还会那么显著吗？

杨培芳：我国现在要“走新型工业化的道路”。就是要大量地采用信息化的办法来减少能源和资源的消耗。按照传统的工业发展思路，大量消耗钢铁、水泥、煤炭、电力，它们都是不可再生的。一方面我们要靠技术进步找到代替这些东西的新的材料、新能源；另一方面，我们需要用信息化的办法，使得利用这些资源更有效，而这本身也是一种代替。我曾经讲过，我们这个世界只有三种基础资源，一个叫作物质，一个叫作能量，第三个就叫作信息。现代科学已经找到了能量和物质的转换定律，还没有找到信息和能量、物质的转换定律。但是从社会学的角度看，信息多了，物质和能量肯定就会节省；反过来，信息少了物质和能量消耗就会增加。因此信息的作用绝对不可小视。

第六章

新劳动价值论

第六章：新劳动价值论

劳动价值论已经过时了吗？

传统的社会主义经济理论只承认物质生产和体力劳动创造价值，不承认管理性和服务性劳动同样创造价值。他们认为，按照马克思的一贯理论，价值只存在于物质产品之内，而服务没有创造出物质产品，只是处于流动状态中的活劳动。“流动状态中的人类劳动力或人类劳动是形成价值的，但本身不是价值。它必须在凝结状态中，在物质化的形态中才能成为价值（马克思《资本论》第1卷第23页）。”

更有许多学者认为，马克思的劳动价值论已经过时，不如弃置另起炉灶，甚至还有人抛出“资本价值论”、“知识价值论”取而代之。美国的约翰·奈斯比特在《大趋势》中就写道：“在信息经济中，价值的增加不是靠劳动而是靠知识。在工业经济初期诞生的马克思的劳动价值论必须被新的知识价值论取代。”

我国主流学者则持生产要素“共创价值论”观点，认为价值是由劳动、资本、知识和科技投入共同创造的。这实际上完全是一种实用主义的折中办法。其实马克思的劳动价值论的核心理论并不过时，过时的只是传统社会主义对马克思基本理论的僵化理解甚至是有意误解！我们只要重温马克思关于“高级劳动”和“劳动将脱离直接生产过程并且成为生产过程的监督者管理者”的论述就会较容易地走出误区。因为不论是资本还是信息、知识、科技等要素的投入，不过是劳动的各种不同的外部形式而已，它们在本质上都是人类劳动或者人类劳动的积淀物。

历史上曾形成衡量社会总产出的两大经济核算体系，一是计划经济国家的以工农业总产值为主要指标的核算体系；一是市场化国家的以国民生产总值为主要指标的核算体系。

工农业总产值指标体系排斥服务作为独立的经济部门存在，是反社会分工的一种过时的经济核算方法。国民生产总值指标体系则承认独立的服务产业存在，而且只统计各部门在购买别人劳动基础上附加劳动的增加值。显然国民生产总值指标体系比工农业总产值指标体系更为先进。我国从上世纪80年代中期开始，就过渡到这一体系上来。

但是，国民生产总值仍然是以投资、获利为主线的站在资本立场上的产出量度，过度追求国民生产总值，已经造成资源、能源过度消耗，环境污染、贫富悬殊，全民幸福指数下降的局面。于是许多国际组织建议采用综合国力指标体系，除了国民生产总值之外，还要补充环境、教育、安全、健康和居民生活质量等多项指标，才能形成一个新的指标体系，有人将其称作绿色 GDP 体系。

随着劳动从制造业向服务业，从低级到高级转移，未来社会更加需要的不是物质财富经济学，而是站在劳动即人的立场上的经济学，这就需要从根本上改造宏观经济指标体系，彻底摆脱 GDP 主义！因为人们迟早会发现，现代经济的病根恰恰在于物质财富和金融资本的腐朽性和寄生性，认识到这一点之后，人们会转向把优质资源和劳动用于高科技、高教育、高生活和高国民保障体系上来。

信息劳动是高级劳动

一般认为，凡从事信息的采集、传递、处理、复制、存储、销售和利用的职业性活动，均可称作信息劳动。当然这是把信息劳动作为一个经济学概念而言的。也可以把劳动分解为信息劳动和机械性劳动，在纯信息劳动和纯机械性劳动之间可划分为五个档次。它们是：纯粹力学式劳动，位置移动式劳动，机械反应式劳动，信息操作式劳动，智能创造式劳动。有人使用“与信息有关的劳动”这类模糊命题，其实根本找不到与信息无关的劳动，所以区别是不是信息劳动，还是要看是不是信息职业活动。一般说来，信息

表 6-1 劳动的分类

劳动种类	劳动内容
智能创造式	科研、设计、筹划等创新性思维劳动
信息操作式	操作控制计算机和其他信息装置
机械反应式	驾驭各类机械装置
位置移动式	移动物品的空间位置
纯粹力学式	脚踏手摇等充当动力的劳动

操作和信息创造均属信息职业活动，力学、移动和反应式劳动属于非信息职业活动。

从总体上看，信息劳动是一种高级劳动。不论是公司经理的筹划、谋略，还是科研人员的设计、实验或者计算机人员的操作录入，都要比一般重复性体力劳动需要更多的知识和智能。

马克思曾使用简单劳动和复杂劳动的概念来解释价值的形成过程，“这种劳动力比普通劳动力需要较高的教育费用，它的生产要花费较多的劳动时间，因此，它具有较高的价值。既然这种劳动力的价值较高，它也就表现为较高级的劳动，也就在同样长的时间内物化为较多的价值”[①]。有人坚持服务性劳动不创造价值，只有工农业一线生产才创造价值的理论，但是他们不能解释“一个国家的生产人口愈少，国家就愈富。因为生产人口相对的少，不过是劳动生产率相对的高的另一种表现”[②]。

所谓解放生产力，就是信息劳动在其总量中所占比重的增加所引起的劳动力结构的变化。得到解放的是工人、农民的劳动力，而不是一般的劳动力，这是科技进步形成的普遍经济规律。

随着信息技术的进步，脑力劳动者的比重增加了，脑力劳动的强度也在减轻。过去，人们对科技的神奇力量所能想象的仅仅是将笨重的体力劳动让机器代替，而把复杂的脑力劳动留给人类自己。有些幻想小说甚至把未来人类形象描绘成一个个头重脚轻的怪物。似乎是脑力劳动使脑细胞增加的一种必然结果。

可是，现代人工智能的发展，虽然还不能说让智能机器完全模拟人脑，但至少已经代替了部分过去只有人脑才能胜任的工作。我们完全可以说，信息网络及相关技术不但对生产过程和流通过程产生了前所未有的影响，而且对管理、科研、设计这类复杂的脑力劳动也产生了更深刻、更广泛的影响。

未来人类的生产劳动形式主要有两种，一种是操纵或者看管机器，由过去体力劳动变异而来；另一种是从事机器及相关关系的研究、设计和维护。使人吃惊的是操纵或看管机器并不是只有受过高等教育的人才能胜任，比如今天的个人计算机并不比几十年以前的大型计算机功能简单，但是几乎不需要什么专门训练，甚至一个中学生就可以运用自如地完成过去只有高级专业人员才能完成的操作过程。在复杂劳动一面，

① 《马克思恩格斯全集》，人民出版社1957年版，第23卷，第223 页。

② 《马克思恩格斯全集》，人民出版社1957年版，第26卷上册，第229页 。

科研、设计和修理工作，至少在形式上也没有比过去更复杂。科研工作可以借助互联网，在前人成就基础上再创造；设计工作借助计算机辅助软件，可以更方便地设计出过去绞尽脑汁都难以实现的图形结构。至于修理工作也变得越来越模块化、程序化。甚至许多计算机软件的编制工作也可以采用工厂化作业，利用人工智能的自适应和自学习功能来简化人脑承担的工作任务。

过去打算盘可算得上复杂劳动，大概没有几个月时间进行专门训练是难以掌握自如的，而现在使用袖珍计算器就完全不需要专门训练。过去中文机械打字机的操作属于一项专门技能，现在电脑打字已经普及到相当广泛的程度，甚至还可以直接采用语音输入。

因此，无论是专业化程度高的劳动还是简单操作部门的劳动，人和特定工作的依赖关系变得越来越薄弱了。智能机器及其网络不仅解放了人的体力，同时也正在解放人的脑力。有人做过专门研究，认为如果不借助现代信息设施，现代聪明人的智商并不比两千年前的聪明人的智商高。

临时雇佣性劳动增加

引起劳动方式变化的另一个方面是临时劳动和短期雇佣劳动的增加。因为只要自动化系统工作正常，就无需人的劳动。只有出现较大故障和恶性事故以及外部条件发生突变时，才需要大量的临时劳动。

最典型的例子莫过于电话系统。早期的电话公司接线员属于一种高强度的复杂劳动。据一些老电话接线员回忆，在20世纪初，电话接线员属于公务员阶层。上下班由月包车接送，但是工作也十分繁重。由于精神高度紧张，体力消耗也很大，一个班下来，经常累得头昏脑涨，要有人搀下工位。

后来有了机电式自动电话，接线员换成了自动机器看管员，每天要处理故障、检测和修理机械设备，也几乎没有什么空闲。现在的情况就完全不同了，程控电话交换机可以实现无人值守，一旦出现故障，也只能由修理中心或者原厂家来处理。只有出现重大恶性故障时，才需要临时增派大量人工。

这种长期稳定劳动减少和临时派遣性劳动增多的趋势，产生了企业雇佣关系的变化。企业要降低劳动成本，就会解雇一部分长期职工，增加临时用工。由此也必然会带来一些社会问题，比如失业现象会不会加重？基于现场经验的技术改善和技术革新该不该完全取消？

劳动者正在退出直接生产过程

随着社会分工越来越细，许多信息劳动正在从直接生产过程中分化出来，成为一个信息劳动环节或者独立的信息经济实体。

以自给自足为特征的自然经济阶段，人们除了感情交流需要少量的远程信息流通之外，几乎没有更多的信息流通的需求。随着社会分工越来越细，需要交换的商品越来越多，信息流量和信息流通渠道也要相应增长。

比如，我国农村长期男耕女织的社会结构，几乎不需要信息流通渠道。而在现代农业和工业中，一种产品的生产过程则至少要由十几个、几十个独立的生产或服务部门协作完成。假如这些相关部门之间做到完全协作，那就需要建立成百或上千个信息渠道。

如果用 N_m 表示完全信息渠道数，用 f 表示参与协作的生产部门，则有：

$$N_m = \frac{1}{2} f(f-1)$$

在非完全协作条件下则有

非完全信息渠道数 $N = \frac{1}{2} \mu f(\mu f-1)$

$$\mu = \frac{实际信息渠道数}{完全信息渠道数}$$

假定每个协作生产部门需要双向交流的信息量与产量有伴生关系，则信息总流量

$$I = f = (f-1) \approx f^2$$

信息总流量的增长与最终产值增长的关系有：

$$Ii = Io(1+r)^2$$

式中 Ii 为计算期的信息流量

Io 为基期的信息流量

r 为协作生产部门的最终产值增长率

也就是说，需要流通的信息量的增长率，与参与协作的生产部门的产值增长率的平方呈正比。

随着社会生产力的不断发展，社会分工越来越细，人与人之间的经济交往也更加紧密。分工和协作有着不可分割的关系。如果我们用人均通信和交通费用表示分工协作的量度，建立一种生产效率的数理经济模型。代入38个国家80年代初的数据样本，运算结果表明，就对国民生产总值的贡献而言，我国增加一个单位的分工协作要素（交通、通信费用），相当于增加15.8倍的材料、能源要素。用同样方法测算，该比值是美国的2.5倍、法国的2.4倍、韩国的4.6倍。

这说明韩国是能够充分利用协作要素，节约物资、能源的国家，而中国是交通通信投入不足，物资、能源过量消耗的国家。

传统经济理论只承认与物质、能量打交道的机械劳动是生产劳动，不认为与信息打交道的管理性劳动也是生产劳动。这在一百年以前的经济结构中，对于生产劳动的解释尚能站得住脚，而用来解释现代的经济结构就难以成立了。因为越来越多的劳动者脱离直接与物、能打交道的生产岗位，转向管理工作岗位（包括管理机器和管理劳动者），而社会产品并没有减少，反而大大增加了。按照马克思的劳动价值论原理，物资、能量和机器本身不会创造价值，而增加的价值只能理解为管理性劳动创造的。

在一个经济系统中，如果管理主体得到的信息少于其目标要求的数量，系统平衡

表 6－2　协作要素与物、能要素的边际贡献比例

韩国	3.40	美国	6.19
法国	6.66	日本	9.50
英国	9.96	加拿大	11.81
中国	15.77	前苏联	17.42

就遭到破坏。要恢复这种平衡，只有增加管理主体的信息，改造系统的结构。

为了使管理主体准确地反映来自外界的信号，及时完善结构，防止严重偏离平衡状态，就必须有一个完善的信息渠道体系，使信息能够在管理主体与被管理客体以及其他管理主体之间往返通行。

如果把信息看作真正的生产资源，那就必须承认任何满足社会需要的劳动都应该是有效的、因而是能够创造价值的劳动。人类伊始，就存在机械性（骨骼和肌肉）劳动和管理性（大脑和神经系统）劳动两种基本劳动形态。而经济实践反映出机械性劳动比重减少和管理性劳动比重上升。管理性劳动早已不是指挥别人劳动的概念（当然指挥也是管理性劳动的一种，但不是全部管理性劳动），管理和生产之间已经没有切实的界限。因此，任何低估甚至否定管理性劳动价值的思想或者继续用物质生产领域和非物质生产领域排斥与信息打交道的管理性劳动都是极端错误的。管理就是直接的生产力，而且是越来越重要的生产力。这对于实践、对于理论都是十分重要的。

网络价值的外溢性

我国经历过长期的短缺经济阶段，以粮为纲、以钢为纲曾经是集结全中国人民为之奋斗的一个重要口号。然而我国改革开放30多年，基本告别了短缺经济并出现了结构性过剩经济现象，第二产业增长过快过猛，第三产业增长缓慢，尤其是直接为第一、第二产业服务的新型服务业发展过缓，致使我国经济一直没有脱离高能耗、高物耗、高污染的粗放增长方式。

我国领导人曾经多次强调，21世纪的经济是高技术经济，是信息经济，是可持续发展的经济。如何通过信息网络产业的渗透效应、支撑效应和带动效应，促进可持续发展，走新型现代化道路应该成为我国现阶段经济建设的一项重要选择。

进入信息时代，互联网的广泛应用正在把信息流、物流、资金流三流合一，信息的高渗透性大大拉近了生产与消费之间的距离，同时也渗透到城乡居民生活的各个领域。这将大大减少单位国民生产总值的物质消耗、能源消耗及资金的周转时间。据研究，我国单位国民生产总值的物耗曾经是发达国家的2—3倍，能源消耗曾经是发达国家的3—5倍，这样的工业化道路我们不能再走下去了。

第六章：新劳动价值论

随着经济全球化，网络产业将成为新经济时代的生产和服务平台。有关研究表明，充分利用信息网络，可使农业劳动生产率提高25%，真正实现农业从粗放生产到集约经营的转变；一般工业企业每增加一个单位的信息通信费用可带来14个单位的销售收入；网络正在使商业、旅游、运输、金融、教育、医疗等领域发生质的飞跃。

当初工业自动化的含义是工人按电钮让机器自动地大量生产某种产品。除了将工人原来的机械操作换成电气操作之外，其工作的本质没有什么变化。而今天的工业自动化已经发展到系统自动化甚至网络自动化的程度。整条生产线甚至整个工厂可以按照事先编好的程序，实现无人化柔性生产。大量的现场人员被削减下来，充实到软件车间、销售部门、市场调研部门，甚至充实到工厂以外的信息服务部门。

有人预计在不久的将来，可由消费者直接通过计算机网络，把自己需要购买商品的特征、尺寸等数据信息输入进去，由信用卡付账之后，启动柔性生产线就可以实时生产所需要的商品，然后由社会化物流配送体系直接送到消费者手中。从而实现真正意义的零库存生产。

随着经济技术的发展，作为生产系统主要环节的人，将退出直接生产制造过程，而只承担相当于原来监督和管理者那部分职位。劳动表现为人以生产过程的监督者和调节者的身份同生产过程本身发生关系。这种转变不仅引起了社会经济生活和经济结构的变化，而且会引起人的素质、心理、文化和生活方式的改变。

集中化的工业需要建设集中化的工厂，也必然形成集中化的城市。上百年来人们盖起了摩天大楼，拥进纽约曼哈顿，使那里的地皮寸土寸金。半个世纪以后，有钱人又开始搬到郊区别墅，甚至回到“简单生活”。有一次我在纽约遇到一位老华侨，他告诉我说，他在纽约居住了40多年，就像生活在火柴盒里一样，太憋屈人了。他听说中国有个口号，要把上海建成中国的纽约，反复叮嘱我回国后一定要告诉国家领导人千万不要把上海建成纽约。北京原来的环路建设思想也体现了工业社会大集中的效率观念，只是后来及时引入了区域化建设理念，才腾出了绿地，扩展了卫星城镇。工业社会人们要么为了效率而牺牲生存环境，要么为了环境而牺牲效率。信息社会人们终于找到了既不牺牲效率又不影响环境的两全之策，那就是网络产业构建起来的新型社区环境和平台。

费用与效用的争论

价值是一切经济活动追求的核心目标。工业社会的投资者追求超额利润，也就是剩余价值，信息社会投资者的根本目的正在转变为以较小的费用取得较大的效用，也就是价值。

那么究竟什么是价值呢？我们还是先重温一下一百年前英国古典经济学派（代表人物李嘉图）和法国庸俗经济学派（代表人物萨伊）的一场争论。英国人认为物品的价值完全是由生产费用决定的，生产一件物品，花费的费用越高，这件物品包含的价值量就越大。法国人不同意这种观点，他们认为物品的价值是由效用决定的，一件物品的使用价值越高，它的价值才越大。他们质问英国人，你们说生产费用越高，价值就越大，岂不是等于说谁的生产水平最低、费用最多，生产的物品价值就成了最高了吗？于是费用价值论者说，我们说的价值高低是在有效的生产费用投入情况下，你搞那么多无效的生产费用投入，当然不能计入价值含量。于是费用价值论者跑到了他们的对立面——效用价值论的立场上去了。

英国人又反问法国人，你们认为物品的价值完全是由该物品的使用价值（效用）决定的，那不就是说生活必需品比奢侈品的价值更大，玉米、小麦应该比金银首饰更贵重吗？于是效用价值论者又说，黄金首饰的价值怎么能与小麦、玉米相比呢？黄金的价格若低于生产它的费用，谁还肯出卖呢？于是他们也跑到自己的对立面——费用价值论的立场上去了。

马克思在批判地吸收了英国古典经济学派的生产费用价值论基础上，提出了著名的劳动价值理论，认为价值就是物化在产品中的社会必要劳动。但是对何种劳动是必要的、何种劳动是不必要的界定，一直是困扰经济学家们的一个难题。恩格斯进一步解释说，“价值是生产费用对效用的关系。价值首先是用来解决某种物品该不该生产的问题，即这种物品的效用是否能抵偿生产费用的问题。只有在这个问题解决以后，才谈得上运用价值来进行交换的问题。如果两种物品的生产费用相等，那么效用就是确定它们比较价值的决定性因素”。[①]

①《马克思恩格斯全集》，人民出版社1957年版，第1卷，第605页。

恩格斯的这段话不但解释了社会必要劳动就是产生了效用的那一部分劳动，同时指出了价值和交换价值（价格）的区别。恩格斯认为，交换价值只是工业社会商品阶段的产物，而价值则永远是物品的生产和交换（或者分配）必须遵循的规律。因此，在商品经济领域，价格必须反映价值，才能真正起到促进经济发展的杠杆作用；在网络经济领域，价格更应该趋于价值甚至等于价值，才有可能做到信息的合理生产（采集处理）和分配（传播），从而使价格成为价值的表征量，而不是用背离价值的价格来左右信息产业的发展。

可见价值是一切经济学的核心内容。遗憾的是，许多称作信息经济学的著作并没有回答信息服务的价值，或者根本没有涉及价值问题。作为信息社会最重要的网络服务价值理论，目前尚缺少系统的研究和建树，有些重要方面还处于空白点的状态之下。

学术界对信息经济学的研究一开始就出现了两个方向，一个方向是把信息作为商品流通的条件或者经济决策的要素，考察信息在工业生产过程和商品流通中对其他生产要素的影响。另一个方向是把信息活动作为一个新兴产业，研究它的价值与价格、需求与供给、规模与效益、投入和产出、投资与融资机制等一系列经济学问题。

1961年，斯蒂格勒在《政治经济学》杂志上发表了《信息经济学》的著名论文。他研究了信息的成本和价值，以及信息对价格、工资和其他生产要素的影响。1977年，他又提出，应当用不完全信息作为前提，来代替传统经济学中信息是完全透明的假设，以修正传统的市场经济理论。斯蒂格勒是1982年度的诺贝尔经济学奖获得者。

1984年，另一位诺贝尔经济学奖获得者阿罗出版了《信息经济学》论文集，收集了他本人在70年代对信息经济理论进行的开拓性研究的主要成果。阿罗认为，信息（指决策信息）在不确定性的世界里是很有价值的，但把它作为一种经济商品去构造一般理论却很困难。到了80年代后期，他又说，“把信息作为一种经济物品来加以分析，既是可能的，也是非常重要的。”

阿罗的突出贡献是从信息论的角度，推导出信息在决策过程中的效用模型。

$$V_0 = \Sigma P_i \, LogP_i$$

它说明，信息的效用一方面取决于决策者从各种决策结果可能获得的最大经济收益，另一方面取决于该信息和实际事物之间的概率统计关系。

但是，阿罗的信息效用模型很难达到实际应用的效果。它仅仅是一种抽象的表示方法。许多人企图改造阿罗的效用模型，使其达到实用化的目的。但是，只能在已知最大的经济获利和最大经济损失的条件下，求出不完全信息情况的概率统计的效用价值。

1996年的两位诺贝尔经济学奖获得者分别从不同的角度进一步研究了商品生产中信息不定性的定量影响问题，使得在工业商品生产领域信息价值的研究达到了日臻成熟的程度。

致力于这个领域的经济学家大都具有数量经济学的学术背景。他们连连获奖一方面说明他们用深厚的数量经济学功底来研究现代市场经济中信息作用的日益增长的问题，并对这一问题给出了科学的解释；另一方面，也正说明工业时代的经济学已经成熟，并且开始走下坡路，信息时代的经济学正在萌发之中。

但是正如我们在前面曾经讨论过的，信息社会不是一个更多利用信息进行工业生产的社会，信息经济学也不仅仅是在工业生产中如何利用信息的经济学。信息经济学的主要研究对象应该是依靠网络进行信息采集、存储、处理、传递、利用等信息劳动的价值与价格、供给与需求、性质与机制等一系列经济理论问题。在目前它可以属于部门经济学或者产业经济学，到了成熟的信息社会，它会成为覆盖整个经济活动的理论体系。因此，把信息经济学作为一个新兴产业经济问题的研究方向才是更重要和更急需的。

早在1921年，耐特就发现“信息是一种主要商品”。他指明将有大量投资用于信息活动。但是信息产业经济学的正式提出，则是40年之后的事。

1962年，美国经济学家马克卢普出版了《美国的知识生产和分配》一书，首次提出了知识产业的完整概念。1977年，波拉特在美国商业部的资助下完成了他的创造性研究成果《信息经济：定义与测量》，首次提出了信息产业的统计概念及统计学方法。但是他们都没有涉及信息产业活动的价值这个经济学的核心问题。

近十年来，国内学术界对信息服务价值理论的研究有了一定进展，但是由于现阶段的理论环境和研究环境的一些限制，这些零散的研究远没有达到系统化的程度。如果说价值的本质仍然是恩格斯揭示的“生产费用对效用的关系”，那么我们对信息服务价值论的研究就要从费用和效用开始。完成一项信息服务所花费的成本，用传统方法可以解决测算问题，而一项信息服务的效用，由于它的外部经济性，就很难在传统的工业理论方法上解决测算问题，需要对它的评价方法进行改造。

鼓励低级就业无异饮鸩止渴

面对经济危机和就业压力，我国有人提出慢一点搞自动化、信息化，多发展劳动密集型行业，比如汽车售票员、交通协管员以及森林、矿区安全巡视员等适合下岗人员和农民工作的岗位。

必须承认，发展传统产业和低级就业对于缓解就业压力会在短期有效，但是肯定为我国经济结构调整、技术进步和科学发展埋下重大隐患。在经济危机和就业压力面前，最根本的办法还是要搞城镇化、市场化、信息化，也就是在技术进步和社会主义市场经济改革的前提下大力发展新兴服务业。

笔者最近去了山西、浙江、河南、福建等地考察信息化应用情况，本来就是从事信息化经济政策研究工作的，也为我国经济社会信息化鼓与呼了多年，却总是被信息化的应用问题困扰，这次的考察使人眼界大开。我看到了通信与各行各业的信息应用相结合的显著效益和巨大威力，一波新的信息化应用浪潮正在形成。比如一些城市可以用3G手机实时看到主要道路、桥梁的交通实况；可以随时查阅个人医保账户记录，可以用3G手机看病挂号。在森林、矿区，3G通信系统可以实时监测安全隐患，一年减少的灾害损失就超过信息通信成本的几倍。有的农村用信息网络监测控制蔬菜大棚，自动调节温度、湿度，显示作物生长、成熟状态和市场价格情况，真正做到了农业的精准化、集约化 。

值得重视的是，以上信息化应用成就一不是靠政府包揽，二不是靠电信运营商垄断，主要是在各级地方政府支持下，由电信企业与各行各业的实际需求相结合，产生出一个庞大的信息应用服务业。目前这个新兴服务业还分散在各行业内部，我想用不了多久，它就像互联网内容服务业（ICP）一样，独立形成更庞大的信息应用服务产业群（ASP）。保守估计，至少能够创造出几百万新的就业岗位。

信息服务效用的量化

经济学界一般认为，商品的效用（使用价值）只能在市场交换过程中体现在价格之中，不可能找到理论上的量化方法。对于信息服务的效用，既难以在市场交换中体现（比如科学家提供的成果），也难以在理论上找到量化方法。但是既然我们可以感觉到信息劳动比简单劳动创造了更高的社会效用，我们也应该能够近似地找到量化这些效用的方法。问题仅在于人们宁肯相信几十万元买一个吉祥号码的价值，也不愿相信一斤黄豆等于七斤白菜的人体营养价值这种实际效能的折算。对信息劳动效用量化虽然比较棘手，但也并非完全不可能。

比如某工厂生产某种产品的废品率为1%，若不慎将一个合格产品当作废品报废，工厂损失1元，而将真正的废品报废，或将好产品出厂均不造成损失。但是若将一个废品出厂，造成损失100元。在这样的情况下，若全部产品不经检验而出厂，每个产品的平均损失1% ×100 = 1元。若不经检验将全部产品报废，则每个产品损失99% ×1 = 0.99元。可见做出全报废决定的损失小于全部出厂的损失。如果经过检验能够正确判断合格产品与不合格产品，就没有损失。这就是说，能够准确检出不合格产品的信息价值分摊到每个产品上为0.99元。检测每个产品好坏需要的信息量平均为I =（1/100）Log（1/100）=0.066比特。

所以，在这种情况下，每比特信息的价值应该是0.99元/0.066=15元/比特。这是平均化的信息价值，在实践中，每个比特信息的价值是不相等的，它符合边际效益递增原理。如果我们肯定100个产品中有一个是不合格产品，那么检测第一个产品后再检测后面的产品信息的价值量就会升高，直到检测出那个不合格的产品。也就是说，信息的价值量可由收信者收到信息以后达到目标概率的增加表现出来。越是接近达到目标的信息，其价值也就越大。

根据马克思的劳动价值理论，只有活劳动创造价值，固定劳动只转移价值而不创造价值。活劳动一开始就可以分为主要依靠肌肉的机械性劳动和主要依靠大脑的信息性劳动。在近代几百年内，人类的机械性劳动急剧下降，信息性劳动急剧上升。如果我们假定人类总劳动恒为1的话，那么则有下图：

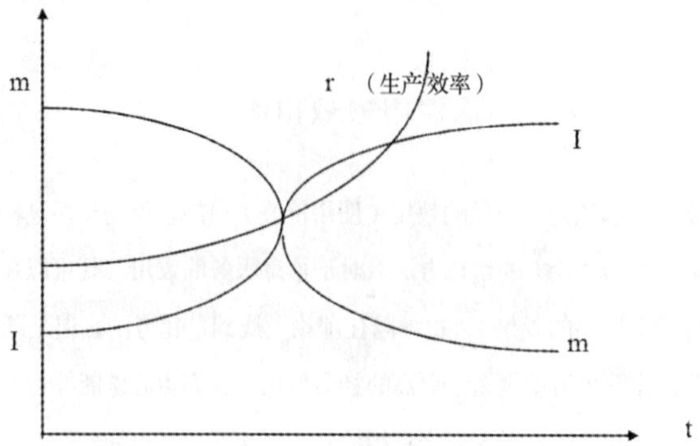

图6－1　两种活劳动的转化与生产效率的关系

从图中可见，随着信息性劳动比重上升，整个社会生产效率正在呈指数级增长。也就是说，信息性劳动比机械性劳动具有更高的生产效率。

有些人坚持认为，只有生产工人的机械性劳动才创造价值，而脱离生产过程的管理性信息劳动只是处于流动状态的劳动，而流动状态的劳动同物化劳动一样只转移价值，不创造价值。其实这是对马克思劳动价值论的教条主义的理解。马克思在论述价值是人类一般劳动的凝结这个定义时确实讲过，流动过程中的劳动形成价值，但本身并不是价值。劳动要凝结在物质商品之中才形成价值。但是马克思又写道，"广义地说，除了那些把劳动的作用传达到劳动对象，因而以这种或那种方式充当活动的传导的物以外，劳动过程的进行所需要的一切物质条件都算作劳动过程的资料。它们不直接加入劳动过程，但是没有它们劳动过程就无法进行，或者只能不完全地进行"①。这类条件中当然应该包括科学知识和管理性信息劳动。

恩格斯也强调过，"蒸汽机这样的科学成果，在它存在的头50年中给世界带来的东西比世界从一开始为科学所付出的代价还要多"②。而阿基米德、牛顿、门捷列夫等科学家们的劳动又创造了多少价值呢？如果说只有体力工人的肌肉劳动才创造价值，那不就等于鼓励落后的劳动生产方式吗？我们必须从这种僵化的价值论的认识中解放出来。这种僵化的认识也并不是马克思劳动价值论的本意。

随着科技进步，人类正在减少体力劳动的消耗代之以脑力劳动。也就是说，人类在创造社会财富的时候，越来越较少地依赖肌肉，越来越多地依靠智慧的力量。随着

① 《马克思恩格斯全集》，人民出版社1957年版，第23卷，第203页。

② 《马克思恩格斯全集》，人民出版社1957年版，第1卷，第607页。

这一进程的发展，人们借助越来越完善的工具、工艺和劳动组织协调力量使劳动效率成倍增加。结果无须额外增加物能投入，就可以创造更多的价值。也就是说在信息社会里，价值的形成已经主要不是靠传统工人的肌肉劳动而主要是靠新型智力工人的信息劳动。信息劳动已成为能够创造更多价值的直接生产力。

当然对于处在不同生产力阶段、具有不同经济结构的国家，信息劳动与机械性劳动应该有不同的比例。但从总体上看，信息劳动比重或信息化程度越高的国家，具有越高的社会生产效率。

如果我们将几十个国家的标准信息化程度作为一个原因变量，将每个国家的人均GDP作为结果变量，则我们会发现，信息化程度与社会生产效率之间确实呈现一种指数正相关关系。

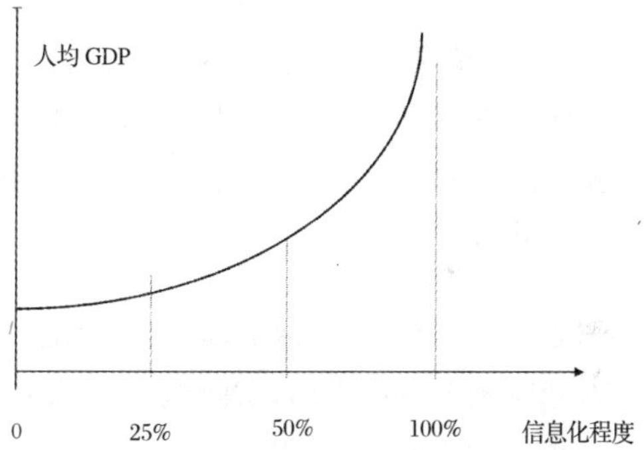

图6－2　信息化与社会生产效率的关系示意图

我们很难说人均GDP的增长完全是靠信息劳动创造的。但是如果我们用如下生产函数做一个贡献度的分解，就可以在总体上回答信息劳动与机械性劳动各自对社会生产效率的贡献。

$$G=k\times M^{\alpha}\times I^{\beta}$$

式中：G 为人均GDP

m 为机械性劳动

I 为信息劳动

k、α、β 为常系数和弹性系数

如果我们认为机械性劳动为直接生产劳动，信息劳动属于非直接生产劳动，

那么正如马克思所说，“在产品量相同的情况下，同非生产人口相比，一个国家的生产人口愈少国家愈富。因为生产人口相对的少，不过是劳动生产率相对高的另一种表现”[①]。

利用价值工程评定指数的方法难免带有一定程度的主观随意性。如果能够针对某类信息服务的主要功能指标，在数量经济分析基础上，找到功能指标与使用价值之间的依存关系，实现质量 / 成本的转换，应该就能建立更成功的效用模型。

信息技术进步的效用模型

工程心理学认为，在人—机系统的所有质量指标中，最重要的是调节的时间过程、调节的准确性，以及调节系统的可靠性。信息系统是最典型的人—机系统，我们可以把信息系统的综合服务质量归纳为迅速性、准确性、可靠性、附加功能这样四个方面。它们各自按照一定规律为信息系统增加使用价值。现在的问题是如何找出这些规律，分别建立起这四项指标的效用模型。

迅速性的效用模型　在通常条件下，如果系统的运行速度提高一倍，那么就等于两个同样的系统同时工作的效率。但是系统运行速度提高的有用性不会随运行速度直线上升，它必然受到整个生产过程各环节的影响，尤其是人—机接口非线性关系的制约。根据 J. C. 米勒的著名工程心理学试验，人接受信息的能力随着信号速度的提高，将出现五个方面的损害。

（1）信号脱漏

（2）信号歪曲

（3）信号延迟

（4）信号过滤

（5）信号完整性降低

其中最严重的损害是信号脱漏。在忽略其余四种损害的情况下，有效信号与发出信号之间的关系如下：

---

① 《马克思恩格斯全集》，人民出版社 1957 年版，第 26 卷，第 229 页。

信号速率（比特 / 秒）	2	3	6	8	10	16
有效信号（不脱漏）	1.99	2.98	5.93	7.82	9.57	12.13

以2比特 / 秒为基准点，令其值为1，将以上坐标换算成倍数形式：

信号速率倍数（v）	1	1.5	3	4	5	8
有效性倍数	1	1.49	2.97	3.92	4.79	6.08
有效性增量倍数	0	0.49	1.97	2.92	3.79	5.08

由上表可见，在一般情况下，信息符号速率提高到原来的5倍以内，有效性增量呈准线性关系；信号速率提高到原来的5倍以上，有效性增量呈对数关系。在坐标轴上近似为一条特殊的生长曲线，通式为：

$$U_1 = \frac{A\,Lnv}{1 + Be^{-v}}$$

式中：U_1 为信息处理速度的有效性增量

v 为信息处理速度的倍数

A,B 为待定系数

将该式整理：

$$U_1（1 + Be^{-v}）= ALnV$$

$$U_1 + BU_1e^{-v} = ALnV$$

$$U_1 = ALnV - BU_1e^{-v}$$

令 $LnV = X_1 - U1e^{-v} = X_2$ 则

$$U_1 = AX_1 + BX_2$$

将该式代入有效性增量和信号速率倍数一组数据，做二元线性回归，经修正得到系数：

$A = 2.44$

$B = 7$

该生长曲线的数学表达式为：

$$U = \frac{2.44LnV}{1+7e^{-v}}$$

这就是信息处理速度提高引起的效用增量的近似模型。当然这里是把信息系统的速度指标，在人—机接口敏感区段内进行了归一化处理。有些信息技术的速度指标可能不在该区段之内，我们只能按一般情况在这个区段上做近似处理。

准确度的效用模型　信息系统的工作准确度可用总信噪比或者误码率、差错率表示。系统准确度提高，可以避免信号重复发送纠正，节约占用信息通道的时间。根据信息论的核心仙农—哈特莱定律，信噪比与传输通道可以互换。如果把传输通道广义理解为整个信息系统的所有设备，那么信息传递与处理的准确度提高就相当于节约若干通道的设备。信息通道与信噪比的实际关系（在频带展宽通信方式中）为：

$$\frac{Sx/Nx}{So/No} = \frac{3}{4}(B/f_m)^2$$

整理得：

$$B/f_m = \frac{2}{\sqrt{3}}\sqrt{\frac{Sx/Nx}{So/No}}$$

式中：B/f_m 为频带展宽系数

S/N 为信号、噪声的功率比值

因为新旧技术准确度相等时，效用增量为零，又令：

$$U_2 = B/f_m\text{；}\quad A = \frac{Sx/Nx}{So/No}$$

则信噪比的提高与效用增量的关系为：

$$U_2 = \frac{2}{\sqrt{3}}(\sqrt{A} - 1)$$

可靠性的效用模型 系统可靠性提高就相当于节约了一定数量的备用系统。根据国际电信组织的有关建议，电信系统在 n 个主用、m 个备用情况下，每个系统故障率的计算公式为：

$$X=\frac{(n+m)!}{(m+1)!n!}X_0^{m+1}$$

其中，X 是无备用情况下的故障率。

在通常情况下，热备用保护为多主一备的情况，则上述公式可简化为：

$$X=\frac{(n+1)!}{2n!}X_0^2$$

将常用主备情况列表如下：

热备用率	故障率
1主1备	$X_i=\frac{(1+1)!}{2}X_0^2=X_0^2$
2主1备	$X_i=\frac{(2+1)!}{2\times 2!}X_0^2=1.5X$
3主1备	$X_i=\frac{(3+1)!}{2\times 3!}X_0^2=2X_0^2$
4主1备	$X_i=\frac{(4+1)!}{2\times 4!}X_0^2=2.5X_0^2$
10主1备	$X_i=\frac{(10+1)!}{2\times 10!}X_0^2=5.5X_0^2$

分析上表可见，当故障率上升1.5倍时，需要增加0.5个备用系统才能弥补；当故障率上升5.5倍时，需要增加0.9个备用系统才能弥补。反之，故障率有所降低，就等于节省了相应热备用系统。以上关系的通式可直接写出：

$$U_3=\frac{1}{2(X_0/X_i)-1}$$

根据 ITU（国际电信联盟）的有关定义，故障率与可靠性的关系：

$$故障率 = \frac{故障保持时间}{工作时间} = 1- 可靠性$$

因此我们可以把故障率的降低看做可靠性的提高，直接使用故障率降低的倍数 $r = X_0/X_i$ 为参变量，可靠性的效用增量模型变为：

$$U_3 = 1 - \frac{1}{2r-1}$$

附加功能的效用模型　新技术比原技术增加了新的功能，这些功能指标找不到合适的基础参考数据。只好借助影子工程方法，选择适当的对照工程，求出综合成本，就是新技术附加功能的使用价值。比如程控电话交换设备除了比原交换设备提供更迅速、准确的基本服务之外，还增加了会议电话功能，它就相当于节约了若干会议电话汇接机的费用。模型为：

$$U_4 = \sum_{s=1}^{n} C_s$$

式中：U_4 为附加功能的使用价值

$\Sigma^n_{s=1-n} C_s$ 为各种附加功能影子工程的综合成本。

可见 U_4 直接就是货币单位形式。用不着效用向费用的转换。

将以上四个方面的效用价值增量综合在一起，信息技术进步的质量 / 成本转换模型如下：

$$E = [\sum_{i=1}^{3} U_i C_0 + \sum_{s=1}^{n} C_S + (C_0 - C_X)]S$$

$$式中：\sum_{i=1}^{3} U_i = \frac{2.44 lnv}{1+7e^{-v}} + \frac{2}{\sqrt{3}}(\sqrt{A} - 1) + (1 - \frac{1}{2^r 1})$$

C_s 为新技术附加功能的影子工程综合成本

S 为新技术推广使用数量

第七章

网络服务的价格理论与实践

基于工业产品的价格理论

19世纪以来，经济学界逐步形成并完善了工业时代的价格理论，其中几种颇具影响力的理论派系是：以效用价值论为基础的价格理论、均衡价格理论（包括一般均衡价格理论和局部均衡价格理论）、垄断价格理论和计划价格理论。

效用价格理论　以边际效用价值为基础的价格理论是现代西方价格理论的一大支柱。其主要论点是：不能无限供给的任何物品都存在稀缺性，物品的稀缺性与其效用相结合是物品价值形成的充分条件；物品的价值是由边际效用决定的；而边际效用又是由需求和供给间的关系决定的；边际效用呈递减规律。

一般均衡价格理论　该理论的建立为现代西方价格理论奠定了宽厚的基础，并为之搭起了基础框架。均衡价格理论分为一般均衡价格理论和局部均衡价格理论。一般均衡价格理论假定市场上的各种商品的价格，其供给和需求都是相互依存、相互作用的，各种商品价格的形成和供求均衡是同时达到的，当市场上一切商品的供求达到均衡时，多种商品的价格才能被决定。

局部均衡价格理论　这种理论是以商品为考察对象，研究在其他条件不变的前提下，一种商品的价格是如何由供给和需求决定的。该理论将价格分为需求价格和供给价格。由于边际效用的递减规律，导致商品需求价格呈递减性；商品价格的变化将导致商品需求量的变化，而商品的供给量则会因价格的上升而增加，随价格的下降而减

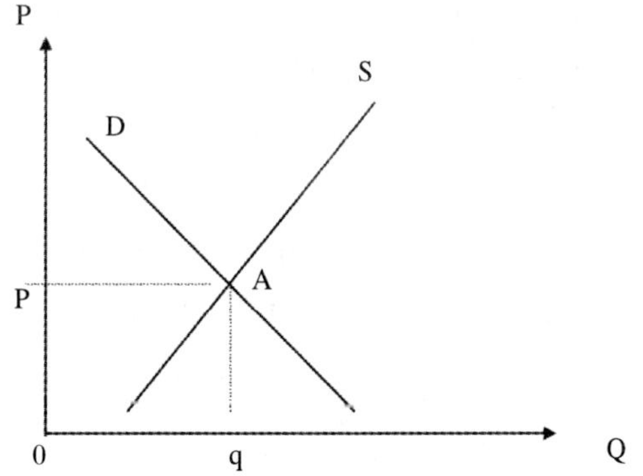

图7－1　局部均衡价格形成

少。商品的均衡价格是由商品的需求方和供给方同时决定的。图7—1表示均衡价格的产生。

图中：D 表示需求规律

S 表示供给规律

A 是需求与供给的平衡点

p 是商品的均衡价格

垄断价格理论　是为适应经济活动中的垄断行为而在理论研究上的突破。该理论的创立以美国的张伯伦和英国的琼·罗宾逊发起的"垄断竞争革命"为标志。垄断价格理论又分为：完全垄断价格理论，寡头垄断价格理论及垄断竞争市场的价格理论。

完全垄断价格理论　研究完全由一家厂商控制某种商品的生产和销售条件下，其商品的价格如何确定的理论。这类商品的厂商对供给与需求的情况十分了解，完全可以根据自己的利润目标来确定产品的价格。如果没有其他的外界干预（如政府行政干预等），垄断厂商总是在追求利润最大化，即边际收入等于边际成本。这在经济学中也称利润最大化原则。

垄断竞争市场的价格理论　研究如何决定既含有垄断因素，又存在着剧烈竞争的商品的价格。

寡头垄断的价格理论　研究如何确定由少数大公司所垄断的商品的价格。由于情况的错综复杂，至今仍未形成完整的理论体系，但却有几种典型的寡头垄断价格的定价模型。如成本加利润价格模型、包鲍尔的寡头垄断价格模型。

计划价格理论　计划价格理论的依据是马克思的劳动价值论。也就是承认"价值是物化在产品中的社会必要劳动"。但是长期以来，计划经济国家往往强调了投入劳动或费用的一面，而对于产品的使用价值，也就是劳动投入必要性一面强调不够。恩格斯对劳动价值论早就做过进一步解释，认为"价值是生产费用对效用的关系"。有的经济学家曾把这个关系计为：价值（价格）= 平均生产费用 + K × 效用，但是对于常系数 K 如何确定，则是个难题。在实践中，人们仍然采用成本 + 利润的办法来确定价格。

应该说，在工业经济领域，最成功的价格理论还是市场一般均衡价格理论。但是它基于以下五个假设前提：

（1）所有的物品和服务都可以进入市场进行交易，不存在公共物品。

（2）不存在必须自然垄断市场的规模经济性。

（3）所有市场都处在完全竞争条件下，众多的买者和卖者可以自由进入与退出市场。

（4）买者和卖者对商品具有同样完整的信息。

（5）在信息透明的条件下，不存在欺诈和不确定性。

在这种纯理论的市场状态情况下，即使没有调节主体和公共机构，价格的杠杆作用也能够实现所有物品和服务的供求平衡，也称为瓦尔拉斯一般均衡。

这时的资源配置已经处于无改善余地的有效状态，也称作帕累托效率下的资源配置。就是说，在“看不见的手”的操纵下，所有经济主体都采取自我利益最大化的行动准则，由价格信号自动实现均衡调节。这种理论在分权制的私有化经济领域的有效性已经成为西方经济理论的基础。因为市场机制不仅能实现帕累托最佳效率的资源配置，而且还能够促进企业技术进步和提高生产效率。在私有制条件下，企业会以自己获利为目标自动降低生产成本，创新生产工艺，研制新产品。

尽管市场经济价格理论支配着整个资本主义经济运转，也取得了相当有效的资源配置效果，但是即使在工业经济阶段也存在市场失灵的几个主要方面。

分配不公　在物品和服务的分配上是依据所有权进行的，即使在完全竞争机制下实现了帕累托效率的资源配置，也很难说就是最优配置。关键是所有权能否保证不被滥用。其次，在物品和服务的消费分配上是否公正，要从社会角度和大众的角度来分析。西方理论家经常拿机会公平来辩解，其实一个百万富翁的儿子和一个穷人的儿子之间从来没有过均等的机会。改变这种分配不公有两条道路，要么利用政策调节，要么改变所有制的形式，使劳动权和所有权统一起来。

经济的不稳定性　市场经济的自发性都伴随着很大的经济波动，有时要发生大量失业和剧烈的通货膨胀。虽然市场经济有自愈能力，但是恢复这些均衡需要时间。事实上大量失业和严重的通货膨胀经常带来社会经济混乱。

公共物品和服务的存在　市场均衡价格理论对于私有产权的物品和劳务的交易是

较为有效的，因为这种物品和劳务在市场上公开买卖就等于转让了排他性的所有权。所谓排他性就是一旦买卖成交也就排除了他人同时占有的可能性。可是在经济生活中，有一类相当重要的物品和服务不具备这种排他性，经常处于多人同时消费的过程中。比如环境、绿地、清洁空气、城市道路、垃圾处理、消防、警察这类难以形成价格的物品和服务，以及公共卫生、体育文化设施、水利、电力、煤气、公共交通和邮政、电信、数据库服务等很难形成市场均衡价格的物品与服务。

存在外部效益和外部成本　实现帕累托效率的条件是消费者个人的边际效益（PMB）和社会边际效益（SMB）完全一致，生产者个人的边际成本（PMC）与社会边际成本（SMC）完全一致，不存在个人之外的效益和成本，按照边际成本和边际效益的交点来制定产量。如下图所示。

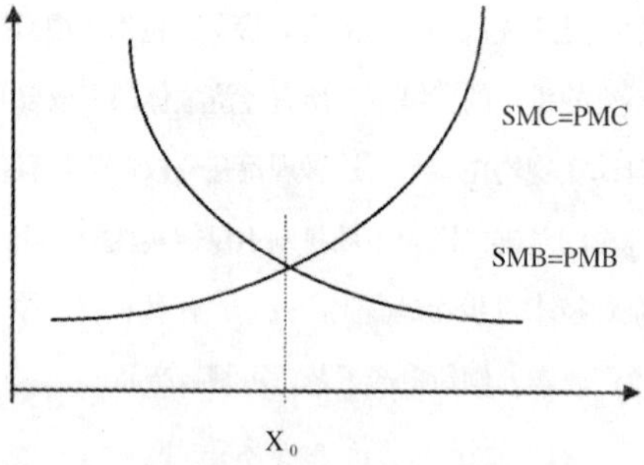

图7－2　边际成本和边际效益

但是有些时候，社会边际成本和个人边际成本会发生不一致的情况。比如因生产性污染造成建筑物腐蚀，水生物减少，农业减产而增加了外部成本。也有时候社会边际效益与个人边际效益发生不一致的情况。比如一项科学研究成果，也许能获得一定数额的专利费，也许就是只能公开发表的一种思想方法，它的外部效益远远大于个人收益。在这两种情况下，只有将个人成本加外部成本才等于社会成本，个人效益加外部效益才等于社会效益。

我们将这种外部效益和外部成本称为外部正效应和外部负效应，它是某个经济主体生产或者消费物品和服务时不以市场为媒介而对其他主体产生的附加影响。这种不以市场为媒介造成的影响恰恰破坏了帕累托资源配置效率的实现。

自然垄断的存在　由于资源稀缺和规模经济的作用，形成了某些行业在同一区域只有一个或者极少生产者的自然垄断现象。比如自来水公司、电力公司、煤气公司和电信公司。由于自然垄断是由规模和范围经济性的存在自然形成的，人为地打破这种垄断就会破坏规模经济性，造成成本增加，使总体效益下降。自然垄断的概念早在1838年就已经形成，现在多数国家仍然承认这种垄断的存在。但是要由政府实行价格管制，或者由政府引入适量的竞争者，才不至于形成严重损害消费者的垄断价格行为。

竞争的不完全性　在现实经济领域，不仅存在众多小企业构成的竞争性产业，也形成了由少数寡头垄断的产业。与各个小企业独立采取生产行为相反，寡头垄断企业采取的是观察对方行动的相互依存、相互制约行为，以及统一定价的非市场价格机制。这就很可能造成寡头垄断的产品价格高于完全竞争的均衡价格，也就破坏了帕累托效率的资源配置。

另一方面，寡头垄断行业存在市场进入和退出的障碍，而且产品的差异性越来越大，也强化了寡头企业对市场价格的控制能力。

信息的不对称性　完全市场机制的一个前提条件是信息是透明的、对称的、无成本的。也就是说，买卖双方必须能够无差别地了解产品和服务的有关信息后才能成交。但是这种信息完备性在现实市场中很少存在。由于信息不对称造成买卖双方在实现价值上的不确定性，这就又一次破坏了帕累托效率。因此，如果不能从某种代替性制度上防止信息不对称的危害，市场价格就难以发挥应有的机能。

信息不对称不仅存在许多技术性强的服务产业之中，也存在于几乎所有的产品市场上。特别是在消费品市场上，大量的消费者并不具备各个企业所提供的关于产品价格、质量、特性、功能等方面的足够信息，因为获得信息是需要成本的。在这种情况下，消费者不可能买到应有的使用价值。

针对市场失灵，西方经济学力图进行改进。例如在道路、桥梁、绿地上向过往行人征收通行费和观赏费。这也叫作按受益者负担原则，收取受益费，以求使外部效益内部化。当出现外部负效益时，可以采取当事人之间直接交涉的解决办法，或者将外部性的生产者和消费者融合成一个企业。

但是比较有效的办法还是要进行制度上的创新。例如像空气和水资源污染发生的外部成本问题，只能依靠有关法律制度的建立，对企业行为进行约束，将外部成本转化为内部成本。

对于自然垄断行业，如电力、煤气、自来水、邮政和基础电信，则采用直接由政府制定价格的制度来解决。

针对寡头垄断问题，可制定反垄断法或者依靠各种社团组织形成约束，从而在新兴产业和产品规格多样化的趋势上实现适度规模的尽量分散化经营。

在信息不对称问题上，随着信息技术的进步和消费者知识、素养的提高，应该说有所好转。但是这个问题不可能在市场内部获得满意的解决，因为信息技术进步也促使诱导性、虚假性广告滋生和企业财务状况的粉饰，产生内部交易和知识产权纠纷。相关信息立法问题已经摆在人们面前。

不管是临时政策也好，长期性法律也好，都不过是对现有制度的修补。真正解决这些问题还有待于根本制度的革命性变革。

公共服务的价格理论

与工业经济学不同，公共服务经济学主要研究的是：提供由全体公民共同享用的产品或服务行业经济活动，如运输、金融、水、电供给等。这些行业不仅是人类生存的必需，也是一切生产活动的基础，而且其生产与消费是密不可分的，生产过程也就是消费过程。由于这些特殊性，工业经济学中的市场均衡价格理论不适用于这一领域。

公共服务经济学认为，公共服务行业的价格不能完全交由市场决定，而是由政府根据一定的法律法规，对价格实行管制。这样可以确保服务的公共性，即每一公民都享有服务的权利；保证共同利用的设备由社会公平负担；可以避免行业内毁灭性竞争和维持产业内部秩序或稳定企业经营。

公共服务领域中的大部分行业均有一定的自然垄断性。过去一直由国家参与这些行业的投资和运营，因而其价格确定也是由国家统一规定。随着经济的发展这些行业也在逐步改变原有的经营方式，引入适度竞争机制，因此，公共服务行业价格的确定和管理也经历了不同的阶段。

第一阶段，国家统一制定和控制公共服务行业的价格。确保公共服务行业既有最大的消费者剩余，又有公正的报酬率。

第二阶段，引入竞争后，国家不参与价格的制定，而采用一定的方法对价格实行上限或下限管制，以确保竞争的公平性和价格趋于成本。

第三阶段，企业间联合，合并和服务多样化趋势使价格制定和管理趋于多元化。这时的价格制定越来越依靠专门研究而趋于理论价格。

在这三个不同的价格管理阶段，形成了不同的利益关系。如图所示。

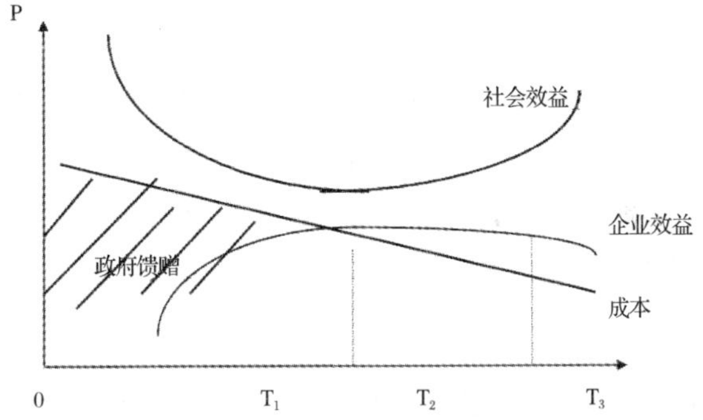

图7－3　不同阶段的利益关系

在第一阶段，长期独家垄断和政府对价格实行控制的情况下，这些行业的价格指数一般都低于全国物价指数3—6个百分点。实际上这类企业经常在亏损状态下运营。此时企业效益很差，社会效益却很高。企业要从政府获得税收回赠或者其他优惠。

第二阶段，随着技术进步，服务的多样性、灵活性给企业带来了赢利，同时也吸引了竞争者的进入。此时的企业效益较好，社会效益有所下降。

第三阶段，由于竞争和联合的交替作用，价格开始回归成本，同时由于服务功能的提高和成本下降，再次带来了丰厚的社会效益。

最初自然垄断的概念形成于150年前。当时某些组织和个人在村子里打了一眼水井，或者在某个区域开发了温泉场地，也许是在某风景区开发了独特的旅游资源。它们归特定的组织或个人占有。人们就把这种由自然条件为决定因素形成的垄断性事件称为自然垄断。后来自然垄断主要指在资源奇缺、规模经济和范围经济显著条件下，由一家企业或极少数企业经营比多家经营这类产品和服务所获得的效率更高的经营现象。

现代自然垄断领域是以供水、供电、供气等公益事业和基础电信网络为主流的。

这时自然垄断的形成增加了技术经济的理由。

首先必须注意到这些产业都是新型的网络服务产业，它们都有一个从公共基础设施到用户终端设备的复杂网络组织，一般都需要很大的固定资产投资。以电信为例，一般电信公司的固定资产是年营业收入的三倍以上。这时的消费者越多、越密，设施的公用性就越强，规模效益也就越高。从理论上讲，它的规模经济效益可以高到全国一网、全球一网的程度。反过来，如果经营者很多，消费者相对稀少，就会产生成本劣加性，使效益急剧下降。在电信领域除了这种规模经济性之外，还有一种特有的规模外部效益，一个电话网络假如只有两个用户，那么全网只有两种选择机会，不是你打电话找我，就是我打电话找你；如果全网有4个用户，就会有16种选择机会。也就是说一个网络内每增加一个用户就增加了 *N*—1个额外的选择机会。网络越大这种增加的机会也就越多，这也形成了网络边际效益递增趋势。

一般工业企业的成本曲线呈U字型，而自然垄断企业的成本曲线呈单调递减型。假定有三家企业提供相同的服务，它们各自的产量为 q_1、q_2、q_3，各自平均成本为 C_1、C_2、C_3。如果按第三个企业的平均成本 C_3 定价，另外两家企业要么倒闭，要么合并到第三个企业之中，形成一家垄断局面。

如果由一家公司提供全部服务时的成本函数为C（q），如果由多家公司的每家公司提供部分服务 q_i 的成本函数为 $C(q_i)$，则有，

$C(q) < C(q_I) + C(q_i)$ 或者

$C(q) < \sum C(q_i)\ i=1, 2, 3,$

这意味着由一家公司提供全部服务时比两家以上公司提供相同服务时的成本低。可见这个成本函数是劣加的。

其次是自然垄断行业的范围经济效益。假如某社区居民同时有电话网络服务和有线电视网络服务两种需求。人们可以有两种经营方法。A企业用同样的公共设施（光纤、管道等）同时提供两种服务，它的成本函数为 $C(Q_1, Q_2)$，B企业用两套不同的设施分别提供这两种服务，成本函数分别为 $C(Q_1, 0)$ 和 $C(0, Q_2)$，则有，

$C(Q_1, Q_2) < C(Q_1, 0) + C(0, Q_2)$ 将这个式子变形

$$\frac{C(Q_1, Q_2) - C(Q_1, 0)}{Q_2} < \frac{C(0, Q_2)}{Q_2}$$

这个式子左边的分子是为了实现电话需求和有线电视需求联合服务增加的网络设备成本，可以称作增量成本。左边的整个分式代表联合供应有线电视的平均增量成本，右边整个分式代表单独供应有线电视的平均成本。整个式子说明联合提供有线电视网络服务的平均增量成本比单独提供有线电视服务的平均成本要低。这就叫作范围经济效益。它也可以用成本劣加性来说明，也就是相加成本之和劣于综合一次性成本。

形成自然垄断产业的第三个理由是固定投资的沉淀性。由于这些产业的形成需要巨大的固定资本，其特点是一次投入，长期使用。从技术性质看，一旦投入光缆管道、设备机房，就很难将这些设施设备转作其他用途，从而形成固定成本的沉淀。这也是一般企业难以进入和退出市场的壁垒条件。

综上所述，形成自然垄断有三个必要条件：规模经济性、范围经济性和投资沉淀性。20世纪80年代后期有人研究认为，规模经济性不是自然垄断的必要条件。因为即使在呈U字型的规模效益情况下，只要需求曲线在成本最低点的左方与成本曲线相交，也会形成成本劣加性。但是需求曲线只要与成本曲线在最低点的右方相交，就会使垄断崩溃。

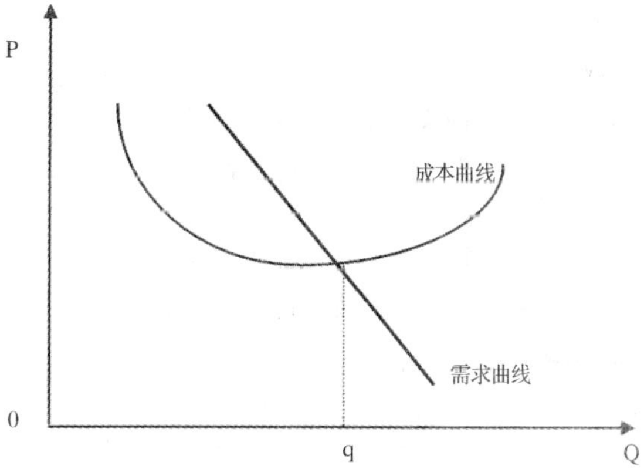

图7－4　U字型成本曲线下的自然垄断条件

造成自然垄断崩溃的条件也有三个。第一是由于产业需求的多样化膨胀，使成本曲线出现U字型，同时又与需求曲线在成本最低点右侧相交。第二是技术进步使投资沉淀性弱化，新企业进入市场的壁垒大大降低。比如移动通信和互联网上的经营者的成功进入与发展。第三是出现了具有密切替代关系的新服务方式。比如在有线电视网络上经营电信业务，在计算机互联网络上开通电话服务。

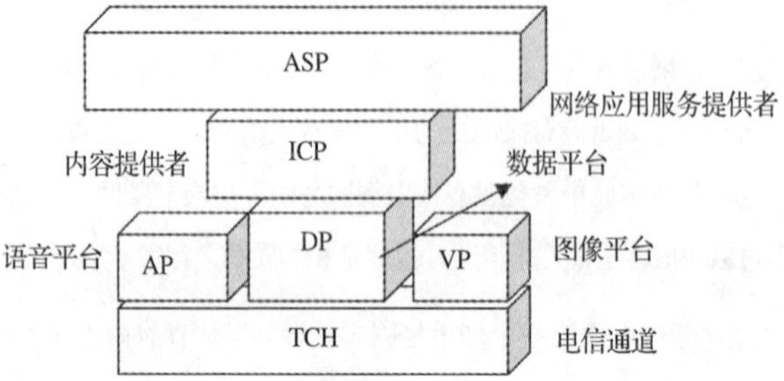

图7－5 信息通信业的分层结构

自80年代以来，有迹象表明，在网络产业这三种因素都在上升。有可能出现根据不同服务种类对应不同垄断强度的分层结构。

物理网络层是垄断强度最大的服务产业，在同一地区一般只有一个经营者时效率最高。基本服务层是垄断强度较大的一类服务产业，同一地区以不超过2—3个经营者为宜。增值服务层是垄断强度较弱的一类服务产业，同一地区可以允许有几十个经营者。信息聚合服务层是垄断强度最弱的一类服务产业，经营者数量可灵活掌握，一般不加限制，但是要实行其他方面的管制。

在自然垄断行业，如果允许垄断性公司自由确定价格，那会造成什么结果呢？很可能以大大高出成本的价格，抑制社会需求。因此就需要由政府进行价格管制。需要管制的理由除了价格因素之外，还有以下几个重要方面：

服务的基础性 自然垄断行业既是生活必需的一部分，又是各生产企业、社会机构赖以运作的一个重要条件。从为产业服务和最终消费的意义上看，它们是具有总需求的基础性消费。因此人们需要这类服务具有稳定性、可信赖性、规则性和质量保证。用户不能接受基础部门的差别性服务质量。

防止毁灭性竞争 网络服务产业的固定成本在总成本中占很大比重，如果这个产业存在太多的企业，它们为了各自利益有可能导致竞争激化，使部分网络因竞争失利而关闭、倒闭，使基础服务得不到满足造成拥塞和社会混乱。

避免重复性投资 如果在一个社区有两个电话公司各自形成自己的网络，而又不愿意互相连接，一个电话用户只能参加一个网络，这就不可能分享网络应有的外部效益，还会造成巨额投资的重复建设和浪费。

确保技术的统一性 在网络服务产业中，无论是处于最底层的物理网络经营者还是处于最上层的众多的信息聚合经营者，都必须服从统一的设备技术标准和入网接口标准。无论是繁华的大都市还是贫困山区，只要进网就必须使用同样标准的技术设备。不论你是坐奔驰车的百万富翁还是骑自行车上班的小市民，必须手持同样的大哥大，才能相互通话。

在电信行业独家垄断阶段，政府的管制是单一的和简便的。形成一个具有不同垄断强度的多层结构以后，政府的管制也趋于复杂和多样化。需要市场准入的管制，网络互联的管制，价格的管制，频率、号码和卫星轨道资源的管制，信息安全的管制，重大项目投资的管制等等。但是最关键的还是价格管制。

前面已经说过，自然垄断企业不可能自由定价，不论在独家垄断还是在寡头垄断的条件下，应该由政府部门制定参考标准，根据不同的服务层面，实行不同程度的管制。那么，这个价格参考标准又是怎样制定的呢？它越来越需要建立在价格理论研究的基础上。

不论是马克思主义的交换价值理论还是现代信息服务的价格理论，都倾向以成本为基础的价格原则，有三种成本可作为价格参考。

第一，以平均成本为基础确定价格。这是一种以收支平衡为条件的价格确定方式。其价格水平对成本递减的企业而言将获得越来越高的利润。信息企业属于成本递减性企业，若依据这种成本定价则因价位偏高而影响市场的扩展。

第二，以边际成本为基础确定价格。这种价格的确定方式有利于刺激服务市场的发育，但有可能因价位过低而造成成本递减企业长期亏损。

第三，是以长期增量成本为基础确定价格。这种方法确定的价位介于前两种方法之间，是信息服务业应该选择的价格确定依据。所谓长期增量成本就是一个适当计算期内的每单位服务能力所平均增加的成本。按这种成本定价，有可能实现信息服务的供给和需求的新的平衡关系。

总而言之，公共服务的价格理论必须修正传统的利润最大化的厂商理论，并逐渐发展成一类重要的非营利企业的行为理论。这种非营利理论的理想价格水平是价格等于长期增量成本，但是这里的成本应该包括社会成本和资金机会成本。在收费方式上也应该逐渐从占用带宽和比特量中解脱出来向网员包月制的方向过渡。因为一个网络，一个数据库不管有没有用户使用，每月支付的成本是个常数，用户进网以后，用的频次越多（只要不造成拥塞），就越经济。

公共服务的收费政策

福利经济学一般把社会总效益作为追求目标，并认为它是消费者剩余和生产者剩余的总和。如图7—6所示。

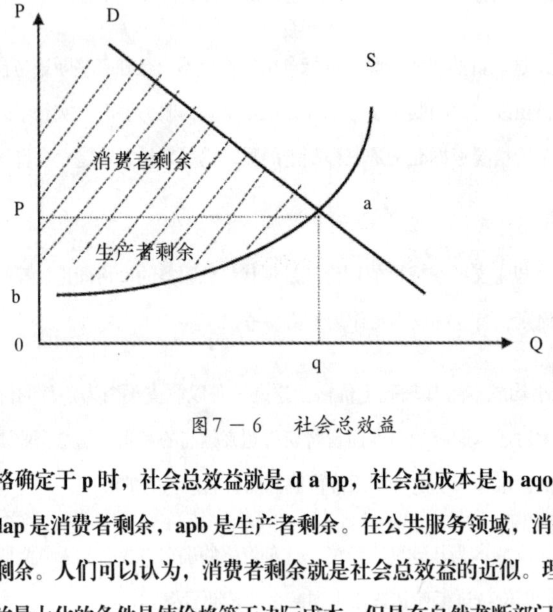

图7－6　社会总效益

当价格确定于p时，社会总效益就是d a bp，社会总成本是b aqo。在社会总效益里面，dap是消费者剩余，apb是生产者剩余。在公共服务领域，消费者剩余远大于生产者剩余。人们可以认为，消费者剩余就是社会总效益的近似。理论已经证明，社会总效益最大化的条件是使价格等于边际成本。但是在自然垄断部门，由于规模经济和成本的劣加性作用，单位成本随着产量的增加而骤减。如果采用边际成本收费，企业就会亏损。

图7—7中D是需求曲线，MC是边际成本曲线，交点M应该是保证社会效益最大化的收费。这时如果每单位服务量的收入低于平均成本，那么每服务一次就会亏损一个MN。如果政府管理部门坚持自然垄断企业按边际成本收费，那就要由财政支付或贴补亏损部分P_2NMP_1。在现代产业的实践中，各国政府不倾向财政贴补，因为这些企业固定成本很高，可变成本较低，需要的贴补额往往很大。而且一旦由财政长期

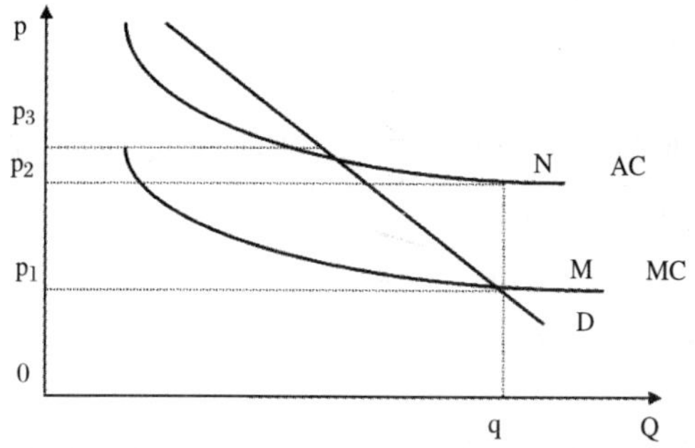

图7－7 按边际成本收费模型

贴补，企业就会养成片面增大固定成本的追求一种虚假效率的习惯，还有可能滋生政治分肥、贪污渎职行为。所以这类企业采用最多的还是按平均成本收费。由于平均成本中含有正当利润，所以不会出现企业经营不下去的情况。倒是随着信息技术进步和网络成本递减，按平均成本收费有造成企业利润过高的倾向。另外，随着社会信息量的激增，信息价值的不确定性因素也在增大。用户不愿意支付越来越多的信息服务费获取对他也许是没有价值的信息。近来理论界又提出了按长期增量成本收费的政策。所谓长期增量成本也就是短期平均成本，或者是最近一次发生大规模投资后的平均成本。

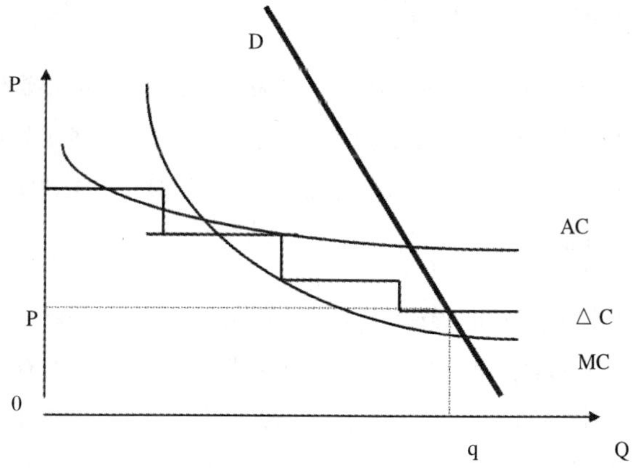

图7－8 长期增量成本收费模型

我们曾经说过，平均成本中包含正常利润，那么在长期增量成本中也应该包括正常利润。所谓正常利润，就是假设整个同类产业都实现完全竞争状态下实现的利润，它是公正报酬率的一个要素。公正报酬率也叫资本的机会成本，就是投资的合理的长期利润率和利息率。

要确定公正报酬率首先要把总资本分成自有资本和负债资本，公正报酬由自有资本的利润和负债资本的利息构成：

$$R=\frac{S}{K}P+\frac{L}{K}i$$

R 为公正报酬率

S/K 为自有资本占总资本的比重

L/K 为负债资本占总资本的比重

p 为自有资本利润率

I 为负债资本利息率

对公正报酬率的确定原则，一般国家都控制在低于总体物价水平的前提下。为了与一般企业大体平衡，公正报酬率的确定有两个原则，一是在发展政策和基础建设上自然垄断行业仍然享有一定优惠，二是靠网络技术进步去消化。具体确定公正报酬率的方法，一是规定企业要有合适的自有资本和负债资本比重；二是确定该产业在完全竞争下的平均利润率；三是按长期贷款利息率确定负债资本的利息率。比如可参考国债的利率和投资银行5年的贷款利率。

一般国家在控制公正报酬率的实际操作中，为了鼓励企业提高内部效率，都允许企业的实际报酬略高于计算的公正报酬率，而远低于垄断报酬率。原则上讲，实际报酬率超过计算的公正报酬率的部分取决于企业面临的风险情况。如果超过太多，管理当局就要求降低资费。

1962年，阿巴契和约翰逊通过理论分析提出，受公正报酬率限制的企业总是要在偏重资本的情况下运营而不是在成本最低点上运营。因为利润等于自有资本乘以正常利润率，只有多投入资本，少投入劳动，才能使企业获得丰厚的利润。70年代以后，又有人对这一理论提出过质疑。但是，不管怎样，管理当局谋求激励公共企业保持较高的社会效益（包括创造充分就业机会）的努力从来没有停止过。

弄清公共服务的消费者结构和负荷的时间结构，采用相应的不同价格组合被认为是必要的。但是也有人认为是犯了价格差别的大忌。所谓价格差别是指同一类具有相同平均差别的商品，在同一时期针对不同的买主以不同价格出售的行为。如一家商店出售同一种服装，精明的店主可以估计出每位顾客的支付愿意，而采用价格差别就有可能把全部消费者剩余变为销售者剩余。显然这是市场环境所不能允许的。

但是在公共服务领域，针对不同的消费者群（比如企业和家庭）采用不同价格，主要有两个理由。一是考虑到服务的普遍性，对一般居民采用比平均价格略低的收费，同时对企业用户采用略高于平均价格的收费。由于企业用户消费公共服务的使用价值明显高于家庭，一般是容易接受的。第二个理由是因为公共服务的价格水平低于一般商品，企业用户与一般家庭用户按服务量分摊的固定成本和流动成本也是有所区别的，因此也可以采用不同的价格而不被认为是价格差别。至于不同负荷时间采用不同价格，完全是由于在高负荷时间段内资产的磨损明显高于低负荷时间段的磨损成本。但是随着技术的进步和人们收入水平的提高，这种不同价格收费的必要性正在减少。比如只要网络设备负荷能力足够大，就不会在正常的高负荷情况下造成额外磨损。同时随着在家上班人数的增加，那种企业用户服务量大、家庭用户服务量小的传统看法已经过时。无差别价格的收费将是发展方向。

另外随着新技术的普及与进步，网络服务的成本结构也发生了很大变化。以信息网络为例，随着光导纤维、卫星通信和计算机技术的发展，光纤成本与单位时间内的服务量无关，卫星成本与通信距离无关，计算机成本与服务的多样性、灵活性几乎无关。传统的按带宽、距离和服务种类多少的收费概念正在向按照服务时间的单一收费概念转变。尤其是在信息服务日益多样化的趋势下，再用传统方法收费，将会大大提高计费、收费成本，这是与公共服务业的根本宗旨相背离的。

网络服务的价格原则

价格是经济活动的核心，信息网络服务也不例外，采用什么样的定价原则、什么样的定价策略及如何确定价格，这都是关系到信息网络服务是否能健康、顺利发展的关键。网络在线信息服务是以通信网为依托而开展的增值服务，与通信服务相比既有许多相似之处，又有很大的不同。相同之处在于：业务的发展以网络为依托，呈规模经济性；不同之处在于：信息服务不具垄断性，业务的起步和发展均处于竞争环境下。因此，信息服务所提供的产品——信息的时效性很强，却可以多人共享。因此，目前比较成熟的价格理论不完全适用于信息服务。

信息服务业正在逐步发展，如何确定其价格，已引起了各国经济学家的关注，各国经济学家纷纷投入力量进行信息服务价格理论方面的研究，但到目前为止，尚未形成完整的信息服务价格理论体系。

对于信息服务的价格，目前存在着两种观念。其一，由于信息的使用价值带有极大的不确定性，同一信息可能给某用户带来巨大的效益，也可能对某用户没有任何价值。人们不愿支付高额费用购买对他来讲价值尚不确定的信息。为了使信息加快流通，信息服务价格和利润不可过高。第二种观念认为，信息可以供多人同时共享和检索，信息成本与检索频次无关，随着检索频次增大，边际成本可趋于零。在未来的生产和生活中，信息越来越重要，因此，信息服务将是一种高附加值、高利润的行业。那么，信息服务业究竟是公益行业还是高利润行业，现在尚未定论。我们认为它既不能完全划归于公益性行业，也不可完全纳入高额利润行业。依据信息类别的不同，可将信息服务行业划分为带有公益性或不带有公益性。根据其性质的不同采用不同的定价理论和定价政策，但在总体上我们主张采用鼓励普遍服务，扩大市场占有率的微利价格政策和在初创阶段适当延迟盈亏平衡点，以吸引用户使用的营销策略。

我国网络信息服务市场的竞争还是比较激烈的，如何确定信息服务价格，引导信息服务产业的发展，仍有许多工作要做。

参考上述价格理论，结合我国网络信息服务的实际情况，笔者提出制定我国网络信息服务价格体系的十项原则：

1、有利于网络信息业务市场的发展。

2、以长期增量成本为基础的价格原则，避免信息服务各业务之间长期交叉补贴带来的价格不真实性。

3、价格应尽量对用户透明，便于操作，让用户心悦诚服。

4、应充分考虑信息价值的不确定性特点，在保证企业收支平衡（整个回收期内）的前提下，实现最大的消费者剩余，体现普遍服务原则。

5、充分考虑信息的可共享性，价格应尽量激励用户使用，使边际成本降至最低。

6、应有利于吸引社会信息资源，发挥信息资源部门和信息网络部门的组合优势。

7、价格体系应该根据不同信息栏目对消费者效用的不同在成本基础上实行等级差别价格体系。

8、应有利于价格调整，包括由主管部门根据外部条件变化（如通货膨胀率、人均收入）的调整和企业在一定范围内调整。

9、采用灵活多样的收费方式，供用户选择，如对大集团用户可实行集中付费，年度付费和包月制，对家庭用户可采用不同时间不同费率、固定栏目一次性收费、封顶制收费等。

10、允许经营者用推迟盈亏平衡点的策略发展新型信息服务业务（国外有的企业可推迟到五年以后）。

限制居民用电有三大危害
——建议用后现代思路解决能源问题

居民阶梯电价即将出炉，“专家”要精算、电表要精计，居民要计较，似乎已经顺理成章。但是大家有没有深远地考虑一下，这种挖空心思让老百姓多交钱、少用电的最终结果是什么，它至少有三大社会危害：

1、限制居民用电，有悖于国家“刺激消费，扩大内需”的总战略、总政策。我国要在2050年达到中等发达国家水平，最重要的要靠提升城乡居民的消费水平。但是你一味限制用电，居民除了吃饭、穿衣，就是买车、买房，还有什么消费空间可以提升？

2、限制居民用电，就会产生逆向技术替代。国际统计表明，我国居民消费与国外的差距早已不是吃饭、穿衣，也不是钢铁、水泥、黄金、钻石，都不是，恰恰是能流、物流、信息流这三大基础服务设施。如果因为这些基础设施能力不足就制定限制消费政策，无异于因噎废食，会产生更糟糕的逆向技术替代效应。

3、限制居民用电，也就限制了电力生产的积极性和创造性，使中国成为一个永远缺电的国家。计划经济是生产推动消费，市场经济是消费拉动生产，你限制了消费，也就用不着扩大生产和技术创新。我国有些城市20年前就搞过居民消费阶梯电价，结果都失败了。

建议有关部门要用更前瞻的视角思考问题，那就是，开源比节流重要；创新比守成重要；长期比短期重要。

如果人类社会也存在一个“能量守恒定律”的话，我们应该鼓励居民多用电，少用煤、柴、油、气。因为在目前所有居民可用的能量中，只有电是最清洁、最安全、最方便的能量，在可预见的未来肯定用电是方向。许多欧洲城市在20年前就开始挖掉煤气管道，改用电力做饭。我和几位学者早就建议中国城市不要再走西方城市的弯路，鼓励居民直接用电做饭，但是有人用一个最“充分”的理由反驳说中国人要炒菜，电锅不行！我就不信，电比其他能量都听话，只要有一点创新精神，同样的能量消耗，怎么会不能炒菜?

三十年前，我国就酝酿发展核电，但是由于种种原因，错过了许多机会。可喜的是，十二五期间可能会把发展核电放在最重要位置，甚至对核聚变也要加快研究，力争有所突破。这很可能成为人类能源问题的终极解决方案。这就更没有理由限制居民用电！如果说我国核电目前还是远水不解近渴，那么宁可继续严格限制落后工业用电，也不应该限制居民消费用电。

三十年前，我国能源紧张、交通拥挤、通信不畅，成为国民经济发展的三大“瓶颈”。今天，能源更紧张，交通更拥挤，只有通信“瓶颈”问题彻底解除。有人说是因为通信问题简单，本人不敢苟同。如果不是改革开放和引入竞争，按照当初的规划，我国还要大量使用铜缆传输，还要保有大量机械电话交换设备，移动电话不可能超过固定电话，计算机上网很可能只停留在机关单位使用。

由于社会浮躁和其他一些原因，电信行业的社会形象很差，但是你只要严肃地、理性地思索一下，就会发现中国电信业在所有公共基础设施领域（包括卫生、教育、政务）的改革与发展中都是最成功的行业。如果说20年前我国电信业曾经向铁路学习过大包干政策，后又向电力也学习过监管经验，那么我国电力、石油、交通行业怎么就不能借鉴一下电信业成功的改革与发展经验？而最重要的一条经验就是：“在市场条件下，没有哪个饭店的老板限制顾客的饭量”！

信息通信都应该实行单向收费

1996年，在中国通信学会的一次讨论会上，少数专家首先提出移动电话收费方式是否应该由双向收费改为单向收费，当时多数与会者认为美国等主要发达国家也是双向收费，而且移动电话在接听状态下确实比固定电话占用更多网络成本。所以根本就没有形成任何方案，更没有拿到政府层面去讨论。

1998年，两主管部委首次召开电信资费听证会，主要目的是调整长途与本地电信的资费结构。代表们意见分散。最终方案是长途资费大幅下降，本地资费有所上升（取消“交叉补贴”），但固定电话计费方式出现“长话短说”的极不合理现象。

2000年，我国移动通信有了飞速发展，国际上也出现移动资费“双改单”的潮流。电信主管部门经认真研究提出了我国移动资费“双改单”同时降低费率的方案，以促进我国移动通信产业更快发展。可是当时香港刚刚回归不到三年，这一消息引起中国移动在香港上市的股票波动。于是这个方案成为涉及香港社会稳定的政治问题，只好流产。

2002年以后，为了使移动通信资费平稳下降和单向过渡，主管部门开始鼓励电信企业采用变通方式，实现降低资费和变相单向收费。同时明确将定价权力下放，由市场调节，政府只管价格上限。由于企业利用信息不对称趋利的传统本性，眼下各种移动资费套餐多如牛毛，消费者疑为资费陷阱。在社会强烈的呼吁下，主管部门最近才明确提出电信资费应简单透明的要求。

也有的专家从“接听电话同样占用资源”和网间“资费独立、互不结算”理论出发，认为“双向收费，天然合理”。从经营者角度或者纯技术观点看，移动通信在许多国家相当长时间采用双向收费有一定合理性。因为移动用户不论在待机或者被叫状态都比固定电信占有更多的公共资源和成本。但是随着技术进步和社会发展，单向收费更加尊重消费者的选择权，“谁主张谁付费”是市场经济的基础伦理，是人性化服务的必然趋势。所以无论政府还是经营者都应该尊重消费者的主权，适时将我国移动通信收费方式从双向改为单向。

这样做有三大好处。一是消费者得到解放。因为我国许多手机用户都是普通百姓，他们难以接受为他们不想接的电话、打错的电话付费。经常陷入不敢开机或者来电话不敢接听，但又怕耽误重要事务的尴尬之中。

二是提高了来话接通率。由于平时开机的增多，拒绝接听的减少，接通率自然会有所提高。也许企业收入增长并不明显，但是整体网络效用或者社会效益会有明显提升。生产的根本目的不就是为了增加使用价值吗？

三是与人们的其他消费习惯一致起来，能够更好地培育通信市场。无论在商品市场还是其他服务市场包括手机短信、互联网上网服务，都是谁要求谁付费。如果你的信箱里总有人给你发一些乌七八糟的东西，还要找你付费要钱，估计谁都不会心甘情愿，尽管被动服务者有时候不用付费就可能获得好处。收费方式的一致性将促进电信资费朝简单、透明、理性方向发展。

单向收费也可能会带来一些不利影响。一是增加了网间结算的难度。二是变更收费方式总会增加一些成本。但是总体看来，移动资费由双向改为单向利大弊小，符合未来发展方向。

资费套餐究竟套住了谁？

电信资费套餐在一定程度上满足了低端用户不同消费群体的需求。但是令人始料未及的是我们的企业在全国很快搞了上千种资费套餐。这实际上是在制造信息不对称，或者是有意设置消费陷阱，让消费者难以做出正确的判断。那么，我国电信资费套餐究竟是越多越好，还是越少越好？有人认为应该放任经营者、消费者、监管者之间进行利益的自由博弈。其实经济是有客观规律的，市场行为也应该讲正义的。我们必须走出奇技淫巧、博弈万能的理论误区，尽快用理性市场经济代替盲目市场经济。

1、套餐涉嫌“价格歧视”

主张套餐越多越好的依据是用户市场细分理论，这种理论认为不同人群有不同的消费心理和消费习惯，经营者就是要利用人们这种心理习惯，实现自身利益最大化，同时也满足了（被经营者忽悠了的）消费者的心理需求。

在市场经济的初级阶段，最成功的经营者就是猜透每个消费者内心的支付意愿，然后采取不同的定价策略。结果肯定是经营者利益最大化，把所有“消费者剩余”据为已有。后来经济学定义这种行为是价格歧视，属于成熟市场经济公平交易准则的大忌，因为它破坏了“等价交换”的市场经济准则。

2、套餐增大了经济交易成本

纵观我国社会，近20年来，老百姓一方面摆脱了长期短缺经济、买东西要排队的困扰；另一方面，又饱尝了假冒伪劣、坑蒙拐骗、谁都不敢相信谁的苦恼。

本来，通信网络的普及为全社会提供了信息透明的条件，但是人们却更倾向于利用网络制造信息不对称，从中赚取不义之财。套餐设置过多，除了让消费者难以选择之外还有一个更大的弊端，就是使消费者怀疑经营者的诚信，因而不敢放心消费而扭曲需求。

有位网友在我的一篇关于“网络经济学”的文章后面跟帖说，“其实网络经济学的实质就是利用网络制造信息不对称，从中发财”。目前我国电子商务发展缓慢，就与信息不对称因素陡增有很大关系。尽管理论前沿研究已经证明，在信息时代，诚信经营将比利用奇技淫巧赚取不义之财更有利于企业长远发展，但是，在我国社会浮躁的年代，如何才能形成让人们关注企业和社会长远发展的机制呢？最终还是要靠网络的透明效应去压倒信息不对称的负面影响。

3、套餐会套牢整个电信业

现在的老百姓活得已经很累，既要懂食品科学，又要懂药品科学，还要懂家用电器、住房装修。然而去一趟商店，又被“天天降价大甩卖，到处是打折销售”搞得头昏脑胀。有个别消费者心理上觉得买到了便宜货，实际上不用证明，肯定是消费者吃亏。

如果说实物商品交易必须经过这样一个阶段，那么网络时代的整个经济交易，则必须跨越这个阶段，否则电子商务永远无法实现。

信息通信的一个历史使命就是要减少信息不对称，降低社会交易成本。最根本的道理是信息通信不是钢铁、水泥、水利、电力，它不是稀有资源，而且它的成本呈单调递减曲线。用量越多，成本越低，社会价值越大。根本没有必要引导人们像购买其他商品那样精于算计、斤斤计较、分秒必争。否则到处是陷阱，人们哪敢消费，只能“用脚投票”！结果，行业得不到正常发展，国家失去信息化带动工业化的重大机会。

我国电信资费症结何在？

最近以来，社会对我国电话月租费该不该取消闹得沸沸扬扬。但究其实质，是消费者对移动电话资费长期偏高，双向收费改单向的政策搁浅，以及资费陷阱多、不透明的意见得不到解决的又一次反弹。

当前，我国经济体制改革正处在一个关键阶段，各综合部门对电信业的期望值也出现很大分歧。有的部门要求电信行业为国家多创利税，有的部门要求电信行业高速增长，尽快提升国际竞争能力；广大消费者则要求降低资费，提高服务质量。这使得电信企业的老总们面对重重压力无所适从。但在诸多矛盾中，总有主要矛盾和矛盾的主要方面，在多方利益的博弈中，总有公平正义和客观规律主导，下面拟从网络新经济规律的角度谈一谈对当前电信资费问题的认识。

一、 移动电话资费该降没降，种下祸根

我国现行移动电话的标准资费是1995年制定的，即月租费50元加每分钟双向收费各0.4元。但是1995年我国移动电话网络规模几百万户，截至2005年6月已经发展到3.6亿户。按照网络新经济规律，移动通信的单位成本随着技术进步和网络规模已经大大降低，然而标准资费仍然停留在10年前的水平上。由于各方利益掣肘，主管部门不得不运用智慧，默许小灵通这类中间技术的扩张以及各地移动电话资费变相降价，同时还引发出诸如“游子归家”等许多不规范竞争行为。对此唯一的解决途径就是要引导电信企业在统一政策框架下，根据成本变化适时降低资费标准，并且使收费方式变得简单透明，也就是把电信技术进步的好处尽快还给消费者。

二、双向收费，不利发展

国际上多数国家的移动电话采用单向收费，只剩下包括美国在内的极少数国家仍采用双向收费。近年来，出于竞争需要美国一些移动通信公司也开始采用19美元包月制的收费方式。

我国在移动电话收费方式上始终存在两种不同的意见。有人提出“双向收费，天然合理”的口号，理由是接听电话也占用网络资源。还有人从企业之间结算方便的角度提出所有电信业务包括短信和固定电话最好都要实行双向收费！

其实他们一个是犯了技术本位的错误，另一个是犯了经营者本位的错误。从网络经济规律和社会利益最大化的角度看，双向收费无疑抑制了消费者的通话行为。而且缺少人性，强迫消费者买单。结果使消费者不敢放心消费。进一步讲，未来的通信项目越来越多，电信用户肯定不情愿为乱发信息、滥发广告者买单。就是主张“双向收费，天然合理”的那位专家，我亲眼见到他在国外接听打错电话时大光其火的一幕。所以说从消费者主权高度看，“谁主张，谁买单”才是人性化消费方式。同时也会提高电话接通率和有效性，消费者放心消费了，产业才能获得更健康的发展。

三、以秒计次，毫无意义

上百年来，电信经济理论是在运输经济学基础上衍生的。比如仿照运输经济中的吨公里数，电话也按分钟公里数线性收费，距离越长，占用线路时间越多，交费也就越多。而工业时代的运输经济学原理对现代电信早已不适用了，信息网络成本中的距离因素已经死亡，打电话的分钟数或者传输信息量的成本因素也正在死亡。未来网络成本只与为用户提供的功能有关，与使用不使用、使用多少没有关系。

现在人们一直认为以分钟计费使消费者吃了大亏，因为打电话不足一分钟的也按一分钟交钱，应该以秒计次才合理。其实，消费者吃不吃亏不在于计费方式而在于费率。如果只把计费单元改成秒甚至毫秒，而费率不变，我想除了大大增加计费成本之外，消费者还是没有得到由于技术进步早已大大降低了网络成本的好处。有人总喜欢用利益博弈概念来解释电信经营活动，似乎是消费者吃亏，经营者肯定受益，反过来，经营者吃亏才能使消费者受益。其实网络经济规律不适用零和博弈概念，而更适用合作共赢规则。消费者利益受损，最终吃亏的还是经营者，经营者计费功能增强、成本增加，最终还是要消费者买单。最重要的一条是，网络服务不是石油、煤炭和电力，你用得越多，价格就应该越贵。而打电话时间越长，耗费的是打电话人的口舌，与经营者的成本无关。无论政府还是企业，都应该引导电信用户大胆放心消费，而不是力行节约，分秒必省。

四、月租费不是取消，而要改进

多数消费者支持取消电话月租费是希望降低资费，并未想到只改变收费方式；而电信运营企业不同意取消的理由也多出于稳定收入和利润最大化的考虑。许多业内专家不同意取消的理由是按照传统电信经济学的理论，认为电话月租费补偿的是用户独占的线路成本，计次收费补偿的是打电话才发生的网络公共成本。

其实，这两种解释都非常牵强。首先，电信的社会利益远大于它的企业利益，电信企业应该在合理利润前提下追求价值最大化，而不是利润最大化。其二，用户独占线路设备属于网络建设造价的一部分，在财务上，一直是作为固定资产折旧统一回收，与收费方式没有必然关系。

还有人提出移动电话可以取消月租费、固定电话不能取消的主张。理由是移动电话没有独占用户线路。其实随着通信传输技术的进步，无论是固定电话还是移动电话，成本差别越来越小；同样，无论是固定电话还是移动电话，即使不打电话，都要长期占用码号资源和公共网络的机会成本，按照成本原则，即使移动电话没有独占线路，也形不成取消月租费的充分理由。

月租费不能取消的真正理由是，电信网络的新经济特征日益凸显，与使用量无关的成本占有越来越高的比重，而与用量有关的成本所占比重越来越小。比如在人工或者机电式交换网阶段，打电话越多，需要接线员越多；劳动强度也就越大；机械磨损也越严重。而现代电信网络早已进入光纤和大规模集成电路阶段，一部电话开通以后，无论打与不打，整个网络运营成本不变，与用户使用量几乎没有任何关系。这就是网络新兴生产力的一个重要标志，而生产关系必须适应生产力的发展，所以未来的方向不是取消月租费，而是要淡化从量收费，逐步向“功能包月制”过渡。目前阶段，考虑到不同收入人群的消费心理，应该分别制定“折线包月制”这样简单透明的方案。目的是让人们越来越敢于消费、放心消费，这才有利于解放我国的信息生产力，尽快走上新型工业化道路。

（本节原载于《经济日报》2005年7月14日）

信息通信价格体系的重建

许多人认为互联网服务属于高级信息通信，应该按照一般商品规律，在市场竞争中由供需关系决定价格。于是有人提倡按信息流量收费；有人提倡按信息重要程度和优先级收费。也就是你出价越高，为你提供的服务就越好，反之就很难保证了。

其实，按照网络新经济理论分析，传统电话还具有一定的工业经济特征（比如宝塔结构、分级管理），而互联网服务则完全具备新经济特征。就是生产和消费的无边界互动、固定成本很大，从量成本很小。用户越多，用量越大，成本就越低。

如果说最初的“大哥大”手机市场靠少数有钱人启动，最后发展成为大众市场，那么互联网一开始就应该是大众化的市场，这是网络新经济规律使然。有人可能还是不信，认为经济规律只有一个，那就是“优质高价、低质低价”。那么看看我国早期互联网企业的兴衰就足以证明，坚持“高技术高资费”者夭折，遵循“高服务、低资费”者获得了成功。

我国的“触网”企业，不论是处于垄断地位还是新进入的竞争者，都应该牢牢把握网络新经济规律，不要按照高档奢侈品的经济规则，再次误入成本高—价格高—用户少—企业亏损的恶性循环。

商品或者价格由成本、效用、供需关系三个要素构成，一般认为成本是最基本的要素。工业社会靠钢铁、水泥和石油来支撑，需求量越大，成本就越高，从而形成企业边界和工业社会的优质优价的价格体系。

信息经济的基础资源是集成电路和光导纤维，它们的材料来源都是沙子，而且需求量越大，成本就越低；同时消费者越多，使用价值反而越高。无论从竞争角度还是从社会压力角度看，信息经济都会带来传统价格体系的崩塌。工业社会的“优质优价”规则必然让位给信息社会的“高而不贵”新规则，这是人类加速进入信息社会的原动力。

我国15年前的大哥大手机3万元一台，现在的数字手机1,000元左右，比大哥大的功能强大许多倍。10年前我国一台“中华学习机”要几千元，现在一台几千元家用电脑不知比中华学习机功能强多少倍。20年前，一根六芯光缆每公里造价2万元，现在功能更强的同样光缆每公里造价不到2,000元！

问题在于工业理论教会人们唯利是图，企业家们并不甘心将科技进步的好处还给广大消费者，而是顽固地采用工业产品的“利润最大化”经营模式，极尽“牛奶撇油”之能事。在这个问题上，比尔·盖茨和美国政府就带了一个坏头。比尔·盖茨之所以成为世界首富，秘诀就是把信息（软件）服务按照工业产品的价格模式出售。在美国知识产权政策的强力支持下，全世界的聪明人都想当比尔·盖茨，先赚足钱，然后再根据自己的喜好去回馈社会、救助穷人。这种理论对人类社会而言，完全是一大骗局。

诺贝尔经济学奖大师舒尔茨认为，贫穷不是因为土地资源和产业落后，而是因为教育落后、信息闭塞形成劳动力素质低下。网络经济具有天然的外部性和普惠性。实践已经证明，信息通信在贫困落后地区比富人聚集地区具有更高的社会效益，我国部分省区的农民上网得到的实惠远远高于城市。问题是按照传统定价理论，价格与价值严重背离，大众信息通信需求可能被扼杀，整个社会经济面临停滞的危险。人类社会必须来一场网络经济理论革命，才能真正解放现代生产力。

中国的信息通信网络已经成为规模最大、装备水平一流的世界第一大网络。现在已经没有必要奉国外经验为神明，倒是应该认真分析美国及许多西方国家电信改革的教训，总结我国改革与发展的经验，率先使我们的生产关系与先进的信息生产力相适应起来。

一种“动态折线包月制”收费模式有可能具有将目前众多资费套餐归一化的功能。举例说明，某用户某月只打了10分钟电话，每分钟费率0.5元，全月付5元话费，主要是照顾最弱势群体；如果你主叫超过10分钟以上，超过部分的费率自动降为0.4元；超过100分钟则超过部分的费率自动降到0.3元；超过200分钟，则超过部分的费率自动降到0.2元；超过300分钟，则超过部分的费率自动降到0.1元，直至封顶，最终实现不限时包月。

这种收费方式既符合网络成本曲线，又照顾到弱势群体的特别需求；既鼓励大众放心大胆消费，又可以提升和拓展通信市场发展空间。目的是尽快缩小人群之间的信息差距，利用网络的天然大众经济特征，加快我国公平、和谐信息社会的建设步伐。

建议采用“动态折线式”统一资费方案

近百年以来，世界上大多数国家的通信都是按“月租费+占用网络时长”的复式计费体系进行收费。近20年，随着集成电路和光纤技术进步，这种收费模式已经不适应多样化数据业务的发展。一个现代通信网络，按一定规范（需要与时俱进）建成后，其综合成本与通信距离以及占用网络的时间长度几乎都没有关系。换句话说，电话开通以后，用户打不打电话对电话公司而言成本基本不变。在这种情况下再使用传统的按月租费加占用网络时长的复式计费体系，已经明显影响网络的综合效率。

近期国内外一些通信公司推出的各种名目繁多的限时包月计费体系和比特流量套餐计费体系，结果加大了信息不对称，使消费者无所适从。

1、各类限时包月计费体系被消费者疑为资费陷阱，经常被锁定每月扣钱而难以退出，使人不敢放心消费。

2、按照比特流量的套餐计费体系既不科学，又不符合人性化要求，因为人们不可能用市场条件估计比特流量或者特定字节的价值和占用的网络成本，它们都是非线性的和不确定的。

3、而无论是目前的包月和套餐，都是按统一费率，实行每分钟或者每比特流量为一个计费单元。没有考虑到低端人群诱发业务量的"经济外部性"效果，而"经济外部性"正是"比特经济"与"原子经济"的一个根本区别。

4、不了解内情的消费者要求取消月租费，主张按占用网络时长实行单一制收费方式。这样更没有摆脱传统物质产品的定价模式，陷入了"原子经济"的误区。

本方案系作者在长期网络技术经济研究基础上，依据工程心理学原理，设计出的一种动态折线按月收费体系和工程实现方法，具体解释是用户使用某种业务（比如移动电话），通信企业应采用如下计费方式：

Ym=K1（T0—T1）+K2（T1—T2）+Kn（Tn—1—Tn）

其中：Ym 为某通信用户使用某服务功能的按月计费总额

K0 — Kn 为符合某种生长曲线形式的动态变化费率，单位：元 / 分钟（见附图1）（注：Kn 可以等于零，此时资费为按月封顶制）

T0--T1—Tn–1—Tn 为每月发生的通信分钟数区间，n 是1— ∞的整数。

该方案总体符合网络成本递减曲线（见附图）规律，同时考虑到最低端人群消费的经济外部性，取消时限门槛等一切附加条件，具备人性化和普遍服务意识；折线远端费率下降接近“封顶制”收费模式，以刺激消费，大大提高服务效能。

该方案可扭转目前复式计次体系和上千种资费套餐越来越不透明、容易造成资费纠纷和用户不敢放心消费的落后局面。可以通过改进通信计费系统，实现更科学、更透明、更人性化并符合未来网络技术走向的收费机制，从而在基本不增加运营成本的前提下大大激发通信网络的使用效率。在增加社会效益的同时，通信企业的长远利益也不会受到损失。

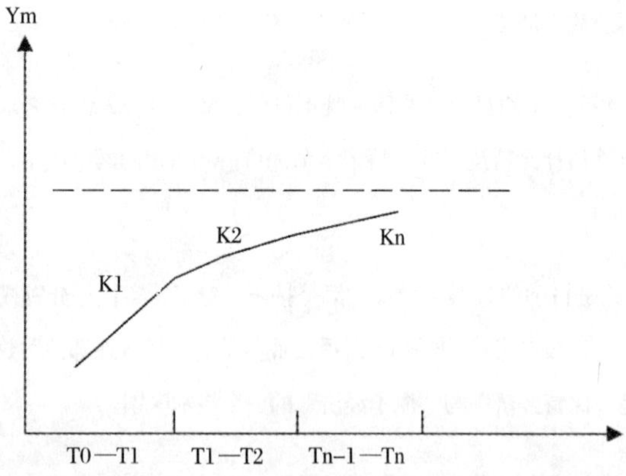

附图7 — 9： 动态费率折线示意图

例如:《最简动态三折线》收费方案：

T0—T1=20分钟	K1=0.20元
T1—T2=20---300分钟	K2= 0.10元
T2—T ∞ =300分钟以上	K3=0.05元

比如某通信公司决定采用该方案，实行3级动态折线费率，每月打0—20分钟电话，每分钟按0.20元收费。也就是说针对最低端人群，每月只要4元钱就可以买到生存安全基本通信需求。每月累计超过20分钟，不超过300分钟，每分钟按0.1元收费，每月累计超过300分钟就变成0.05元；直至最后封顶。其他通信业务比如宽带上网等收费可以与此类同，运营商可根据不同地域环境和不同竞争策略采用5折线、7折线模式，也可以根据管制政策采取一定范围的价格浮动。

通信公司只要根据市场状况合理确定 K0—Kn，并适当改变计费软件就可以方便实现。从长远看这套计费方案比原有方法简单、透明、一致性强；可以提高网络功能的利用效率，刺激信息服务应用市场的需求。另外由于网络产业独有的“收益永远随使用量递增”的规律，在消费者受益的同时，也可以保证通信企业的合理利润，实现互利共赢。

少一点对抗博弈 多一点理性思考

近日，取消电话月租费的呼声又起。五年前我就讲过，“月租费不应该取消，但应该改变收费方式，向不限时、不限量的包月制过渡”，结果却引来一通板砖。我们的社会不知从何时起，陷入了对抗博弈的误区。消费者欺软怕硬，要求电信资费越低越好，最好取消；通信企业更会找出一百种手段变着花样从消费者钱包里赢得企业最大利益。更可悲的是学者们认为这就是利益博弈，是合情合理的市场机制。

工业时代的市场经济是“个人理性”，信息时代的市场经济应该是“公共理性”。否则怎么能够实现资源共享、平等互动和互利共赢？

今天我们已经面临通货膨胀，电信资费总体每年尚能维持10%的下降幅度，引来的却是社会责难，真是既委屈又活该。因为过去的日子你用尽花招，失信于民。另一方面，不够理性的消费者又要求取消这个、取消那个，既不看国际准则，又不听网络规律。媒体舆论就知道吸引眼球，于是我们面临无商不奸、无民不刁的危险，正在走向“不讲理的社会”。

信息服务业与工业制造业最大的区别就是，“固定成本巨大，从量成本趋零”。信息服务资费的世界趋势就是功能包月制，但是我国要考虑不同消费能力人群尤其是低端消费人群的利益，只能在适当降低月租费的前提下，采用一种简单、透明的倒阶梯（与水、电的阶梯价格相反）的收费模式，逐步过渡到每月资费封顶，也就是国际通行的包月制。

希望严肃的消费者、严肃的学者和严肃的媒体少一些浮躁，多一些理性。同时建议我们的大型国有企业多向成功的民营企业家学习，他们不少人已经意识到，在日益透明的社会，“一个市场主体的成功必须建立在相关主体成功的基础之上”。让我国早日实现公平、公开、公正的公共理性社会。

第八章

必须改变经营思想

企业经营环境的十个转变

1、从通信网向信息网转变。根据国际电信联盟的定义，凡利用有线电、无线电、光等电磁系统传输、发射和接收任何语音、数据、影像、符号信息都叫作电信。现代电信网已经不限于传输、发射和接收信息，它与各类信息采集、存储、处理、检索和利用系统连接，正在形成一个综合信息生成、传递、处理、利用等多功能的信息网络。随着电信愈来愈成为人们生产与生活须臾不能离开的工具，单一的话音服务已不能满足人们对电信的需求，多媒体多元化终端也将变得与电话一样普及。

2、从智能中心化到智能边缘化转变。技术发展归根结底要受经济的制约。电信交换与传输技术经过百年来的发展，在达到同样性能的前提下，总是选择最直接、最经济的技术路线。进入90年代，建立在IP协议基础上的非连接分组交换显示出强大的生命力，建立在空间、频率和时间分隔方式上的连接技术已经不见昨日辉煌，未来的技术正在向透明网络（全光网络）智能平台和傻瓜终端的方向发展。

3、从标准化向个性化转变。标准化是工业社会的产物，统一的电话网和清一色的黑色电话机是那个时代的标志。现代信息网络仍然需要标准化的网络协议，但是其终端设备多样化和个性化已经愈来愈被人们所重视。

4、从强制界面向人性界面转变。不论是网络内部操作还是用户与网络终端的人机接口，以往主要是训练职工和要求用户适应机器，现在网络设备的维护和监测愈来愈成为一种简单劳动，多种网络工具的开发也正在使电脑终端的操作大大简化。不久的将来，善解人意的电脑终端将在网上采用。

5、从信息分配制向各取所需转变。千百年来社会信息的主流取向是分配制。教育、会议、报纸、新闻、广播，都是这种分配制的具体形式。电话具有部分各取所需性质，但它的网络结构仍然是层级分配方式。而互联网蕴涵着迄今为止最为丰富的信息，它又是采用各取报需方式流通的。有人还研究提出，未来的电子商务将使物质商品的各尽所能、各取所需的配置形式也成为可能。

6、从供给驱动向需求拉动转变。在世界电信发展史上，由技术供给作为主要驱动力的产业发展过程不可忽视，但是80年代后期以来，市场需求已成为信息产业发展的主要动力。即使在中国，进入90年代以后，长期的短缺经济历史已经过去，信息产业的发展也将主要受需求的拉动。

7、从独家垄断向适度开放转变。由于电信的规模经济性、范围经济性和投资沉淀性，各国电信在发展阶段大都采用了独家垄断方式。但是任何垄断都是破坏市场均衡的罪魁祸首，社会需要适度开放基础结构市场，引入竞争机制，并在管制经济环境中借用市场经济的活力。

8、从对抗竞争向合作竞争转变。引入竞争的初期阶段，企业之间容易形成低水平的同质竞争态势，价格战、无序化、违规竞争随处可见。随着管制部门的引导和竞争从盲目向理性发展，异质竞争将代替同质竞争。而同质竞争易于对抗，差异化竞争则产生合作动机。网络企业的专业化发展使得他们只能采取合作性的竞争方式。因为没有合作形不成统一网络，也就没有办法竞争。

9、从超额利润向利润摊薄转变。独家垄断很容易造成超额利润，政府管制和合作竞争的结果都会使利润摊薄。另一方面，经营者和消费者逐步理性化，现代企业制度要求来自社会的愈来愈透明的监督。这些都在无情地打破垄断时代超额利润的旧梦。

10、从经营者主权向消费者主权转变。短缺经济时代是经营者主权时代，整个经济走势主要受经营者意志的影响，或者过热，或者走低。国家对经济的干预也主要是直接调控企业。摆脱过剩经济阶段以后，经济发展主要靠消费拉动，消费者的购买意愿才是经营者的出发点和归宿。不论是经营者还是市场管理部门，必须尊重消费者主权，然后才有经营者和管理部门的生存空间。

只有金牌、银牌、铜牌

一般企业在不同情况下的战略思想可以有七种选择。第一是只能回收可变成本的维持生存战略；第二是最大当期报酬率战略；第三是最高当期收入战略；第四是最高销售增长率战略；第五是最大市场撇脂战略；第六是质量取胜战略；第七是收支平衡下的市场渗透战略。从长远看，网络企业应该采用收支平衡下的市场渗透战略，一个重要原因是网络经济是胜者通吃的经济，在细分市场和不同的业务领域，竞争结果可能剩下金、银、铜牌，没有铁牌。无论国内还是国外，在同一细分市场，未来竞争趋势就是，第一把交椅可能占有50%的市场，第二、第三名可能会共同瓜分剩余50%的市场份额，第四名将很难存活下去。一个最浅显的理由就是，距离因素正在消亡，“货比三家”是消费者的佳越化的选择行为。

20世纪80年代，在新自由主义的影响下，人们开始相信“凡是小的就是好的，船小好掉头，只有小企业才能适应这个不稳定的多变的社会”。然而进入90年代以后，人们又开始相信，企业只有做大才能抵御风险，才能承受日益摊薄的利润。当然企业越大越好还是越小越好要根据企业所处的不同条件做具体分析，但是对网络企业而言，未来恐怕只有大企业生存的空间。

前些年我遇到一家私营信息企业的老板，这家企业当时在京城已是小有名气。他让我参观了他的写字大楼和软件车间以后，还参观了他相当豪华的办公室，我敢说这间办公室是我见过的最奢侈的办公室。他向我眉飞色舞地介绍他的成功经验，主要是100个员工一支笔，由他这个家长一人说了算。我对他说，你的企业这样成功为什么不考虑扩大规模或者与别的企业联合做大？他直言不讳地告诉我，我现在的规模和机制最好，因为再扩大规模，我一个人就难以控制，就得按照现代企业制度那一套成立董事会，什么事都得开会讨论决定，这样的企业制度对我们创业者而言就是坟墓。当时的政策和媒体都在鼓励这类企业，这件事对我的触动很深，我想，难道信息产业竟适合这种小地主家长式的经营模式？结果没过几年这家企业销声匿迹了，代之而来的是联想、方正、中兴、华为等大型企业集团。

常听一些颇有身份的人士说，为什么我国农村改革比较成功而城市改革就难以成功？主要是农村搞了私有制，工业领域没有搞私有制。而更多的人则认为，计划经济的大锅饭固然不好吃，完全搞私有制在缺少法律和自律约束的社会就等于放纵弱肉强食和利用大小权力对社会资源进行破坏，对百姓鲸吞。这一点似乎已经得到了证明，美国著名经济学家斯蒂格利茨将俄罗斯和中国的社会主义改革做了比较。他的结论是，俄罗斯搞了全面私有制改革，经济没有上去，改革并不成功。中国是在一种产权模糊的情况下，吸取了西方国家经济管理经验，改革比较成功，经济增长很快。他认为社会主义国家的经济改革，适度引入西方企业的竞争机制是必要的，是否一定要搞私有化就不是那样必要了。因为不论西方还是东方，只要是大型企业就不存在原有意义上的私有化。

如果我们暂且避开所有制问题，就企业规模和综合效率来考察，恐怕完全分散的小企业和高度集中的大企业都不能适应网络时代。未来的明星企业是兼有大企业的雄厚实力，又有小企业的灵活性的松散、大型企业集团。

网络技术的进步正在使人们之间的距离因素趋于死亡，人们的交往域在空前地扩大，过去有句话叫做酒香不怕巷子深，还有一句话是没有不开张的杂货店。人们可以因地理劣势丢掉市场，也可以借助区位优势获得一方市场。现在借助网络技术可以真正实现酒香不怕巷子深，只要你的产品和服务实数一流，你的市场就可以扩展到世界的每一个角落。麦当劳是这样的企业，亚马逊网上书店也是这样的企业。而小杂货店式的企业市场空间将越来越小。专业化企业代表未来成功企业的方向。20年前美国除了美国电话电报公司之外，还有一家也非常著名的电信企业国际电话电报公司。如果说美国电话电报公司由于法律只允许它经营通信业务，结果使它一度成为世界最大的公司的话，那么国际电话电报公司则以它全方位的经营战略最后走向衰落。这家公司名为电话电报公司，实际上所涉及的领域从重化学工业、飞机制造业、电信服务到通信设备制造无所不包。这在工业时代叫作不要把鸡蛋放在同一个篮子里以分散风险。进入网络时代，人们只认第一，不认第二。一个人尽力做好一件事，一个企业树立一个形象非常重要。你这个人什么都可以干，人们不知道你究竟适合干什么，你的企业什么都可以生产，消费者不知道究竟应该从你这里买什么，最后你只能失掉市场。网络企业家应该时刻记住的一句话是，在每一个专业领域最后只有三把交椅。

要摆脱免费和暴利两大误区

宽带技术发展必然带来通信运营模式的革命。于是许多人推测，未来运营商收益只来自高级宽带业务，传统语音服务在宽带网络中所占成本可以忽略不计，应该完全免费。还有人提出网络共产主义概念，认为进入宽带互联网时代，整个信息通信服务作为公共产品全部免费提供。然而当前我国社会诚信严重缺失，说一套做一套已成顽疾，许多商家打着免费的旗号，大搞促销花样，甚至利用宽带革命带来新的信息不对称，在3G时代梦想回归暴利。我不知道将来共产主义是否成为完全免费的社会，但可以肯定的是，免费和暴利都不是社会主义市场经济！

众所周知，价格是经济活动最重要的杠杆，而任何产品和服务的价格（p）都离不开成本（c）、使用价值（v）和供需关系（q）这三大要素。近来信息通信收费难题，主要难在日益多元化业务如何分摊到综合不变的成本上。传统电话网络的收费是建立在工业时代运输经济学基础上的，仿照运输重量乘以公里数进行定价，比如通电话的距离乘以时长，或者按照比特流量（电报字数）收费。以前的电信服务成本主要由铜质电缆和人工 / 机械交换设备构成，基本符合运输经济学特征。20世纪70年代，大规模集成电路、光导纤维相继发明以及80年代互联网的发明，使通信成本的距离因素、时长因素趋于死亡，使用价值因素大大提升。基本关系式应该从 $P = f(c) \times f(v) \times f(q)$ 改为 $P = \sum f(c) / f(v) * f(q)$。也就是说，应该用每项服务的使用价值函数来科学分摊网络服务的综合成本，而不应该再按照货物运输的吨公里数来分摊成本，更不存在长途费和漫游费。通俗地讲，综合信息通信网络中，每项服务的成本因素不应该按照占用带宽或者比特流量进行线性分摊，而是应该按照使用价值函数来分摊。

宽带服务的普及已经形成严重的比特悖论，即越是占用大带宽的业务（如视频游戏、P2P 等）相对使用价值越低，而越是占用带宽小的业务（如感测、控制、短信、指令等）单位服务时间的使用价值越高。仅按照带宽或者比特流量分摊业务成本的收费模式是绝对不科学的，因为“归根结底，价值是费用对效用的关系”！

信息通信服务资费走向简单、透明、低廉这个方向不可逆转，这是由“消费者主权论”所决定的。到最后就剩下少数几大类业务的动态折线递减收费模式。最有可能的是将网络服务分成网络语音服务、网络内容和网络应用服务这三大类，每一大类使用同一个折线计费单元，由通信运营商统一收取，按照社会监管、公平协议来结算。而且新内容、新服务可以在第一时间上线提供服务，因为你的网络内容和应用越丰富，对用户的黏性也就越大，用不着增加新收费项目，也就自然创造了更高的 APPU 值。在一定条件下，多项或某项服务采取形式上免费方式，实际上是用内部交叉补贴、整体打包的办法方便消费者，它与真正的免费服务完全是两回事！

把客户利益放在首位

多数人都把利润最大化作为企业的首要目标。这对于工业企业而言没有什么不妥，因为在一般情况下，企业利益与社会利益是一致的，政府允许企业经营者采用“牛奶撇油”的办法快速致富。对网络企业而言政府总是要制止撇奶油的做法以保证社会利益最大化。之所以会有这样的区别主要是因为工业领域是较充分竞争的，网络领域不可能做到充分竞争，允许撇奶油就意味着用户利益长期受到损害而得不到应有的保障。

再从网络的基本性质看，信息可以实现零成本复制和快速的市场渗透，一个有远见的企业家应该利用这种经济特征扩大市场份额。如果把利润看得太重就会丢掉市场，这在网络时代就意味着全盘皆输。现在只有小地主式的经营者才看重获得多少利润，战略企业家看重的是企业的业绩。因为进入网络时代，市场比利润更重要，市值比实值更重要，企业形象和社会注意力才是成功企业的主要标志。我国一位著名的农民企业家曾经说过："也许你能赚许多钱，其实都是来自社会，还应该还给社会。即使你腰缠万贯，一顿也只能吃一碗饭；即使你挣下广厦千间，也只能睡一张床。"足见这位农民企业家的气度和胸怀。如果说工业时代尚可以利润最大化为企业首要目标的话，那么网络时代起码网络企业自身不应该再以利润最大为主要追求目标。无论从政府管制的角度还是从企业长远战略看，网络企业的第一目标应该是收支平衡下的消费者剩余最大。

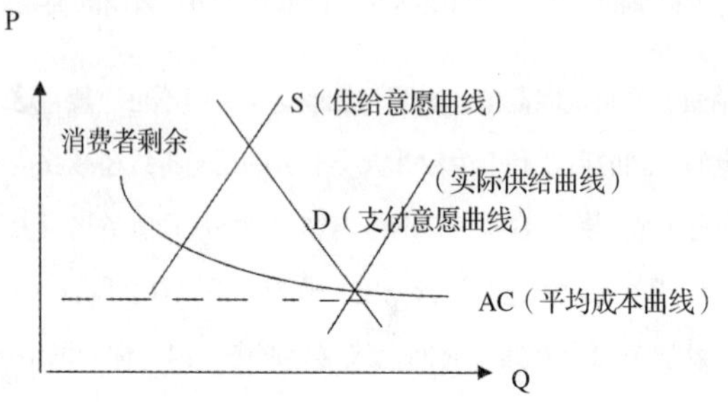

图8－1 消费者剩余最大化

网络企业的成功最重要的是能不能用优质廉价的服务锁定你的客户。有人对我国的商业文化做过研究，发现我国有三种商业文化，一种是北京商人的文化，大气得很，蝇头小利根本看不上，要赚就赚大钱。结果形成了一种宰人的商业文化，没有顾客我就侃大山，来了顾客就狠狠地宰上一刀。这叫做半年没来客，来客活半年。过去有一部电视剧叫《北京大爷》，概为对某些北京商人的善意批评。第二种商业文化的代表是温州商人，温州人的特点就是薄利多销，只要我没有赔钱，就可以做下去，他们的小商品做到了全世界，你不论走到欧洲、美洲还是非洲南部，好像都能发现温州人在那里做得虽然有些艰苦，但却活得津津有味。第三种商业文化的代表是山西商人，他们的最大特点是把客户利益放在首位。他们遵循的信条是“我有利客无利则客之不存；客有利我无利则我之不久；客大利我小利则客永存我永利也”。

企业目标与社会责任

有人认为企业目标只有一个，就是为出资者赚取最大的利润，根本用不着考虑什么社会责任，社会责任应该是政府的事。我想这里可能是又混淆了工业企业与公共企业的区别、工业时代与网络时代的区别。作为公共企业无论你是自觉的还是不自觉的都必须考虑普惠的社会目标。进入网络时代，即使工业企业，只要你不想被时代淘汰，也必须主动向社会目标靠拢。

西方现代股份制企业一般都经历了追求最大利润—追求企业形象—追求与社会共荣发展这样三个阶段。第一阶段，股东大会是企业的最高权力机构，股东投资的目的就是获取最大利润，经营者不能为股东赚取利润，当然有被炒的危险。第二阶段，股份已经相当分散，股东大会已经没有什么意义，股民持股的目的不是分得红利，而是希望股票升值。此时的董事会权力最大，董事长可以是股东也可以不是股东，有的就是由企业专门聘请的职业经营者。他与总经理的区别仅在于一个是做资本经营的，一个是做企业运营的。这个阶段的企业目标就是提升企业形象和业绩，只要股民看好这个企业，它的股票就升值，企业就可以发展，反之企业就会衰退甚至倒闭。到了第三个阶段，监事会（我国叫独立董事制，很不成功）成为企业实际最高权力机构，总经理或者董事长都要定期向监事会报告工作。监事会一般由政府官员、社会名流、工商税务管理部门的代表组成。他们代表的是社会利益，目的就是要使企业与社会协调发展、共生共荣。

工业时代盲目的市场经济形成对消费者的掠夺，同时也形成对自然环境的掠夺。一位西方著名经济学者曾经写道：“我去过中国南部一些城市，那里的人们十分忙碌，一边匆匆赶路一边打着手提电话。但是那里的交通混乱，环境很脏，人们的健康状况不好。难道我们生产的目的竟是每个人都挣了大把的钞票，然后生活在垃圾或者沙漠里吗？我也到过意大利，这个国家的经济增长速度虽然不高，但是那里的环境很好，人们过着悠闲的生活。”这位学者呼吁，人们应该及早从盲目市场经济中解脱出来，寻找新的企业目标。最后他干脆提出，“我们应该将公司的定义由老板借以赚钱的工具，改为有共同理想的生活圈”。

第八章：必须改变经营思想

社会责任是成功企业的战略选择

——2009年在5月12日汶川地震周年会议上的讲话

各位来宾下午好，在今天这个特殊的日子里，我愿意跟大家讨论通信企业的社会责任问题。在我看来，随着我国社会主义市场经济改革的深入，它不仅是责任，更应该是成功企业的一种战略，CSR战略。

刚才一位专家从理论上说明，在市场经济的初级阶段或者按照传统市场经济的理论，企业是没有社会责任的，社会责任是政府的事。我们学习西方经济学，最经典的一句话是“个人为个人，上帝为大家”。但是在西方有两种企业，一种是私人企业，另一种是公共企业，包括交通、通信、供电、供水、供气这些行业的企业。政府会给予公共企业一定政策优惠或者经济补贴，同时赋予这类企业一定的社会责任。但我们国家没有公共企业这个概念，造成通信行业有很多扭曲的问题到现在也没有很好地解决。

进入21世纪之后，以美国为代表的自由市场经济模式遇到了严重问题，不少发展中国家复制美国模式，也没有取得预想的结果，于是各国不得不在自由市场和政府干预之间寻找新的平衡点，同时开始强调企业的社会责任。但是对企业社会责任的一般认识，就是企业赚钱多了要回馈社会、救济穷人，我认为远远不能这么简单地理解。首先让我们讨论一下企业履行社会责任的重大意义。

第一，企业、政府和国民组成社会三要素，其中企业是最有实力的经济组织，而且小政府、大社会是任何国家改革与发展的总趋势，企业承担社会责任既是经济发展又是社会稳定和人民幸福的重要基础。第二，市场经济已经发展到了公共理性市场经济阶段，传统市场经济讲求个人利益最大化，对抗竞争、你死我活。新市场经济条件下，你不考虑公共环境，自己也不能单独生存下去。所以企业社会责任已经成为企业能不能长期赢利和持续发展的重要前提。这就是我为什么提出企业社会责任战略，不仅仅是被动承担义务的问题。

在国际上一些大的跨国公司是走在前面的，早期的跨国公司到本地国基本上是搞一些公共关系，守法、纳税就够了。现在情况不大一样，他们更把社会责任当作一种企业战略。实现这种战略一是要了解本地的发展政策、政府职能和社会文化背景；二是帮助政府研究行业发展前景和政策走向；三是支持本地企业并与之合作，做支持者，不做带领者，永远不说NO。在座的有不少跨国公司代表，IBM最近提出来“智慧地球”、“智慧中国”战略，都是基于这样的理念，我们国内企业也应该学习这种先进的理念，认真研究提出更适合我国国情的、为社会负责的大战略。

通信企业的社会责任和一般的工业企业是不一样的。一般企业的基本社会责任有四个方面。第一要守法纳税。第二要回馈社会、捐赠、救灾，比如对去年的雪灾、震害予以援助，有钱出钱，有力出力。第三是参与公益事业，扬善、助教。第四是吸纳就业，关心职工利益，比如吸收一定比例的残疾人、转业军人就业，关心企业职工权益。这是一般企业的社会责任。

通信企业有附加的社会责任。第一就是要提供24小时不间断的通信服务，以维护社会安定和政治稳定，有的时候这是第一位的、不讲条件的。第二是自然灾害期间要无条件地迅速恢复通信网络功能，比如去年的今天发生了汶川大地震，当时通信行业几万人奋战在救灾一线，在第一时间开通卫星电话，恢复移动通信和光纤通信网络。第三是为任何公民以负担得起的价格提供标准质量的通信普遍服务，这是在世界多数国家，包括美国在20世纪初期就有的一项重要政策，并且在90年代克林顿执政期间得到了加强。第四是践行国家产业政策和技术扩散政策。比如我国电话用户已超过了10亿，这对于自主创新技术的扩散是举足轻重的，通信业应该义不容辞地承担这个社会责任。

目前我国企业承担社会责任还存在四个问题。第一是高层仍然不够重视，在认识上存在误区，比如电信普遍服务基金搞了好多年就是搞不起来，有人说市场经济你有钱就打电话，没钱就别打电话，用不着普遍服务。第二个问题是一些企业领导安于完成基本社会责任，对电信业的附加社会责任叫苦连天。第三是捐赠、救助、扶贫带有附加条件，有时候把惠农变成坑农。第四是企业普遍缺少社会责任的战略意识。

为什么我要强调社会责任战略，就是因为我们许多企业都把社会责任当作负担，不乐意、不得已、不得不。前些年电信主管部门搞村村通电信政策，没有普遍服务基金，只好给企业硬性分配任务，开始企业都不愿承担，搞到最后大家发现农村有更大的市场空间，都去抢村村通工程。现在我们有些大学的经济管理专业只重视管理技巧，不重视经济理论，经济学界应该反思，企业社会责任究竟是额外负担还是战略机会?

最后向通信企业提四条建议。第一是要树立企业社会责任战略的认识。股份制企业发展有三个阶段，第一阶段，股东大会是最高权力机构，股东入股就是要赚钱；第二阶段，董事会是企业的最高权力机构，这时企业的首要目标不是赚钱，而是维护和提升企业的品牌和价值；第三阶段企业最有实权的是监事会，监事会要使企业能够和社会实现共赢、协同发展，换句话说，让社会离不开我这个企业。

第二条建议是走大众经济的普惠道路，为农村信息化多做贡献。村村通电信工程已经到了99%的行政村，可是还有相当多自然村还没有通电话，同时又面临着农村与城市统筹发展的国家战略，怎么统筹，靠过去那种线性的、小步快跑、梯度发展政策已经来不及了，需要用超线性思维方式来解决，最现实的就是村村通宽带。大家都知道舒尔茨的穷人经济学理论，解决贫穷问题有两种思路，一是鼓励富人更富，然后通过税收（二次分配）、捐赠（三次分配）来救济穷人，西方是这么过来的，但在中国已经走不通。第二种思路是让穷人直接掌握信息，提高素质，自己创造财富。

第三条建议是做人性化企业。前几天我发表一篇博文，题目是“论企业的狼性、虎性和人性”，结果有许多网友说我脱离现实，不靠狼的贪婪、狡诈本性，企业怎么生存？不靠虎性与权力机构结成垄断集团，怎么赚更多的利润？可是我国社会上坑蒙拐骗、假冒伪劣已经比比皆是，如果我们都不觉悟，大家都靠狼性、虎性生存，我们将面临一个一切人坑害一切人的社会。

第四个建议是，网络透明性正在使市场经济由个人理性上升到公共理性阶段，通信企业应该继续站在市场经济改革的前列，为公共理性市场环境多做贡献。大家可能知道经济学理论有个纳什均衡模型，说的是两元对立竞争的结果必然是双输，后来纳什又发表一篇论文叫做《三人合作演化博弈研究》，说的是合作博弈的结果是互惠共赢。还有一个艾克斯罗德的重复博弈模型，博弈结果是只有持“一报还一报、平等交易”的人能够笑到最后。但是需要一个必要条件，就是你必须与相关者重复博弈成百上千次，这在现实生活中是不可能的。所以这是一个发散模型。怎么才能不发散，只有在政府的主导下，建立一种网络上透明的信誉体系和诚信机制，你的信誉如何，网上一目了然，就像一个村庄的熟人社会一样，谁也骗不了谁。虽然现在的网络上还有许多不良的东西，但总的趋势是，网络经济将使社会越来越透明和理性，这也是通信企业的一项重要社会责任。谢谢大家！

人文主义的复归

无论是社会组织还是经济组织，大体有三种管理结构。一种是禅让型的管理结构，也叫V字型管理结构。中国上古时期的尧帝和舜帝的统治就属于这种结构。这种结构的特点是最高领导却处在低位，而把下属的利益放在高位，事事都要尊重别人，只要发现周边有比自己强者，就主动将权力谦让。这种管理结构在现代经济组织中也不少见，主要是一批早期创业者，为了自己企业的发展，招贤若渴。最后往往因过于轻信下属形成大权旁落，创业者不得不另起炉灶。V字型管理结构往往是短命的，很难获得长期成功。

第二种管理结构是A字型管理结构。这种结构的特点是独裁统治，领导者可以高高在上洞察一切，并且直接指挥一切，楚霸王的管理结构就是这种。这种结构在工业时代可能是有效的；进入网络时代，估计中期（10年左右）可能有效，但日子一长，答理者很可能落得众叛亲离、四面楚歌、别姬自刎的下场。

第三种管理结构是M型管理结构，也叫扁平管理结构。它的特点是领导者和他的下级平等相待，小事各司其职，大事民主协商。这是刘邦式的管理结构，如果说它在古代明智帝王对文武臣子的管理上是有效的，那么很有可能对网络企业的管理也是有效的。

一位美国前副国务卿曾经指出，未来成功的行政首脑具备的第一个素质就是老子说过的话：“功成事遂，百姓皆谓我自然。”未来的行政首脑是这样，未来成功的企业首脑又何尝不是这样呢？前工业时代的小地主式的经营者视作坊工具和蝇头小利为生命，大工业时代的资本家视机器设备和股票为生命。至于人的才智和体力，在这些经营者看来不过是比原料和动力更廉价的投入物而已。在疯狂资本主义阶段，人民无法悠闲地散步，而是要急速奔跑。为了淘金，人们只能忍受恶劣的环境和强者的虐待。一旦成为既得利益者，必须在自己豪华住宅的周围高竖围墙并派武装守卫巡逻。人们不得不反思这样一个问题：获得成功的人们是否从心里乐意把自己置于危险的环境？

未来的企业老板只是职业投资人之一而并非企业主人，投资者只有权利获得合理的报酬而没有把雇员视为买来的活资产的权利。员工对公司的经营管理有参与权和决定权，并且能够分享公司的利润。因为公司的前途不是靠投资人买来的，而是靠职工的金头脑创造出来的。在人文主义前提下，职工才愿意为企业贡献自己的聪明才智，否则越来越理性的职工就会反问自己，我们为什么要为老板卖命？结论：以人为本才是成功企业的生命。

竞争还是合作

早期的竞争很容易形成一种盲目对抗性的竞争，竞争者一般只会采用你生产什么产品我也生产什么产品的同质对抗竞争策略。成熟的竞争者则往往会采用更加理智的异质竞争策略。你做固定电话，我就做移动电话，你上GSM，我就搞CDMA，你有地面优势，我就发展空中优势，这种竞争结果就会逐渐形成一种时空交错的竞争格局。同质竞争产生对抗，异质竞争则产生合作动机。同类企业之间合并，相临企业之间联合，不同企业之间合作将成为现实的运动。

工业领域的竞争者用不着与对手协商就可以建立平等竞争关系，而在网络企业之间，如果不先建立合作互联关系就根本产生不了竞争。因此，合作性竞争趋势并不是因为人们突然变得道德高尚起来，也不是集权政府发布了强制性命令，而是网络产业链形成的共同利益使他们必须这样做才能保证他们自己的长远利益。

美国密执安大学罗伯特·艾克斯罗德教授深入研究了每个人都具有自私动机的情况下产生合作的必要条件。他挑选了在与他人交往中持不同态度的63个接受测试者，他们有心理学、经济学、物理学、政治学、数学、社会学学者，也有普通工人和技术人员。教授将他们与别人交往中采取的不同做法输入一个事先编好的计算机模型，这完全是一个进化论仿真模型，与生物界进化的唯一不同就是前者基于自然界的选择，后者基于人的记忆和预期。他让这些人的不同做法在计算机中一对一地进行交往，这个程序共运行了1,000遍以上，出现了令人十分感兴趣的结果。

当该程序运行到第五代时，对无论什么样的人都采取善良合作态度的“人数”就减少了一半，运行到第50代，这种傻大头式的善良合作者连同专门从背叛中捞取好处的人开始消失，而诡计多端的受试者与持“一报还一报”态度的善良受试者得到几乎同样的繁衍。但是遗传至200代以后情况发生了戏剧性的转折，随着傻瓜式不成功的受试者人数的逐步减少以致消失，诡计多端的人难以沾到什么便宜，人数也急剧减少。到第1,000代以后，靠诡计与人交往者也像被他沾过便宜的傻大头一样地消失了。而持“一报还一报”态度的与人交往者在1,000代以后成为繁衍最成功者。

生态分析表明，傻大头式的人物和赤裸裸的恶人在现代社会都难以繁衍和生存，诡计多端的与人交往者也不会总能沾到别人的便宜，从长远看也要失去繁衍的基础。只有在与人交往中持平等合作态度者才能获得永久的持续繁衍。

结论：

——合作只在期望获得良好反应或者广义回报的交往中产生，过于分散的个体压根儿没有交往的机会，合作就不会产生。如果交往双方都没有获得回报的预期，合作也不会产生。

——合作并不只在朋友之间产生，基于回报的动机可以使严重冲突的双方平等合作，因为在许多时候人们会进入“自己活也得让别人活”的系统。

——基于平等回报的合作一旦建立起来，就能防止不合作者的入侵，社会朝向理想境界进化的齿轮是不可逆转的。

网络技术使人类的交往域迅速扩展，回报反应速度加快，一个普遍平等合作的世界应该会更快地到来。

劝君莫做诸葛亮

美国经济学大师萨缪尔森说过，世界上最聪明、最会做生意的一个是犹太人，一个是中国人。我不知道老萨的真正用意，但是中国人确实很聪明，而诸葛亮又是中国聪明人的集中代表。坊间有些老话你不能不信，比如“商场如战场”，似乎没有人能对此提出疑义，因为我们中国商界就是这么走过来的。30年前的一次历史的机缘使西方传统经济理论与中国人的聪明劲相结合，成就了奇技淫巧的社会风尚。

改革开放初期，我国商界的信条是两军相遇勇者胜，只要胆子大就会发财；现在是谁最“聪明”谁发财，于是什么“厚黑学”、“商战三十六计”充斥经济管理讲坛。何谓三十六计，就是诸葛亮们惯用的声东击西计、瞒天过海计、偷梁换柱计、美人计、空城计等御敌之策。用到商战，大家就挖空心思搞假冒伪劣、坑蒙拐骗。假酒、假药，连假鸡蛋都能造得出来。但是聪明并不等于智慧，正是商战中的这些诸葛亮们把13亿人搞得吃不敢吃、住不敢住、买不敢买，反过来商家又都在感叹买卖越来越不好做。

我们再分析一下那个早已深入国人心目中的诸葛亮，究竟有多少令人敬仰之处。首先这位诸葛先生出世之前就自负清高，待价而沽；而后就是拿捏装傻，故意给刘皇叔吃闭门羹，只气得张三弟要烧他草屋。再后来就是不守信誉，借荆州到期要赖不还；还教唆刘皇叔化装整容到东吴骗了人家一个大姑娘。当然打起仗来更是心狠手辣，装神弄鬼，骗了曹先生的箭，又烧了他的船，就算是对敌人像秋风扫落叶一样无情吧。可是对待朋友呢？愣是把那个重要战略伙伴风流倜傥的周郎给活活气死！但是到了后来，还是由于自己太孤傲自恃，不会用人，被一个智商比他低很多，又屡屡让他耍弄的司马懿逼得以惨败而终。最令人发指的是死后也不放过司马先生，还要把涂过药的日记本随葬，待司马到来启棺翻看而被毒死。结果又怎样？还是挡不住历史车轮的前进，三分天下统归司马。在我看来诸葛先生后来悟出的一句话倒是实话，“谋事在人，成事在天”。问题是早知客观规律的重要性，为何不把智商用在顺应规律，却要急功近利，凭自己的小聪明去做伤天害理的事呢？

享受着现代化科技成果的商家、官员、学者们大多还是信奉“心术至上，人定胜天”，很少人尊重、敬畏社会规律和自然规律。他们看重聪明机敏而缺少智慧，看重制胜之“术”而缺少做人处事之“道”。一味把西方理性经济人概念与诸葛亮的诡异之术结合起来，冠冕堂皇地为“个人利益最大化”去钻营、去炒作。

中国传统文化基因中有两根毒刺，一曰伪善，二曰奸诈。伪善来自孔孟，奸诈就来自鬼谷、诸葛之辈。三十多年来我们的社会贫富悬殊、环境污染、交通拥塞、教育失误、诚信缺失、坑蒙拐骗、奸商、贪官、刁民事件不绝于耳，与这两种文化基因不无关系。搞得不好就会把人们推向“一切人坑害一切人”的社会。

怎能把市场当作战场

近日，市场三十六计、营销三十六计、网络三十六计之类读物和文章非常抢眼，“声东击西”、“偷梁换柱”、“无中生有”、“趁火打劫”、“借刀杀人”等等诡异之术应用到市场经济之中，究竟会给社会带来什么，又能够说明什么？是国人的超级聪明还是超级愚昧？

我国改革开放三十多年，成就令世人瞩目，深层矛盾也相当严重，其中一个最严重的问题就是诚信缺失。令人痛心的假冒伪劣、坑蒙拐骗、贪污腐败大有愈演愈烈之势，直接影响社会主义市场经济的深入改革与发展。

改革开放之初，人们简单地认为市场经济就是你死我活的竞争，社会达尔文主义加中国式的“商业技巧”，形成了无商不奸、无官不贪、无民不刁的社会倾向。它的直接恶果就是社会两极分化，思维两元对立，一种倾向掩盖另一种倾向。

为了重塑社会诚信，不少学者呼吁复兴儒教。儒教确实有不少值得继承的东西，但是总体上看来，复兴儒教弊多利少。除了严格的等级制度和苛刻的礼数之外，儒教中的“伪善”与古代兵法中的“奸诈”本质没有什么两样，都是或明或暗的诡异之术。

现代市场经济已经由盲目发展到理性阶段，社会达尔文主义不再有效，“平等交易、诚信无欺、兼容共赢”才是网络时代商业活动的真谛。国人应该醒悟，市场不是战场，谁也不愿意生活在“一切人坑害一切人”的社会环境之中。

令人欣慰的是，我国已有学者提出了“新市场观”和“小农经济—计划经济—市场经济—互惠经济”的系统思想。为了中国和世界的未来，我们不能继续拿糟粕当精华，而必须在继承世界优秀文化的基础上，努力创造网络生产力时代的新经济思想和新商业文化。

企业战略中的猴性、狼性和人性

随着国际经济环境恶化和新一轮市场竞争的深入，我国企业面临几种截然不同的战略选择。同样是为了生存，众多小企业仍然选择猴性战略，说好听点儿，是打游击战，船小调头快；说难听点就是要小聪明，不按规矩出牌，上蹿下跳，捞点儿小便宜。这种企业没有太大出息，最多3—5年的生命周期。

有一部分企业选择了狼性，往好里说，是团结、好战、智慧，往坏里讲是贪婪、狡诈、凶狠。如果说狼性企业在法制不健全、道德约束严重缺失的经济环境中，曾经可以凭借自身的特点快速积累财富，但是在法制日益健全、道德约束日益有力的经济环境中，其竞争能力也正在丧失，狼性企业难以做成百年老店。

还有少数大企业可能会模仿虎性，中规中矩，八面威风，想吃掉谁就吃掉谁。因为他们不但实力过于强大，且在制定规则、影响社会诸多方面有话语权。我国少数企业能做到这个层次当然不错，但面对网络新经济的发展，我们一味跟进西方虎性企业，恐怕也没有什么好的结果。因为眼下的国际经济秩序都是西方按照工业时代“两元对立规则”制定出来的，一山不容二虎，学生一旦威胁到老师，那是非常危险的。

对于信息时代的企业而言，最有时代智慧的选择方向还是人性化企业。这里讲的“人性”不是中国传统文化中的“仁性”，圣人讲的仁性，那是道德天国阶段的人性，硬是套到现今社会，只能成为伪善的代名词。

这里讲的人性，就是人类日益要求平等交往、公平交易的本性，因为网络生产力使得人类社会日益透明，弱者的话语权在迅速提升。不管你有没有靠山，也不管你拥有多少财产，只要你行得端正，又有足够的智商，社会就会买你的账，并且你的企业会按照超边际规则发展成为新型后现代企业。反过来，尽管你后台位显，腰缠万贯，或者“才高八斗，坏事做尽”，也会很快遭到社会的报复，难以持续经营和繁衍。

想说电信走向理性不容易

21世纪的第一个十年刚刚过去，有家媒体要我写一篇《电信市场由盲目走向理性》的评论，我没有答应。因为这十年，世界给了我国电信业很多难得机会，但我们抓住得不多，而在并不太多的挑战中，却失利不少。

首先，我国移动通信资费改革一拖就拖了八年。大家知道，上个世纪末，我国主管部门就决定降低移动通信资费标准，并由双向收费改单向收费，可是就是由于受到某些外部干扰，拖了八年，最后只好采用多种变通方式实现“降低资费，免费接听”，结果又生出成百上千的资费套餐，让普通百姓感到眼花缭乱、疑似陷阱、不敢消费。

第二，3G决策，周期太长，发展缓慢。大家知道，第一代移动通信没有给我国什么机会；第二代移动通信给了我国网络建设奋起直追，设备制造后来居上的机会；第三代移动通信却给了中国进军世界标准，创新未来信息社会格局的机会。但是由于多种复杂原因，使我国错过了最好的时间窗口，发展规模和发展速度都没有达到预想效果。截至2010年11月，我国3G用户总数3,800万，而同期移动通信用户总数为8.5亿户，也就是说3G用户数还不到移动通信用户总数的一个零头。

第三，宽带发展，自生自灭。相对移动通信而言，全光纤宽带网络才是信息社会最重要的基础设施，核心之网，因此各国政府从上世纪90年代，就开始制订国家级宽带信息通信网络发展计划，包括政策优惠和财政支持。而对于移动通信，它虽然也在向宽带方向发展，但只作为一种接入方式，成为未来宽带信息通信网络的一个子网，所以一般更倾向于采用市场竞争的办法发展。可是我国刚好相反，政府对移动通信的关注远远高于对固定宽带核心基础设施的关注。

近年来，倒是某些基层农村的宽带信息通信网络搞得热火朝天，因为农民使用宽带通信网络可以很快改变他们的生产方式、生活状态。这进一步证明了20年前我们有关研究得出的“先进信息通信在边远农村地区比大城市更有价值”的结论。也许我国下一步信息化要重走农村保卫城市的道路。

第四,三网融合，各自为政。三网融合政策在我国酝酿了12年，2010年终于有了方案。但是令许多人没有想到的是，这个方案不是按照最先进的互联网信息结构去融合，而是更多向权力和利益倾斜，采用了相对最落后的集中广播方式融合。融合的核心价值在于发挥各方面的组合优势，通过共建共享，向百姓提供更高质量、更低价格的信息和网络应用服务，而现在的情况则是各大企业（还不止电信、广电）要各自独立建设一个“三业融合”的网络体系。在这个层面上，行业管制力早已陷入真空状态。各大企业只能采取各自利益最大化的办法，频出奇招，加剧了对抗竞争态势。

纵观我国电信市场，虽然总量还在高速增长，但是潜伏问题也日益增多。比如固话月租费“固若金汤”，百姓只好用脚投票，只留根线用来上网，使固网公司濒临亏损边缘；宽带上网资费高，不透明，陷阱多，普通百姓不敢放心消费，致使宽带发展遭遇需求与发展悖论；宽带网络本属于信息社会最重要的基础设施，它具有日益显著的公益性、社会性，许多国家将它列入准公共物品领域优先发展，但是我国的相关政策多年徘徊，已经将2G时代的某些后发优势消耗殆尽，致使我国的宽带发展又一次落在西方甚至我们的亚洲邻国韩国、日本后面。

现在的当务之急就是要联合各界有识之士，呼吁组建独立的“国家综合信息通信管制部门”；它至少与“国家综合交通管理部门”和“综合能源管理部门”同样重要。

其次就是要对信息通信业进行重新定位，明确它的“准公共物品”属性。第三就是再次着手制定大法（《信息通信法》），改变我国多年来总是喜欢用“政策”调节各方矛盾的尴尬局面。

必须深入研究电信发展的新经济规律

信息产业部报表显示，2008年1—7月份全国通信业务收入累计完成4,052.9亿元，比上年同期增长11.4%，与我国同期GDP11.2%的长势相当。通信业务收入增长率同国民经济增长率经常被业界拿来比较，用以衡量本行业的发展状况。如何科学认识这一系列数据，电信行业未来的发展趋势又是如何，作者有以下三个观点。

1、电信业依然会持续增长

电信收入长势不等于电信业的长势，更不等于整个信息产业的长势。真正反映电信业发展速度的指标是电信业务总量增长率，从这个指标上看，电信业依然高速增长。当前“增量不增收”的局面，背后是ARPU值的下降。尽管这种所谓“增量不增收”的局面可能还要持续一段时间，但是电信业最后的走向应该是达到“增量也增收”的一种新的平衡。

要对电信业的增长情况做出正确判断，首先应该澄清相关的概念。许多人在评价电信业增长的时候，经常会把电信收入增长速度同GDP的增长速度来做比较。实际上GDP衡量的是一定时期一个国家或地区范围内生产的全部最终产品和服务的市场价值，它包含了许多不合理因素。恰恰相反，电信服务价格是普遍下降的。据计算，从2000年到现在，我国电信服务的资费水平已经下降了50%左右。因此从这个意义上说，电信收入增长速度低于了GDP的增长速度不能得出电信业发展放慢的结论。

电信业收入增长速度放缓，实际反映的是ARPU值的下降。纵观世界主要发达国家，ARPU值大都经历过很高—下降—上升的三部曲。这是一个非常明显的规律，只不过人们长期按照工业现代化规则关注收入利润指标，对电信的后现代规律特征缺少认真分析。电信发展初期，人们用稀有资源建设了铜质网络，并吸纳大量人工接线员构建了电信服务产业。就像中国20年前一样，一个办公室甚至一个居委会一部电话，大家排队打，ARPU值想不高都不成。现在电话高度普及，如果还是单一的语音业务，ARPU 值不可能不降下来。

2、电信业的基础地位不会动摇

面对电信收入增长趋缓，业界有一种担忧，认为收入下降会影响到电信行业的国民经济基础地位。我认为这种担忧是不恰当的，电信作为国民经济的基础性、先导性产业不是以它创造的财务收入多少决定的，而是由它的性质和地位决定的。换句话说，主要是由它对社会的宏观作用和长远影响决定的。将来电信继续发挥基础作用，会与信息化融合发展，新产业链形成以后，更多的“车、货”都要通过核心网、接入网广泛传播，ARPU 值自然就会上升，电信业收入也就会合理上升。

据测算，虽然我国还处于工业化社会，但是信息产业对 GDP 贡献率已经达到 4.35%，信息产业对经济增长的作用开始显现，并且有越来越大的趋势。有关单位在上半年进行的信息化市场应用大调查中得到的信息表明，在技术与市场的双重压力下，传统语音业务的发展已经显得后继乏力，难以支撑起整个电信业的可持续发展，信息化将是电信运营商新的蓝色海洋。信息化是一个潜力巨大的市场，社会各行业、各部门的信息化需求是复杂的、多样化的，不仅需要传统的语音业务，更需要包括数据专线、信息服务、系统集成、视频图像等在内的综合化业务。对传统业务增长乏力的运营商来讲，丰富多彩的信息化业务是重要的增长点。

需要特别指出的是，电信融入到信息化之后，电信的国民经济基础作用不会动摇。电信实现新的平衡以后，以它的高效廉价特性广泛渗透到社会生产和人们生活的方方面面，将更加凸显其基础产业特征。电信业诞生在工业社会鼎盛时期，又是信息社会的先导，这个性质也不会改变。也许像汽车代替马车一样，有那么一天“电信”改作“光信”或者更高级的什么信，但就像交通作为工业社会的基础产业一样，信息通信是将人类导入信息社会的最重要的基础设施。

3、需要把握后现代经济规律

电信业作为信息社会的基础，其发展已经不同于普通意义上的工业经济，而是要符合后现代经济规律。诺贝尔经济学奖得主纳什率先证明了二元对立工业模式的低效率，最近他又建立了“三人演化合作博弈模型”。还有更多前卫学者通过对摩尔定律、吉尔德定律、梅特卡夫法则、达维多定律、新泰尔定律的分析，发现目前电信业的混沌状态正预示着一场新的经济革命的到来。未来的成功不一定属于现在的强者，关键是谁更适应新的经济规律。

工业经济的基本规律是生产资源稀缺、消费欲望无限。整个西方市场经济理论体系就是建立在这一基本规律之上，也就是如何更有效地配置这些稀有资源。信息经济的主要生产资源是集成电路和光导纤维，原料来源于沙子。由于信息和知识广泛渗透，人们的消费欲望也不再无限，工业现代化的许多规则必须改变。

工业经济教会人们利润最大化的经营理念，导致二元对立的思维模式和商业诚信的缺失，最终造成双输困境和社会利益最小的结局。因此，工业时代利润最大化的企业目标应该让位给社会价值最大化。电信企业应该率先转变经营理念，不是争夺对方（包括消费者的）财富，而是共同创造财富。在创造社会财富的前提下获得合理利润，从而换来可持续发展的机会。（本节原载于《通信信息报》）

四个错误观点评析

戊末亥初，电信领域的几个难题似乎又浮上水面，有的还更加扑朔迷离。人们站在不同利益角度可以对网络经济持有不同看法，但是“世间自有公理在”。只有大家用真心深入研讨才能更接近“公正的真理”。我愿把几个月前在媒体上商榷过的四个观点重新与大家公开讨论。

1、3G 无用论

有人断言，中国不需要发展第三代移动通信，因为除了视频业务之外，其他服务功能在中国移动和中国联通公司的第二代移动通信系统中也完全可以实现，而视频功能并没有市场需求。他还有一句非常生动的调侃，“拿着3G手机看电视，开车撞车，走路撞树”！确切地讲，3G 不是一种新业务而是第三代移动通信技术，就像从第一代到第二代移动通信的技术进步一样，是整个移动网络的升级换代，而不单是提供一种宽带视频业务，在我国有没有市场，主要看它的综合性能价格比。

3G 具有“高而不贵”的品质，它可以通过更低廉的费用实现优质通话、快速上网、手机定位、遥测监控、互动游戏等功能。有关技术经济分析表明，当同等规模的3G 系统，综合成本为2G 的1.3倍以下时，就会形成大众市场。而目前网络成本已经降到2G的50%，终端手机成本是2G的1.5倍。至于“撞车、撞树”言论，这与人故意违反交通规则和生活习惯有关，而不是技术或者机器本身的过错。

倒是4G技术突破有可能对3G发展形成重大冲击，但是下一个技术周期可能是WIMAX与“后3G”技术的融合。届时也许整个网络技术不再分代，而是不断向更高级需求平滑过渡。

2、双向收费天然合理论

世界上多数国家的移动电话采用单向收费，只剩下包括美国在内的极少数国家仍采用双向收费。近年来，出于竞争需要美国一些移动通信公司也开始采用包月制的收费方式。

我国在移动电话收费方式上始终存在两种不同的意见，有人提出了“双向收费，天然合理”的口号。理由之一是接听电话也占用网络资源。理由之二是双向收费更容易实现电信企业之间“资费独立，互不结算”。按照这种逻辑，不但移动电话应该双向收费，就是固定电话、短信等所有电信业务都应该双向收费，才能实现完全独立经营、互不结算。很明显这种观点同时犯了技术本位和经营本位两个错误。从网络经济规律和社会利益最大化的角度看，双向收费缺少人性化，强迫消费者被动买单，无疑抑制了消费者的通话行为，结果使消费者不敢放心消费。

进一步讲，未来的通信业务种类越来越多，电信用户肯定不情愿为乱发信息、滥发广告者买单，没人愿意为不明不白的消费而花冤枉钱。从消费者主权论的高度看，“谁主张，谁买单”才是人性化消费方式。另外，单向收费还会提高电话接通率和有效性，只有让消费者放心消费，产业才能获得更健康的发展。

3、通信能力发展过剩论

我国电信经过20年高速发展，由于价格大幅度降低，连年出现“增量不增收”的趋势。于是不少业内专家认为我国电信发展总体过剩了，理由是根据国际经验，人均GDP 1,000美元阶段人们没有那么多购买信息通信的能力，与其大量投资电信或者信息化，不如回头增加重工业的投入。有人还提出，“与其花费几千亿元建设第三代移动通信和村村通信基础设施，还不如投资其他工业项目更能够增加国民生产总值”！

实际情况是，到2003年中国粗钢产量居世界第一位，能源产量已居世界第二位，能源消费量占世界的11.2%。但能源使用效率只有30%，发达国家已经达到50%。我国单位GDP中耗费的能源是世界发达国家的3—5倍。靠这类高物耗、高能耗的增长模式还能维持多久是我国经济发展中必须考虑的问题。

信息通信突破了时空的制约，使得信息传递、搜寻、处理的成本极大地降低；改善了市场中供求双方、竞争各方之间的信息不对称状况，提高了资源配置效率。信息通信可促进农业集约化、工业柔性化、商业配送化、公务透明化和劳动高级化，成为改造传统经济增长方式的有效手段。

20世纪80年代中国经济发展有三大瓶颈：交通、能源和通信，经过30年的改革发展，通信的瓶颈已经基本解决，信息通信产业成绩斐然。但是另一方面，在权威部门选取的30个典型国家信息化指数测评中，中国居第27位，可见，我国信息化水平还很落后，发展空间还很大。

单就通信业而言，我国固定电话和移动电话网络规模都居世界第一位，网络的技术先进程度也已名列前茅。但是我国中西部地区和广大农村与城市的数字鸿沟有拉大的趋势。因此，我国通信发展总体上属于适度超前，但并不过剩。要服务于农村信息化和城镇化，建设社会主义和谐社会，还有很大的发展空间。

4、普遍服务政策过时论

电信普遍服务政策最早源于美国AT&T第一任总裁西奥多·维尔。针对上个世纪初美国电信业自由竞争产生的混乱局面，维尔提出“一个网络，一个政策，普遍服务”的口号，并在美国政府支持下，开始了长达半个多世纪的垄断经营。1984年随着AT&T的解体，引入竞争以后，各电信企业大都采用“牛奶撇油”战略，使得边远农村地区与城市之间的差距拉大。于是包括美国在内的西方大多数国家都重新制定普遍服务政策，扩大普遍服务领域，以支助负有社会责任的企业继续为大多数公民，不论职业、收入、残疾与否，也不论住在什么地方，都能以负担得起的价格享受先进的电信与信息服务。

有人认为，正是美国的普遍服务政策造成了世界电信长期垄断经营，现在是市场经济，有钱就装电话，没钱就别装电话。如果吃饭馆、坐卧车都搞普遍服务，那就回到了计划经济。

其实他们忽视了一个重要问题，就是网络经济与传统经济的区别。传统的工业时代是生产推动需求，信息时代是需求拉动生产。诺贝尔经济学奖获得者西奥多·舒尔茨提出了“穷人经济学”的理论，就是要激发穷人的购买力，才能促进经济持续增长。他认为，穷人不是穷在土地、资源和产业上，主要是穷在人的素质上，长期信息闭塞、教育资源匮乏造成的观念落后才是最严重的落后。

网络经济的一个重要特征就是需要大众参与，才能体现网络的真正价值。穷人参与信息通信，不仅对自己有利，同时也为全社会创造了机会，这就叫网络外部性。无论是竞争机制还是管制政策，必须把穷人的消费刺激起来，才能有更大的发展空间，才能实现真正和谐的信息社会。

灾害凸显通信的公共企业属性

2008年“5·12”大地震摧毁了16,000多个移动通信基站和100多公里的光缆通信设施，致使受害区域消息全部阻断，给救援工作带来许多实际困难。日前胡总书记特别强调，“要尽快恢复灾区通信、交通和电力设施”！新任工业与信息化部部长李毅中早在“5·12”当天就随温总理到灾区一线，与几大运营商一把手一同指挥，果断采取非常措施，恢复灾区通信。

通信、交通、电力本来就是国民经济的三大基础设施，均带有显著的公共企业属性，而一般工业则更多表现为资本属性。但在我国只有企业和事业这两类经济实体，根本就没有“公共企业”概念。上世纪末，由西方刮起一场自由化浪潮，似乎经济个人主义可以无缝覆盖所有经济领域；但是20年过去以后，人们又发现新自由主义即使在美国、欧洲也没有获得预期成功，多数发展中国家则深受其害。于是有人主张在新权威主义和新自由主义之间搞“面多加水，水多加面”游戏，也有少数学者开始思考后工业时代的理论问题。

著名经济学家J.L.里格斯指出，有人认为最少统治的政府是最好的政府，不管这类断言怎样，私人部门无论如何都不可能提供全部福利和服务业。而著名未来学家丹尼尔·贝尔则认为，工业化造成的污染、灾害、失业、健康等社会问题已经远非私人部门和地方政府所能解决，而在日益增长的公共服务部门，传统财政规则又会成为后工业社会的理论难题。

西方过度工业化已经给全人类造成许多麻烦，如果人们摆脱不了这种路径依赖，世界上每座城市都要搞摩天大楼，60亿人口都要开私人汽车，而钢铁、水泥、石油都来自地下，这样下去不知道地球母亲还会给人类什么样的惩罚或者报复。

佛学主张“利己而不要损他”，国学主张“君子爱财，取之有道”，市场经济也主张“帕累托最优”，这在工业社会根本不可能实现。因为工业基础资源永远是稀缺的，你占有了，我就不能占有；你消耗掉了我就不能再消耗。如果都想同样占有和消耗，只能由战争解决问题。而信息社会的基础资源是沙子（硅系集成电路和光导纤维）和知识，不但信息资源不再稀缺，而且会反过来大大减少或者替代物质能源的消耗，从而更有效地提高人民生活质量和生存环境，在共享、共赢理念下实现真正的和谐社会。

网络经济与公共理性革命

——在新商业文明论坛上的致词

各位来宾，各位朋友，女士们，先生们，上午好！请允许我代表本次论坛三家发起单位：中国信息经济学会、中国社会科学院信息化研究中心、阿里巴巴集团研究中心欢迎大家参加本次重要论坛，同时也想代表今天所有与会人士感谢阿里集团在初秋季节的美丽西子湖畔为我们提供信息时代新商业文明的学术探讨和交流平台。

进入新世纪以来，随着互联网的快速普及，电子商务、网络经济对传统商业模式已经形成强烈冲击，建立在物质资源稀缺、占有欲望无限和“个人为个人”伦理基础上的传统商业文明开始锈蚀，信息社会需要怎样的商业模式早已是摆在我们面前的一个重大课题。今天的论坛将有几位专家为我们解读新商业文明的内涵，还有几家实践新商业文明走在理论前面的知名企业从更重要的角度阐述他们的精彩观点，最后将以本论坛名义通过《新商业文明宣言》。我预祝本次新商业文明论坛举办成功！

为抛砖引玉，我想和大家分享近期一点儿研究心得。我两年前承担《信息时代网络伦理》课题研究，发现了一个新命题，就是《网络经济与公共理性革命》。大家也许承认农业时代的经济伦理是家族理性，也就是以族长利益最大化为经济活动最终目标；工业时代的经济伦理是个人理性，也就是以个人利益最大化为经济活动最终目标，于是形成各经济主体拼命占有物质财富的 GDP 主义的经济规则。而信息经济的迅速扩张，正以"协同、共享、透明、互惠"的互联网精神，发起一场公共理性革命。何谓公共理性？用马云的话说，就是"一个市场主体的成功，必须建立在相关主体成功的基础之上"。

两天前，比尔·盖茨和巴菲特来华劝捐，受到中国富豪的冷漠。有人说中国富豪为富不仁，比尔·盖茨更像共产党员。我不知道中国富豪孰仁孰个不仁，但我绝对会投比尔·盖茨入党的反对票！盖茨极力推销他的新资本主义，说是让资本家赚取更多利润之后，自然就产生了救济穷人的动机，于是就促进了全球均衡发展。说白了就是当首富还不过瘾，当救世主才更风光。盖茨经营的是信息经济，却利用传统商业文明拼命赚取垄断利润，为什么不用大众价格为更快普及信息化做贡献？让穷人掌握信息，直接提高他们的劳动技能让他们自己创造财富？不知道大家想过没有，为什么比尔·盖茨出在美国而不是欧洲？就是因为美国社会崇尚个人理性，而欧洲社会更趋向公共理性。严格按照个人理性规则，欧洲应该出更多比尔·盖茨，居里夫人应不应该？高锟博士（光导纤维之父）应不应该？还有几十亿人用的 GSM 二代移动通信系统，W-CDMA 三代移动通信系统该不该出比尔·盖茨？

中国需要公共理性，最重要的是疏通诚信、透明、协同、共赢的机理。诺贝尔经济学奖大师纳什在他的三人合作演化博弈模型中表达得十分明确，如果人类只有自私本能，那就很难解释人类长期合作的进化过程。显然人类的本能是由某种复杂的混合体组成。另一位著名学者艾克斯罗德用计算机模拟出人类重复博弈模型，结果永远是持"一报还一报"、平等合作态度者成为最后赢家。但是重复博弈在传统商业领域根本不可收敛，只有在信息透明的条件下，各类交易行为跃然网上，人们方能发现，靠欺诈赚取少数不义之财将失掉更多交易机会。公共理性很可能成为社会主义市场经济的核心理念和价值判断。

由于时间关系，我的砖就抛到这里。下面还有更精彩的报告与大家分享。让我们再次预祝《新商业文明论坛》举办成功。谢谢大家！

第九章

第三种经济形态

第九章：第三种经济形态

通信发展与近代经济理论

通信的发展与近代经济理论的演化具有十分密切的内在联系。我们可以按照自由资本主义、国家资本主义和新自由主义这三个阶段进行分析。

1930年以前，资本主义经济的运行一直是通过市场机制、自由竞争获得均衡发展的。人们笃信亚当·斯密1776年提出的“个人管个人，上帝管大家”的口号，认为整个经济是由上帝的一只“无形的手”所操纵的。

这种思想摆脱了封建生产关系的制约，带来了自由放任的经济发展局面。在这种经济理论的氛围中，形成了许多国家电信早期的完全自由化竞争模式。

19世纪末，铁路和电报的发展对经济产生了巨大影响。美国经济学家钱德勒提出“看得见的手”的经济思想，认为经济运行是可以控制的。

1920年，英国经济学家庇古总结出著名的“边际效用递减规律”。他指出，在转移富人财富给穷人的过程中，社会上每个人收入的效用总和一定是增加的，并由此发现“市场失灵”，主张由国家干预经济生活，以解决分配不公和外部差异。

但是直到1929—1933年，资本主义世界性经济大萧条时期，国家资本主义才以凯恩斯革命的形式被西方各国政府普遍采纳。国家资本主义主张单纯通过市场机制平衡供需矛盾，用自由放任来度过危机，这使得解决失业的自由资本主义思想宣告瓦解。

在这一时代，美国适应了当时的经济潮流，采用集中和垄断两大法宝使电信事业步入健康发展的轨道。

二次世界大战以后，随着社会主义的胜利，美国“新古典综合派”（凯恩斯主义的右派）代表人物萨缪尔森主张用私营和公营合伙的“混合经济体制”建设全民福利国家。

英国新剑桥学派（凯恩斯主义左派）带头人罗宾逊被认为将李嘉图—马克思的价值理论推向了一个新高度。也正是在这个时期，多数国家的电信网络在国家直接投资和直接经营的环境中一路绿灯，快速发展起来。

进入20世纪70年代，西方政府部门和国营企业效率低下，已经严重制约经济发展。石油危机、经济停滞给了凯恩斯主义一个致命打击，也给国家资本主义蒙上了一层阴影。《后工业社会的来临》的作者指出，由于公共部门的效率越来越差，“财政危机的幽影越来越近……很可能成为后工业社会一个无法解决的问题”。

经济学家们研究了发展电信在缓解交通、节约能源、减少污染、促进教育、扩大就业方面的积极影响，受到西方政府的高度重视。就在这个时期，网络经济的扩展要求通过电信网提供日益多样化的信息服务，传统的标准电话服务意识正在受到前所未有的冲击。

20世纪70年代世界经济低迷，充分就业和福利国家的观念开始动摇。新自由主义对“大政府”的抨击集中于公共政策领域，主张用竞争秩序来重新组织经济。也就是说，要缩小公共部门，把它置换为竞争机制下的民间部门，然后再把公共部门作为资本积累领域予以开放。于是“小政府”和“复兴市场”的观点出现了，其目的就是要求减少社会福利，扩大资本积累领域。

美国的里根政府、英国的撒切尔政府和日本中曾根内阁顺应了这一潮流，对电信私营化改革起到了重要推动作用，并在钢铁、能源、交通等更广泛的领域实行了新自由主义政策。

新自由主义理论体系的主流是美国弗里德曼的现代货币主义。弗里德曼指出，只有自发的交换带来的协同，才能够实现经济繁荣和人类自由。认为明治初期的日本和维多利亚时代的英国才是理想的模式。他主张缩小公共部门，代之以竞争机制下的民间部门，再将公共部门作为资本积累领域予以开放。

新自由主义的另一个分支是以布坎南为代表的公共选择理论。布坎南认为，“正是政府愚蠢而错误的政策措施带来了市场的失败。凯恩斯的大政府使民间丧失了活力，带来了失业和通货膨胀激化”。他认为东欧社会主义“正是对凯恩斯主义改造所达到的最终恶果”。他首次提出“政府的失败”的概念。

在许多问题上，布坎南和弗里德曼的主张是一致的。但是布坎南不主张金融资本对公共企业的渗入，而是主张“通过政治合理化程序来集体选择公共财货”。他认为公民对政府租税的负担与享受到的公共服务应该是等值的。但是政府财政政策的受益者往往与负担者并不直接相连，产生了受益者不负担的财政错觉。他主张建立由受益者直接负担公共投资的制度。

作为对新自由主义思想的异化，一种新的经济学观点正在萌发。这就是协同合作经济思想。这种经济思想认为，国家资本主义危机的主要原因在于资本主义的过剩积累，也就是为了赢利还是为了人这个基本矛盾。在信息时代，“社会更加需要的不是物质意义上的经济学，而是站在劳动者即人的立场上的经济学。人们终将发现现代经济的病根恰恰在于金融资本脱离生产的寄生性和腐朽性”。

协同合作思想主张消费者以入股形式共同投资公共服务或者工农业生产，不是为了赢利，而是直接享用它的使用价值。80年代中期以来，协同合作在日本社区公共服务和农业及工业生产领域已形成实际运动，成为同时与官僚主义和营利主义相对抗的力量。

信息通信是“准公共品”

当前我国仍处于对信息通信服务的需求极其旺盛的一个关键时期，但是由于技术环境、经济环境的变化，我们所处的阶段与发达国家曾经的历史阶段已经大不相同。

随着微电子技术、光电子技术的发展和计算机与通信网的进一步结合，在我国人均GDP不到1,500美元的情况下，移动通信、数据通信和互联网的增长速度远远超过了固定电话时代，后电信时代的许多重要特征已经显露出来。在这个特定的环境中，我国通信企业如何才能更好地适应市场经济的改革与发展？我国信息通信业究竟应该采用何种发展模式？必须认真分析我国所处的社会经济环境，借鉴国外经验和教训，制定出积极可行的方案和方法来。

在自由资本主义时代，分散的小资本家投资工商企业并直接参与企业生产和管理过程。他们既有食利剥削的一面，也有经营管理的一面。后来随着金融资本的形成，资本的集中使其日益脱离生产和管理，成为纯粹谋取超额利润的工具。进入20世纪80年代以后，情况发生了微妙的变化。许多现代化大公司的资本开始向社会分散，美国AT&T公司的股东曾达到几百万户。这些股东同时又是公司的用户，他们持股的目的主要不是为了得到股息和红利，而是希望看到公司发展强大，为用户提供稳定的优质服务。没有哪个股东占有足够影响AT&T经营方略的股份，美国电信业的政策主要来自公司经营决策部门和政府公共管理当局。

日本松下幸之助家族在松下公司的股份占有额不到3%，该家族成员很可能进不了董事会。许多现代化公司的股东大会的权力越来越小，一些纯粹的经营专家组成代表董事会进行最高决策。这些代表董事很可能连该公司的股东都不是，代表董事会的经营已不是单为股东负责，更重要的是向代表社会各方利益的监事会负责。越来越多的社团组织派员参加各大公司监事会，发挥着举足轻重的作用。

美、日、英等国电信自由化改革以后，许多本地公司要求大幅度提高资费，遭到来自社会的强烈反对和公共管理部门的限制。政府认为，对公共企业最重要的管理是资费管理。美国联邦通信委员会（FCC）的宗旨就是使美国民众享受到与他们的通信花费相适应的服务。

理论界在通信资费方面又提出了增量成本定价原则，这一原则与等分成本定价原则相比，通信网络规模越大，新增通信能力占用的成本越小。这样，资费就不允许定得太高，从而更有利于新技术、新业务的发展。

值得一提的是，非营利公司机制正在成为一种时尚。它反映的是现代社会的人要求参与公共投资，并享受相应使用价值的一种内在动力。

《后工业社会的来临》的作者认为，“现在营利和非营利的区别已很难分清。如果把非营利部门作为一个整体看待，就会发现下述惊人的事实：美国大约1/4的国民生产总值和不少于1/3甚至可能几乎2/3的就业都为这一部门所占有”。日益增长的非营利企业将占据未来经济的中心舞台。

除了要限制营利主义，坚持以成本为基础的价格政策之外，第二个政策环境是垄断和竞争的关系问题。

近年来，在新自由主义思潮影响下，要求政府解除对公共部门管制的呼声日渐高涨。我国也有人认为没有必要区别公共企业和工业企业，一概照搬美国50年前的自由市场经济。

这正好暴露出我国经济理论研究的肤浅。要么完全依靠“看得见的手”搞统治经济；要么又完全交给上帝这只“看不见的手”搞自由放任经济。我们应该明确，网络时代的市场经济已经不是盲目的自由市场经济，而应该是一种更加社会化的契约市场经济。

在基础通信领域，既不可以重建国家垄断局面，也不会进入自由市场经济状态。很可能经过政府或者社会管制下的适度竞争，进入一种由多个企业和用户广泛参与的协同合作市场经济时代。这不是出自人们的理性要求，而是源自技术组织方式演变的必然结果，源自电话、电脑、电视三网一体化的融合趋势。

美国著名经济学家J·L·里格斯指出，“有人认为最少统治的政府是最好的政府。不管这类断言怎样，私人部门都无法提供全部必要的福利及服务业”。事情已经很明显，基础通信网络不可能像工业企业那样开放和自由竞争。即使在美国AT&T解体以后，长途通信出现了多家通信公司竞争的局面，但是各州公共管理当局仍不赞成在同一个服务区内出现多家固定网络公司竞争，而且对其业务范围、服务价格都没有完全取消管制。

英国经济学界有人不断批评说，撒切尔夫人80年代初推行的国有企业私营化政策在钢铁、煤炭领域也许是成功的，但在公共服务领域就不那么成功。因为作为煤气、自来水公司和电话公司的用户，不可能在市场条件下自由选择购买哪家公司的服务。

在我国，如何既引进适度竞争机制，又不造成物理网络的盲目、重复建设呢？统一规划、泛股投资、管制网络、放开业务可能是比较恰当的选择。

一方面需要强化信息通信主管部门的政府职能，防止我国物理网络建设中的无政府主义；另一方面，随着我国社会主义市场经济的迅速发展，各类提供网络信息内容和网络应用的企业将蓬勃发展起来。面对越来越复杂的网络信息服务，不可能由哪一家包打天下，只能由用户选择，向市场开放。即使在传统电信服务领域，一方面由用户通过市场选择他们需要的终端设备及其附加功能；另一方面应该大力发展末端转售业务，以“电信便利店”形式经营末端网络或最后一公里的租售业务，进一步方便社会，产出更大的整体经济效益。

公共企业的发展道路

发展信息通信能力的首要条件是建设资金的筹集和运用。对于如何筹措建设资金，我国曾存在三种主张。

一种主张认为，通信作为国家和社会的重要基础设施，应该由国家大幅度增加通信投资强度，像抓“两弹一星”那样靠国家财政发展信息通信业。第二种主张认为，通信作为非常赚钱的行业，应该通过企业赢利积累，依靠企业自身力量走自我循环的发展道路。第三种主张是在有效的政策、法律框架下，走公共企业的发展道路。

主要依靠国家财政提高对通信的投资强度的主张，在市场经济前提下是不现实的。因为市场经济改革的方向就是小政府、大社会。国家财政主要用于国家机器和基础教育、基本医疗事业等纯公共物品。

有人主张把高赢利、高积累、企业自我循环作为理想的发展机制。其实靠企业自身积累建设资金本身就是最不可取的发展机制。马克思早就说过，“假如必须等待积累使某些单个资本增长到能够修筑铁路的程度，那么恐怕直到今天世界上还没有铁路”。

我国的公共企业究竟应该走怎样的发展道路呢？合作股份制也许是理想的一种选择。19世纪初，空想社会主义者欧文和傅立叶的理论及实践活动已被人所熟知，当代西方社会主义学派仍然认为社会主义是合作运动的最佳目标。美国社会学家卡尔·泰勒提出人类之间的关系只存在三种行为模式，即冲突、竞争、合作，这三种行为的共同点都是由于他人的行为能够刺激另一个人在这三种模式上活动的热情，使之达到更高水平，在冲突中当事人的动机和行为是相互对立的；在竞争中，当事人的动机和行为有对立的一面，也有平行的一面；在合作中，当事人的动机和行为则是平行或合一的。

在思想领域，有人认为只有不断冲突才使历史发展与进化。另一些人则相信竞争更激发当事人的潜能，是发展的主要动力；有人则认为在更高生产力水平和更高目标的情况下，以利益共同体的形式合作要比单独工作、相互竞争更重要和有效。

西方合作股份一般具有以下性质：

一、所有者与经营者和生产者是分离的。比如某水果销售合作社，由一些果农联合销售他们的水果，他们各自认股，每个社员都是股东，股金报酬有限。社员民主选举董事会，由董事会聘任专职经理。这些专职经理并非果农，只是精通水果储存和销售渠道。在经营管理人员之下，再雇用领班和工人。

这三者分离的现象并不是合作经济所独有。在整个资本主义发展过程之中，随着所有权与经营权的分离，管理人员发展了自己对企业的控制权力，出现了管理主义革命。股东实际控制力在锈蚀，产权的重要性越来越削弱。在现代企业中，随着企业经营规模的扩大，经营活动越来越专业化、现代化，使董事们很难了解企业的业务，无法在重大问题上做出决策，所有者正在由企业的主人变成就像把钱存入一个金融机构，定期获得一些回报的债权人。

有所区别的是合作企业要比其他企业更容易使管理人员起控制作用。因为资本主义企业中有来自大股东的制约因素，国有企业有来自政府的制约因素，而合作企业没有来自这两方面的压力。

二、合作社的客户就是社员自己。在生产合作企业中，社员就是生产者，也是所有者；在消费合作企业中，社员就是顾客。

三、合作社具有非营利性。许多国家都把合作企业定义为非营利企业，因此要给予某些政策优惠。例如在美国经联邦所得税法的认可，有的合作企业的纯收入按单一税原则征收。

对非营利的概念有必要做进一步分析，实际上，企业总要有一定盈余。只不过合作企业的惠顾者就是所有者，企业的盈余又返还惠顾者自己。

四、合作股份性质。西方合作企业一般都采用股份制，但与一般的股份企业有所不同。一般股份企业的上市股票任何人都可购买，额度没有限制，而合作股份制只有社员（也是顾客）才能购买股份，成为股东，而且一般对认股有最高限额，主要是防止少数人利用资本力量来操纵企业，改变企业的合作性质。一般股份有限公司的红利没有任何限制，而合作股份公司的红利占纯收入的比例很小，有的合作股份公司根本不支付红利。

其次是股份有限公司的所有权可在市场上自由转移，而合作企业的所有权转移受到严格限制，这是为了把合作企业的所有权限制在合格的社员手中。股份公司内是一股一票，合作社内部不论拥有股票多少严格执行一人一票。

合作企业的行为理论也不同于厂商的利润最大化单一目标决策模型，而应该是更为复杂的多目标决策模型。只有建立一种新型企业行为理论，才能解释现代化合作企业的运作机制。但是在西方社会，由于合作企业所有者的行为越来越倾向于厂商的单一营利目标行为，这样做的结果要么使合作社的规模很小，成本难以达到最低点，要么就不得不扩大向非社员销售的比例，变得与一般股份企业的差别越来越小，使合作社的利益平衡关系遭到破坏。

那么为什么这种合作经济没有在现代社会获得理想的发展呢？主要是这种经济模式在工业商品阶段仍然避免不了空想社会主义性质。不论是农业合作社也好，工业合作社或是消费合作社也好，只要是经营实物商品，就不可回避私人占有性和生产社会性的矛盾。正如卡尔·泰勒所言，只有在更高水平和更高目标情况下，集团形式的合作才比单独工作、互相竞争更重要和有效。

随着网络经济的发展，有可能形成一种新的协同合作经济模式。这种模式可能具有社区服务共建共享性质，网员入股的主要目标不是赢利，而是直接获得网络的使用价值。而且加入网络组织的成员越多，这种使用价值自然就会越高，而不必附加任何额外的成本。

在网员合作企业中，每个网员既是所有者又是客户，这一点与经营商品的合作社是相同的。所不同的是商品合作社的商品既卖给社员，又希望卖给非社员，而且只有更多地卖给非社员顾客，才能获得更多的赢利。网员合作企业经营的是服务，它的所有顾客都是某种形式的网员，因此它不存在向厂商行为转化的动因，这是实现新型平衡关系的基础。

联合个人所有制方向

我国是世界上最大的发展中国家，拥有当今世界最大的网络服务市场。除了可以在高起点上采用新技术、发挥后发优势之外，还应该在经济理论的前沿，建立一种更优越的发展机制。

面对西方经济衰退和两次金融危机的洗礼，西方一方面继续推行经济自由化政策，另一方面又不得不借助一个又一个的国家计划、宏观政策来干预经济。许多迹象表明，面对网络经济，西方经济理论已经陷入深刻的矛盾之中。

国际上许多经济学家对西方公共领域自由化的做法不敢恭维，认为他们搞得很乱，相反对中国经济持续发展表示出浓厚的兴趣。但是有一点他们是学不来的，东方人有强烈的社会化意识，而西方人的核心理念则是经济个人主义。

物质产品的价值是内聚和独占的，信息服务的价值则是发散和共享的。如果世界上更多人拥有高级轿车，金属会紧张、交通会拥堵、石油会涨价；而世界上所有人都有先进的移动通信设备、都能宽带上互联网，原来的用户不用增加任何成本就获得了更多交流机会。我们完全可以吸取公共选择理论中“受益者负担”和协同合作思想中的“扬弃官僚支配和营利主义”的观点，共建共享先进的信息通信网络，沿着“在协作和对土地及靠劳动本身生产的生产资料的共同占有基础上，重新建立个人所有制”方向，就有可能找到更高级的社会形式。

股份制可能是向更高社会形式的重要过渡，实际上我国多年来靠国家财政、地方支持、企业自筹、上市股份形成的公共企业资产早已不是单一的国有制形式。从严格意义上讲已经发展成为混合经济形式。这种所有制形式继续扩展，完全可以过渡到“联合起来的个人所有制”形式。

恩格斯在《社会主义从空想到科学的发展》中指出，“生产力的国家所有不是冲突的解决，但是它包含着解决冲突形式上的手段，解决冲突的线索，这种解决只能是在事实上承认现代生产力的社会本性，因而也就是使生产、占有和交换的方式同生产资料的社会性相适应。而要实现这一点，只有由社会公开地和直接地占有已经发展到除了社会管理不适应于任何其他管理的生产力”。恩格斯接着指出，“无产阶级将取得国家政权，并且首先把生产资料变为国家财产”。“当国家终于真正成为整个社会的代表时，它就使自己成为多余的了。”

显然，恩格斯在这里把无产阶级的国家所有制视同向社会所有制的自然过渡，我们不难看出，恩格斯正好勾画出生产资料由“私人占有—国家占有—社会占有”的发展主线，而这条主线正在被世界经济总趋势所证实。一方面它是对新自由主义“私人占有—国家占有—私人占有”历史循环论的批判；另一方面，也很值得我们对长期坚持的高度集中的经济政策做深刻反省。我们不可能等待某一天早上国家突然消亡以后，再实行“由社会公开地和直接地”占有生产资料，而是必然出现国家管理逐渐削弱、社会管理逐步强大的渐进过程。

第九章：第三种经济形态

现代经济理论的贫困

几个世纪的工业社会使人们养成了过分追求物质财富的习惯。一方面，如果人们不去努力追求物质财富，今天的生活肯定还是像工业革命以前那样困苦，但是另一方面，无限制地追求物质财富，也会形成一个无意义的经济体系。一个人占有过多的物质财富，就像喝了过量的啤酒还要再喝一样有害健康；一个国家拼命生产了大量钢铁和石油还要扩大产量，这个国家的经济和社会也要患病。虽然早就有人提出过生产的根本目的不是为占有更多的物质财富，而是为了提高人的生存质量，但是直到20世纪末，由于网络经济的凸现，才使人们真正意识到过去的康庄大道已经到了尽头；疯狂资本主义不再是摆脱贫穷的良药；全新的企业组织形态即将产生。它将使整个工业社会、强权政治、福利国家日落西山，风光不再。原有的经济理论几乎全都发生锈蚀，经济学进入了一个前所未有的贫困阶段。

信息社会的主要产出是信息服务而不是信息商品，对少量信息商品而言，由于信息与载体凝聚在一起，可以形成实物产品的增值。比如一盒录有著名歌星演唱的歌曲的磁带、一本畅销读物，它们和一件名牌时装、一袋名牌食品并没有什么本质区别。而且越来越多的实物产品将渗透大量的信息劳动。这与原始人狩猎也必须渗透信息劳动一样，并不存在独立的理论问题。如果仅仅把信息社会理解成实物产品中信息劳动含量增加到一定比重的社会，那就不需要信息经济学了。因为西方工业经济理论在处理商品问题上已经达到相当成熟的程度。

问题恰恰出在信息流通服务作为一个独立劳动形态的产业部门存在的问题上，也正是在这个领域，传统经济学都难以做出令人满意的解释。相比之下，西方经济个人主义理论已经变得不怎么顶用了，而马克思主义的基本原理更接近解决信息服务的理论难题。

《后工业社会的来临》的作者丹尼尔·贝尔说过，“从封建主义、资本主义到社会主义，以及从前工业社会、工业社会到后工业社会，这两种阶段排列顺序都来自马克思”。丹尔尼·贝尔看到了资本主义理论正在许多新兴领域失效。出于立场的某种需要，他又把希望寄托于两者趋同所产生的一个“国家社会”的图景上。

他引用西方著名经济学家熊彼特在1942年出版的《资本主义、社会主义和民主》一书的论点说，“熊彼特预言了资本主义文明的终结，这场变革既包括精神，也包括社会结构”，熊彼特认为，改变资本主义的精神因素有三个。其一是资本主义过于理性化；其二是创业家的作用逐渐过时；其三是所有已经确立的信仰正在锈蚀。

丹尼尔进一步发现，资本主义在后工业社会正面临窘境：

——高等教育的天平在从私立学校偏向公立学校，而且即使是私立学校，没有大量的公助也将无法维持下去。

——知识财富的形成需要投入大量的公共资源。那么采取什么方式来评价这些成果，由谁来评价？由于资源有限，如果需要在是把人力和资金投入空间技术还是投入粒子加速器之间做出选择，需要怎样的决策过程？

——知识是社会合作的产物，还是个别思想家、天才努力的结果？如果是后者的话，那么产生创造力和提高生产率的条件和背景又是什么？

——科学技术通过什么途径才可以将实验室的发现顺利地投入大工业生产？这是一个信息扩散问题，但是政府是否有责任制订一项周密的扩散计划或者规则，而且要求并鼓励企业积极应用它们？

——互相依赖性的增长使公共决策日益代替市场决策；全面城市化和农业人口流失，技术方式日益多样化。在这种情况下，我们是否需要采取手段有意识地监测社会变化，是否需要创造某种机制对未来进行预测。

这位美国社会学家还发现，公司中人与人的关系正在由家族关系变成社会关系；公有与私有的界限变得模糊起来，赢利和非赢利的概念也难以分清，企业目标与社会目标正在靠拢。

他得出的结论是，“今天的美国已经第一次成为一个真正的‘国家社会’。我们面临的许多国内问题，并不产生于‘资本主义’和‘社会主义’这类古老的公式，而是由于问题之多，现在必须交给国家去寻求解决办法”。

日本经济学家井原哲夫也提出过，“经济学对物质财富市场的理论化已经取得了显著的成功。在经济学研究领域内，物质财富主要指工业产品或农业产品而言。这种经济理论虽然已被服务所应用，但其结果，往往把服务的本质歪曲了”。

长期以来，世界上形成了衡量社会总产出的两大经济核算体系。一是集中计划国家的以工农业总产值为主要指标的核算体系；一是市场化国家的以国民生产总值为主要指标的核算体系。

工农业总产值指标体系排斥服务作为独立的经济部门存在，是反社会分工的一种过时的经济方法。国民生产总值指标体系则承认独立的服务产业存在，而且只统计各部门在购买别人劳动基础上附加劳动的增加值。显然国民生产总值指标体系比工农业总产值指标体系更为先进。我国从80年代中期开始，也逐步过渡到这一体系上来。

但是，工农业总产值也好，国民生产总值也好，仍然是以投入资金、获取利润为主线的经济理论的体现，对于社会总产出的衡量，必须补充若干其他指标。从70年代末期开始，许多国际性组织建议采用综合国力指标体系。除了国民生产总值之外，还要补充环境、教育、安全、健康和居民生活质量等多项指标，才能形成一个综合指标体系。

国民生产总值衡量的是在市场上买卖的商品和服务的价值。而且这种度量本身仅仅是加法性的，它不能把计算上的增加与实际产出的负面影响，以及计算上的减少与实际产出对总效用的倍乘作用区分开来。

比如我们的烟草业为国民生产总值的增加或者国家财政做出了很大贡献，但同时又引起疾病，危害健康，因而增加了社会成本。但是在统计中不论是财政贡献还是因治理污染、消除疾病增加的社会成本，都表现为国民生产总值的增长。

再比如，一项新技术可以大大延长某项设施的使用寿命，由于该技术的大量推广可以减少这项设施作为工业产品的产量，使得国民生产总值不但没有增加，还可能大幅度下降。尤其是信息技术的大量投入，很可能因节约能源、物质消耗，直接提高人们的生存质量而使国民生产总值下降，所以我们没有必要过分迷恋国民生产总值。2000年在我国人民代表大会上，国务院的政府工作报告就没有再把国民生产总值的增长率作为一个重要目标和主要任务。

在新形势下，社会更加需要的并不是物质意义上的经济学，而是站在劳动即人的立场上的经济学。人们迟早会发现现代经济的病根恰恰在于金融资本的寄生性和腐朽性，而转向把高度发达的生产力用于高科技、高教育、高生活和高国民保障体系的政策主张上来。

直到20世纪30年代中期，西方多数经济学家都确信自由市场经济会解决资本主义社会可能出现的任何问题。“个人管个人，上帝管大家”是自由放任经济政策的形象体现。但是30年代中期开始的经济大萧条，打破了自由放任经济政策的关于依靠自由市场的调节就可以解决贫穷和就业均衡的承诺。自由市场经济理论不能解释现实经济中的垄断、外部性、机会不均等和失业这四大难题，因而产生了凯恩斯主义革命。

凯恩斯有两个卓越贡献，第一是发现自由经济本身从根本上说是不稳定的；第二是提出了慎重、负责的政府干预能恢复和维持充分就业均衡，从而使自由市场再次成为最有效的资源配置手段。但是现实经济并没有反映构成凯恩斯理论基础的完全竞争模型，经济在很多领域存在着垄断力量，劳动力构成资源也不可能高度流动，这就使政府调节市场的机制变得呆滞不灵。

上世纪70年代，新自由主义认为，政府作用的增加和通货膨胀是影响经济利益和个人自由的两大祸根，过分的宏观管理和社会保障会形成官僚主义，从而导致无效率。唯一的办法是削减社会福利，接受短期高失业以抑制通货膨胀。他们的纲领是恢复自由市场经济和强有力的个人主义刺激。新自由主义政策虽然受到里根政府和撒切尔政府的强有力的支持并付之应用，但并没有显示出长期有效的结果。美国克林顿政府也没有将新自由主义政策继续下去，而采用了更加倾向于用社会工程刺激增长和普遍服务的公共政策。

进入新世纪以后，经济学家们开始认识到，现有的经济理论都无法解决当今社会面临的无数问题，信息社会必须开拓新的理论研究领域。

电信市场走向第三次均衡

提要：1934年以前，电信行业主要靠自由竞争，放任发展。1934年到1984年，世界电信行业靠行政垄断和政府管制实现了第二次均衡。20世纪70年代，新自由主义极力主张回复自由放任的经济政策，1984年后电信行业进入了一个解体、分散、并购、整合的振荡过程。1996年以后，新经济使电信行业开始走向重建管制和社会协同的第三次均衡道路。

第九章：第三种经济形态

电信与交通、供电、供水、供气一起，组成国民经济的基础设施，它与一般工商业的改革不同，反垄断和有效竞争的难度很大。近10年来，国外基础设施领域的改革也是喜忧参半。德国、智利、匈牙利等国的基础领域改革比较成功，主要体现在立法在前、工作细致、逐步放开、重建规制。相反，美国电信和电力改革，英国铁路改革就不那么成功。美国1996年电信法旨在利用非捆绑网络元素出售办法打破本地电信最后一公里的垄断地位，结果并没有达到预期目的。因为就固定电信网络而言，居民并不接受多家公司争抢入户的局面，最后只能锁定一家，其他几家都是重复建设，成本还是要转嫁给消费者。美国加州电力改革以来，居民家庭用电涨价40%，工业用电涨价200%，输电部门仍然因赢利困难不愿送电，电力危机持续了很长时间。英国铁路被分割成一家路网公司、6家货运公司和25家客运公司以后，管理非常混乱，事故频频发生，死伤人数上千。市值下跌，企业亏损，“但个别运营业主却成了肥猫”。看来我国电信基础设施领域改革既不能照搬国外做法，也不能延用我国工业领域的改革经验，而要充分研究、广泛宣传网络新经济特征，努力将电信引入理性改革与发展阶段。

一、电信行业改革悖论

随着中国电信集团公司的第二次分拆，我国电信改革与发展进入了一个新阶段。几年前，学者们开出的药方就形成三大主张。一是由政府继续垄断经营基础电信网络，电信业务完全放开竞争。二是将具备垄断力量的经营者全部按地域拆散，放开对新运营商的准入，一切交给市场这只看不见的手自由放任发展。第三种主张是按照不同的业务类别切分市场，同时培育专业化新竞争者形成适度竞争。前两种主张对电信行业缺少系统研究，具有很大的盲目性，后一种主张可能更符合新经济规律，但是目前尚缺少实证基础。

在世界经济改革大潮中，政府继续经营一个基础电信网络，不是方向；完全交给市场自由竞争是上世纪80年代在西方红极一时，90年代走了下坡的新自由主义主张，实践已经证明它的失败。因为电信经济是不充分的市场经济，电信竞争也不可能是自由竞争。它具有工业经济所没有的网络经济和外部经济特征，这是电信改革出现诸多问题和存在长期争议的主要原因。

现在反思世界电信改革道路，学术界多数人认为美国80年代分散、解体电信公司的改革模式并不可取，欧洲和日本的改革方案也存在很多问题。在管制环境中，通过有效竞争形成具有专业优势的少数大型电信产业集团才更适应未来社会。

我国2001年出台的将中国电信公司南北分拆的改革方案可能不是一个最好的方案，因为它与按专业分拆相比增大了互联交易成本。但是它的可取之处在于加快了实现少数大公司对等竞争的步伐。因此我们应该站在这个新起点上，积极营造电信市场重建管制、有效竞争的新格局。

信息网络的迅速普及，不仅改变了人们的生产、生活方式，也冲击着人们的思维方式和工业社会建立起来的理论基础。20世纪80年代西方经济界倡导"凡是小的，就是好的"社会理念，极力主张把大企业化整为零，认为船小好调头，只有小企业才能适应信息社会多样化、非标准化的需要。进入90年代，面对企业利润摊薄，企业联合合并风潮不断，西方又有人提出企业只有做大才能降低成本，提高效率，抵御风险，实现可持续发展。

美国商业部的一份研究报告称，1995年到1998年，互联网及产业对美国经济增长的贡献为一个百分点，降低通货膨胀率0.7个百分点。可是大多数网络服务商的获利无望，单靠网络服务根本无法存活。人们开始思考，高科技产业是低投入高利润的行业还是高投入低利润的行业？知识财富是私人财产还是公共资源？网络制造均富还是扩大数字鸿沟？网络经济发展的原动力来自合作还是来自竞争？未来社会是政府决策代替市场决策还是市场决策代替政府决策？交通、通信、环保、教育需要的大量资金如何解决，是靠政府投资还是靠市场积累？面对这些问题的普遍存在，市场和政府都显得苍白无力。现代经济正在寻找除营利主义和官僚支配之外的新均衡力量。

二、超越新自由主义

直到20世纪30年代初期，西方多数经济学家笃信自由市场经济会解决资本主义社会可能出现的所有问题。"个人为个人，上帝为大家"是经济个人主义者完全依靠市场自我均衡的代表性口号。与之相吻合的是1893年以后，随着贝尔电话专利到期，美国很快出现了6,000多家私营电话公司，他们独立经营互不连接，当时从纽约一个区往另一个区打电话，必须忍受努力回想用哪一部电话才能找到哪一个人的烦恼。后来美国AT&T公司在市场竞争中胜出，很快占有了全国90%以上的电信市场，确立了AT&T的垄断地位，全国电话公司数量也从6,000多家减少到1,000多家。政府为了维持电信市场的适度竞争，不得不阻止AT&T继续吞并其他独立电话公司的反竞争行为，并于1934年建立了美国电信管制机构FCC。

上世纪20年代末开始的一场世界性的经济大萧条，打破了自由主义放任经济政策关于依靠自由市场调节就可以解决贫穷和就业均衡的承诺。因此产生了凯恩斯主义革命。凯恩斯有两个卓越贡献，第一是发现自由经济本身从根本上说是不稳定的；第二是提出了慎重负责的政府干预能恢复有效竞争和维持充分就业均衡，从而使市场再次成为最有效的资源配置手段。

1934年到1984年，美国电信业实际上也是在政府承认自然垄断并在政府直接干预下重新获得市场均衡的。

但是几十年的实践并没有反映出构成凯恩斯理论的有效模型，经济在很多领域走向更大规模的行政垄断，垄断必然带来内部非效率性和价格、供求关系和服务质量的失衡。劳动力资源也不可能高度流动，政府调节市场的机制变得呆滞不灵。

20世纪70年代末，以弗里德曼为代表的新自由主义认为，政府作用的增加是影响经济利益和个人自由的祸根，过分的宏观管理和社会保障形成官僚主义，导致非效率性。唯一的办法是削减社会福利，接受短期高失业。他们的纲领是恢复自由市场经济和强有力的个人主义刺激，企业私有化、自由化改革是这个时代的标志。于是才有了1984年美国AT&T的解体，并在全世界掀起了一场电信自由化浪潮。直到1996年，世界电信改革的主流都是恢复自由市场经济。

1996年以后，随着美国新电信法的失败，人们才开始怀疑将电信完全交给市场这只“看不见的手”的政策的有效性。在这一阶段，经济学学家又连续创造了“取消管制”、“放松管制”、“新型管制”、“重建管制”这一系列新词汇。

应该说，新自由主义政策在20世纪70年代曾经起到了刺激西方经济再次发展的重要作用。但是到了80年代后期，由于网络经济的兴起，自由市场经济出现了更多领域的失灵。西方企业并购风潮迭起，克林顿政府开始默认企业并购和垄断的回归，并冷落新自由主义，转向实行积极的干预政策支持投资公共工程，以刺激经济增长。90年代开始走红的美国经济学家斯蒂格利茨强调指出，人们已经逐步认识到对竞争具有局限性的产业进行规制和政府干预的必要性。在某些行业中竞争是难以维系的，可能更适合少数生产者独占，这就形成了一种在政府干预下的寡头垄断局面。按照斯蒂格利茨的主张，网络产业在政府管制下可能会形成从基础电信到增值服务的分层有效竞争的格局。竞争主体将由极少量的电信通道运营者和较少量的语音、图像、数据服务平台运营者以及适量的网络接入服务提供者、较多的信息内容提供者和大量的利用网络进行交易、交往服务的运营者群体组成。

但是信息网络产业的大量投入，并不像工业经济那样直接创造产值和提高就业，它很可能使许多网络投资商资不抵债或者造成更多的失业。在这种情况下，一些有远见的经济学家发现资本主义在后工业社会正面临两大窘境。一是信息社会相互依赖性的增长使社会公共决策日益代替政府决策和市场决策。二是在新形势下，社会更加需要的并不是物质意义上的经济学，而是站在劳动即人的立场上的经济学。完全听任市场这只看不见的手和完全依靠政府这只看得见的手，早已变得难以奏效，网络经济时代不仅需要市场规律，需要政府干预，更需要社会协同这第三种调控手段。WTO 精神是规制与监管分开，监管机构不仅独立于企业，还要独立于政府。未来投资的主要目的将不是高额利润，而是高科技素质、高教育水平和高生活质量。工业时代建立的以利润最大化为目标的理论体系正在走向衰亡，一些更有生命力的建立在人文主义和非线性思维上的理论体系正在酝酿之中。

三、进入第三次均衡的历史必然性

经济个人主义认为，人们在追求私人目标时会在一只看不见的手的操纵下，实现社会资源最优配置和增进社会福利。意大利经济学家帕累托进而总结提出资源配置最适度原理。也就是相信人的本性是自私的，但市场规律又天然具有一种平衡约束力，它使每个利己的经营者和消费者在不损害他人利益的情况下实现社会利益最大。这一论断后被西方经济学称作帕累托最优状态。

但是，帕累托最优在整个资本主义经济实践中并不存在。现实的市场经济在多数情况下不能导致资源的最优配置，这是因为：

●垄断的实际存在。这是由某些产品和服务的规模经济性造成的，现代信息产业的经济规模出现了跨国联合扩张趋势。市场对于垄断性企业形不成约束力，完全依靠市场肯定使社会经济失衡。

●外部经济性存在。有些生产者的生产结果会对他人产生有利影响或者有害影响，消费者的消费结果也会对他人造成有利或者不利影响。尤其是某些生产和经营活动可能产生严重的环境污染、危害公众健康和社会安全，这些问题不可能由市场本身自行解决。

●公共物品的存在。如国防、环保、绿化、道路、桥梁、广播等公共设施，属于不付钱的消费，或者非赢利投资领域。

●信息不对称性。市场经济的一个重要假定是信息对所有经营者和消费者都是透明的。而实际上，消费者与经营者对商品信息的了解总是不对称的。于是自私的经营者们必然会出现欺诈行为，破坏帕累托最优。

正如萨缪尔森指出的，完全依靠市场实现资源最优配置的情形具有“几乎可以说是奇迹般的偶然性”。假如经济生活中只有市场这只“看不见的手”发挥作用的话，那么自由竞争的结果更多的是低效率。在市场失灵的情况下，各国通常是采用政府这只“看得见的手”进行行政干预，或者由政府直接经营、管制某些行业。

可是过分的政府管制又会出现两个不好的后果，一是由于政府与企业信息不对称，使经济出现官僚支配下的低效率；二是会出现大企业收买政府部门，形成政企同盟合伙侵害消费者利益。

20世纪80年代的新自由主义主张净化市场环境，完全依靠市场规律恢复经济的一般均衡。另一些经济学家则认为，高科技信息产业所特有的收益递增性引起的正反馈效应必将更快地破坏市场均衡条件，造成经济的极不稳定。必须加强政府这只看得见的手的作用，这些人甚至认为现在的许多问题（如环境、人口、教育、互联网）已远非地方政府所能解决，“必须交给整个国家去寻求解决办法”。

但是人们是否只能墨守两点论，交替求助于市场规律和政府干预这两只手的力量，或者在这两个极端之间寻找一个平衡点呢？新经济理论研究证明，进入网络时代，仅利用市场规律和政府干预这两只手的交替力量还是不能解决所有社会经济以及人类生存环境的问题。必须重视社会协同这第三只手的作用。

所谓第三只手，原指社会道德规范对经济的积极影响，是建立在“人具有一种天然的利他主义倾向”基础上的理论。但是现阶段人们的利己主义倾向往往压倒利他主义倾向，致使道德规范的力量显得苍白无力。到了网络经济阶段，一方面人们要利用网络进行经济交往，就必须遵循网络规则和网络信誉，甚至需要共同投资网络建设，共享网络使用价值。另一方面，信息网络使各种交易活动变得日益透明，使原本靠少数先进分子自觉遵守并教化社会的道德规范，转变为一种阳光下的刚性气氛，社会监督体系将无情地清除与公众利益不和谐的害群之马。网络天然具备平等、合作和互动精神，只要进入同一网络，唯利是图者将获得最少，乐于给予者将获得最多，只有采取合作性竞争和多赢战略才是最明智的选择。

1994年的诺贝尔经济学奖获得者，美国经济学家纳什用数学方法证明了人们在非合作博弈中的平衡状态。最后的结论是，在人们的相互交往过程中，每个行为主体的利己主义决策结果，可能是有效率的，也可能是无效率的，但多次重复这种决策肯定是低效率的。它实际上证明了亚当·斯密200年前提出的每个人自私自利就可以实现社会最大福利的假设的不可实现性。在现代市场经济中，人们在多次交往或者重复博弈后发现，遵循平等合作规则要比通过欺诈获得少数几次不义之财更有利。

根据美国知名学者罗伯特·艾克斯罗德1996年的合作进化论模型，人们在合作博弈中，最先被社会淘汰的是无条件助人者和无条件坑人者，最后被淘汰的是惯用欺诈手段者。而获得可持续进化机会的只剩下一种人，那就是“一报还一报”的平等合作者。因此人们再次发现人类社会的走向仍然是“我为人人、人人为我”。只不过是网络经济加快了地球村的形成，使人类经济生活早日进入平等交易、合理回报的新均衡状态。

我国经济学界比较重视市场经济的制度安排和法制建设，这对我国现阶段是非常必要的。但是从长远看，成熟的市场经济更需要平等和诚信的道德建设。因为在任何情况下，人们的多数经济活动要靠非正式约束，而不是正式约束。而且往往是正式约束越详细，漏洞也就越多。美国法律可谓健全，但是美国社会钻法律空子的案例屡见不鲜。另一方面，正式约束必须靠政府和国家工具来维系，世界经济改革的总趋势又是小政府、大社会。所以说，越来越多的政府失灵的领域要由社会直接承担起管理的责任。

随着网络技术的快速渗透，民主化非政府组织的作用将日益加强，社会协同与企业自组织将成为继市场均衡、政府均衡之后的第三种均衡力量。

四、未来赢家是自组织化的企业集团

电信促进了工业时代的成熟，同时又孕育了信息时代的到来。如果说电话网仍然保留了工业经济的设计理念，比如分级交换、宝塔结构、集中控制、智能中心化，那么，以IP技术为核心的下一代网络必然走向无级交换、扁平结构、分布控制和智能边缘化。换句话说，未来支撑信息社会的是一种开放的、透明（光波）的网络和高智能的自组织化终端。

技术结构决定经济结构和社会结构，网络新经济正在把人类社会从集中化、被组织阶段推向分布化、自组织阶段。

什么是自组织呢？原来，开放系统从无序到有序的发展有两条途径。一条是力学途径，比如万有引力使天体做有序运动，磁场力使磁性分子有序排列，这些可看作是被组织的有序化。一条是靠信息传递途径使开放系统进入自学习、自适应的有序状态。

在工业社会里，人们总是希望有一个控制中心通过高度同一的组织体系来实现社会整体效益的最大化。把这种思想运用到现代社会，结果发现我们的社会总是在过度组织或欠组织的状态下摇摆，很难稳定在最佳控制点上。事实上，被组织化只适应单一目标的符合机械决定论的全结构化系统，不适应日益多样化的半结构化和非结构化的网络。问题出在超出人脑这种复杂系统之上，起维系作用的主要不是能量而是信息。在一定的信息环境中，各个行为主体不断地进行自组织，才能达到复杂网络结构的次佳状态。

传统经济由于信息环境的制约不可能实现真正的自组织，往往处于无组织或被组织状态。而网络经济是天然的自组织经济。

工业经济受资源、能源和交易费用的约束，单位生产成本总会随着产量的增加而上升，同时一个消费者占有的实物财富越多，每增加单位财富就会使他的使用价值下降，从而形成收益递减效应。网络服务企业的主要原料是沙子（硅）和知识，由于较少受资源、能源和交易费用约束，单位服务成本总是随服务量的增加而下降，同时一个人占有的信息越多，每增加一条信息对他的有用性才越大，因而形成收益递增效应。收益递增会造成某些小企业快速无边界扩张，形成新的集中垄断，比如微软公司、英特尔公司。在新经济领域，垄断可以看作是收益递增规律的逻辑性结果，但它又是破坏市场对资源的优化配置，产生官僚主义和企业内部非效率性的罪魁祸首。因此各国在产业实践中一方面实行政策性管制，一方面培育竞争对手以限制这种垄断的力量，以寡头形式实现有效竞争。现在看来，过于分散的小企业和过度集中的大企业都是工业时代的产物，网络时代的最后赢家是大型、松散、具有专业化优势的民营企业集团。

为什么要强调民营企业呢？这里首先要明确一个重要概念。就是现代民营企业已经主要不是马克思时代的小私有者拥有的企业，因此它主要已不是私营企业，也不对应公营企业，它所对应的应该是官营企业。而官营企业早在中国秦始皇时代和唐朝、明朝盛世就起到过重要历史作用。20世纪中叶以后，在国家资本主义影响下，许多欧洲国家和前苏联都扩大了这种国营经济成分。进入80年代，实践证明，现代民营企业比国有企业更具有自组织的活力，更适合社会化发展方向。

美国AT&T公司曾经是世界上最大的民营企业，几乎所有用户都是它的股东；日本松下幸之助本人拥有松下企业的股份不到1%；企业所有权和决策权都开始向社会转移。事实将再次证明，私有经济和国有经济都不再适合网络生产力的发展，我国前些时候提出的国有民营口号在理论上也是站不住脚的。我们只有承认社会生产力更适应社会化所有、社会化管理的属性，我们才能真正代表先进生产力的发展方向。正如恩格斯在《社会主义从空想到科学的发展》中指出的，“生产力的国家所有不是冲突的解决，但是它包含着解决冲突形式上的手段，解决冲突的线索，这种解决只能是在事实上承认现代生产力的社会本性，因而也就是使生产、占有和交换的方式同生产资料的社会性相适应。而要实现这一点，只有由社会公开地和直接地占有已经发展到除了社会管理不适应任何其他管理的生产力”。

我们应该大胆鼓励中小民营企业进入部分电信市场，并快速成长或者联合为既有专业竞争优势，又有品牌、有信誉的松散大型企业集团，当然更寄希望于现有大型电信企业的民营化改革。

电信改革要避免两个误区，一是认为电信改革的方向是取消管制，走向完全市场化，最终目标是私有制；二是新经济的生产无边界使电信市场回归垄断。我们必须树立一个坚定的信念，就是经济改革不可能回归经济个人主义和自由市场经济，也不会重建国家垄断的辉煌。而是沿着“在协作和对土地及靠劳动本身生产的生产资料的共同占有基础上，重新建立个人所有制”（马克思，《资本论》第1卷，第832页）的方向，进入一个与信息生产力相适应的、建立在社会协同理念上的自组织管理的社会阶段。

必须走出三大认识误区

社会主义市场经济不可以脱离宏观调控，电信作为基础性、公共性产业，更需要在政府的宏观调控和规制下形成有序和有效的市场格局。但是，目前我国电信改革与发展中存在三大认识误区：

第一，“市场原教旨主义”的误区。目前，国际上进行电信改革主要采用的是西方的“新自由主义”理论，他们认为市场具有天然的平衡能力，可以完全依赖市场机制这只“看不见的手”进行调节。在这种思想的指导下就将电信业纳入一般工商业改革与发展轨道，甚至提出“由中央政府下一个红头文件，谁经营电信都行，用不着申请”。我认为这种思想倾向十分危险且是不正确的。

还有些人认为既然是市场经济，那么“电信企业与其他企业一样，唯一目标就是利润最大化，所以大家都在大城市搞牛奶撇油，不愿意承担普遍服务义务”。其实电信业的发展目标应该是企业合理利润下的社会价值最大化。主要表现为用户的利益应该、必须放在最重要的位置上，电信运营商不能一味追求利润而忽略了用户的利益和公共企业的社会责任。

第二，“回归垄断”的误区。由于长期受“新自由主义”政策的影响，导致美国电信业发展出现了过度竞争的现象。上世纪80年代美国电信解体，后来又合并，国外有些学者就产生这样的想法：认为电信行业属于不宜竞争行业，电信领域大可不必引入竞争，甚至提出“重建垄断时代辉煌”的口号。国内也有这样的思潮，认为我国电信业竞争已经过度，提倡企业合并。

我认为，目前我国电信市场竞争不足和竞争过度同时存在。对于目前讨论的热热闹闹的四合二甚至六合一，我认为不符合改革方向。要实现有效、有序的市场竞争格局，两家寡头竞争是极不稳定的架构，要有三家以上全业务许可的规模相当的电信运营商才是比较合理的竞争架构。

第三，“博弈万能论”的误区。有人认为经济政策没有对错之分，一切都是企业与企业之间、企业与政府之间的利益较量的结果。还有人宣传电信竞争的三十六计，什么瞒天过海计、偷梁换柱计等等不一而足。故意制造信息不对称，搅乱电信市场秩序。这些错误思想应该引起足够的重视。

博弈万能论的蔓延还会造成对电信法的过分依赖。认为只要有了电信法，电信市场出现的一切问题都可以迎刃而解。这种过分依赖电信法的行为值得质疑，因为人类社会只有少量典型的经济活动需要法律的正式约束，大量的经济活动要靠“非正式约束”，要靠行为主体的自律才能奏效。如果凡事都要诉诸法律，交易成本将大得惊人，任何社会都会承担不起。所以政府有责任创造一种刚性的公共氛围和社会机制，使危害公众利益者自然受到惩罚，遵纪守法者也不吃亏。

我们有必要从世界范围就电信业的管制历史做一番回顾，从而更好地了解政府加强宏观调控对电信业发展的意义。

1878年至1934年是世界电信业发展的第一阶段，此时的电信业处于市场均衡、自由竞争时代；1934年至1984年为第二阶段，这一时期电信业的发展处于政府均衡、行政垄断阶段；第三阶段是从1984年至2000年，此时的电信业处于取消管制、分合震荡的环境之中；2000年至今开始反思电信业发展中所遇到的问题，尤其是取消电信业管制是否合理的问题，逐步提出了重建管制的理论。

经历过前些年的分合震荡，人们都更加清楚地认识到政府宏观调控这只“有形的手”对电信业发展的重要意义，应该将市场“无形之手”与政府“有形之手”相互分工又相互配合，该由市场管的放手让市场进行管理，市场失灵的问题就必须由政府进行管理，例如互联互通、普遍服务、基础资源等问题。

我认为，要实现电信业的稳健可持续发展，除了市场的“无形之手”、政府的“有形之手”外，还应该重视“第三只手”的力量，即社会协同下的公共选择力量。这就是说我们不能完全依靠市场这只看不见的手，也不可能完全依靠政府这只看得见的手，还应该依靠社会化的信息网络形成适合公众利益的透明的氛围。

综上所述，对电信业的管理应该从盲目竞争逐步走向社会协同，各电信运营商应该自觉走合作竞争的发展道路。我呼吁大家在关注电信业发展时，应该本着“站高一点，看远一些”的态度，为电信业的新一轮发展提供一个更为广阔的空间。

需要社会协同约束机制

一、解析亚当·斯密悖论

市场经济的鼻祖亚当·斯密在200年前就提出一个悖论：人们在追求私人目标时会在一只看不见的手的操纵下，实现社会资源最优配置和增进社会福利。意大利经济学家帕累托进而总结提出资源配置最适度原理。也就是相信人的本性是自私的，但市场规律又天然具有一种平衡约束力，它使每个利己的经营者和消费者在不损害他人利益的情况下实现社会利益最大，这一原理后被西方经济学称作帕累托最优状态。

但是，帕累托最优在整个西方经济实践中并不存在。现实的市场经济在多数情况下不能导致资源的最优配置，这是因为：

●垄断的实际存在。这是由某些产品和服务的规模经济性造成的，现代信息产业的经济规模出现了跨国联合扩张趋势。市场对于垄断性企业形不成约束力，完全依靠市场肯定使社会经济失衡。

●外部经济性存在。有些生产者的生产结果会对他人产生有利影响或者有害影响，消费者的消费结果也会对他人造成有利或者不利影响。尤其是某些生产和经营活动可能产生严重的环境污染，危害公众健康和社会安全，这些问题不可能由市场本身自行解决。

●公共物品的存在。如国防、环保、绿化、道路、桥梁、广播等公共设施，属于不付钱的消费，或者非赢利投资领域。

●信息不对称性。市场经济的一个重要假定是信息对所有经营者和消费者都是透明的。而实际上，消费者与经营者对商品信息的了解总是不对称的。于是自私的经营者们必然会出现欺诈行为，破坏帕累托最优。

正如萨缪尔森指出的，完全依靠市场实现资源最优配置的情形具有“几乎可以说是奇迹般的偶然性”。假如经济生活中只有市场这只“看不见的手”发挥作用的话，那么自由竞争的结果更多的是低效率。

前美国总统顾问斯蒂格利茨最近指出，“市场原教旨主义认为，市场本身会带来有效而公平的结果，华盛顿将这些观点奉为神明”。其实，“亚当·斯密那只看不见的手之所以看不见，原因是它根本就不存在。市场的确有非常强大的力量，但是取消一切管制，市场同样无法运行”。

1994年的诺贝尔经济学奖获得者、美国经济学家纳什用数学方法证明了人们在非合作博弈中的平衡状态。最后的结论是，在人们的相互交往过程中，每个行为主体的利己主义决策结果，可能是有效率的，也可能是无效率的，但多次重复这种决策肯定是低效率的。它实际上证明了亚当·斯密200年前提出的每个人自私自利就可以实现社会最大福利的假设的不可实现性。在现代市场经济中，人们在多次交往或者重复博弈后发现，遵循平等合作规则要比通过欺诈获得少数几次不义之财更有利。

二、认真面对网络精神

在市场失灵的情况下，各国通常是采用政府这只“看得见的手”进行行政干预，或者由政府直接经营、管制某些行业。可是过分的政府管制又会出现两个不好的后果，一是由于政府与企业信息不对称，使经济出现官僚支配下的低效率；二是会出现某些企业收买政府部门，形成政企同盟合伙侵害消费者利益。

20世纪80年代的新自由主义主张净化市场环境，完全依靠市场规律恢复经济的一般均衡。另一些经济学家则认为，高科技信息产业所特有的收益递增性引起的正反馈效应必将更快地破坏市场均衡条件，造成经济的极不稳定。必须加强政府这只看得见的手的作用，甚至认为现在的许多问题（如环境、人口、教育、互联网）已远非地方政府所能解决，“必须交给整个国家去寻求解决办法”。

但是人们是否只能墨守两点论，交替求助于市场规律和政府干预这两只手的力量，或者在这两个极端之间寻找一个平衡点呢？新经济理论研究证明，进入网络时代，仅利用市场规律和政府干预这两只手的交替力量还是不能解决所有社会经济以及人类生存环境问题。必须超越市场，超越政府、重视社会化网络协同的作用。

根据美国知名学者罗伯特·艾克斯罗德1996年的合作进化论模型，人们在博弈中，最先被社会淘汰的是无条件助人者和无条件坑人者，最后被淘汰的是惯用欺诈态度者。而获得可持续进化机会的只剩下一种人，那就是“一报还一报”的平等合作者。因此人们再次发现社会的走向仍然是“我为人人、人人为我”。只不过是网络经济加快了地球村的形成，使人类经济生活早日进入平等交易、合理回报的新均衡状态。

三、建立社会协同约束机制

具有讽刺意义的是，电信作为网络经济的龙头老大，经历了从1984年AT&T解体到1996年美国新电信法的失败，世界电信改革进入了一种由经济个人主义引发的恶性竞争陷阱。摆脱恶性竞争的出路一是加强法制建设；二是引导企业改变追求利润最大化的单一目标，并通过发展各自的专业化优势，尽快由同质竞争转向差异互补；三是建立一种社会协同和监督机制。而目前最重要的是建立社会协同监督机制，形成遵纪、守法者得到应有回报，违纪、缺德者受到应有惩罚的刚性约束气氛。

为什么一个有随地吐痰习惯的人不在人大会堂吐痰？为什么汽车司机很少在北京长安街违章？主要是那里形成了一种包括电子眼在内的刚性气氛。

我国经济学界比较重视正式约束和法制建设，这对我国现阶段是非常必要的。但是从长远看，成熟的市场经济更需要平等和诚信的道德建设。因为在任何情况下，人们的多数经济活动要靠非正式约束。往往是正式约束越细，可解释性越强，漏洞也就越多。美国法律可谓健全，但是美国社会钻法律空子的案例屡见不鲜。另一方面，正式约束必须靠政府和国家工具来维系，世界经济改革的总趋势又是小政府、大社会。人们越来越需要由社会化监督机构和社会化网络体系承担起直接管理的责任。

随着网络技术的快速渗透，民主化的非政府组织的作用将日益加强，各类管理委员会、专家仲裁机构和信誉评估机构会应运而生，社会协同与企业自组织将成为继市场均衡、政府均衡之后的第三种均衡力量。

应该联合起来办大事

我国经济改革与发展过程中，“一种极端掩盖另一种极端的倾向”时有发生。比如开始人们迷信完全市场经济，笃守“凡是小的，就是好的”西方教条，把“一大二公”换成“一小二私”，甚至搞了不少“小高炉”、“小煤窑”、“小型灌溉设备”甚至“小型农用飞机”。近几年，我们似乎又开始怀念毛泽东时代的“集中力量办大事”，从高层领导到某些主流学者似乎都认为高度集中才是社会主义，于是从各项政策中隐约可以窥视出来，我们的社会正在进入某种可怕的历史循环，甚至不惜用几千年前的封建权威主义思想糟粕来规范已经进入信息时代的社会生活。

1993年，我国市场经济伊始，我就与几位经济学界的权威人士请教过市场经济在公共基础设施领域的失灵问题，但是，我从来不认为，政府集中力量办大事是社会主义的表征。因为在经济领域的集中垄断会出现更可怕的“政府的失灵”。我一直倡导“社会协同和第三只手的调节力量”。（请参阅拙著:《网络协同经济学》）

当然随着社会生产力的发展阶段不同，应该有与其相适应的经济政策和生产关系。在整个毛泽东时代，共和国要在半封建的农业社会向工业化发展，集中倾国之力办成了诸如钢铁、石油、国防、水利、重工，已实属不易。但是到了信息生产力时代，我们还要用“两弹一星”的办法搞信息通信，搞智能化的高新技术，就非常危险了。这些年我们“有意栽花、无意插柳”的事情已经不少，只不过由于碍着某某领导、某某首长，专家缄口，媒体装傻而已。但是历史的教训总是不要重复为好。

近日又有人对“社会主义就是能集中力量办大事”极力褒奖，我感到有些悲哀，因为秦始皇就是集中力量办大事的典范！也许他们会说，中国还处在前工业化时代，一个负责任的政府继续集中财力物力办大事仍然是符合时代要求的。我想也有几分道理，因为大事总得要办，那么我们能不能和谐一下，先承认目前有些大事不得不由政府集中力量来办，比如抗震救灾、承办奥运，但是随着信息生产力的发展和成熟，是否越来越需要在政府“简单”指导下联合起来办更大的事?

如果我们再深入读一点经典著作，就会发现原来老祖宗一直是反对资本的集中垄断，也没有强调无产阶级掌握政权以后，要“建设一个由政府高度集中的社会”，而极力强调是“全世界无产者联合起来”，社会主义的高级组织形式是“自由人联合体”。

信息经济的精髓是多元协同

在机器生产力阶段，两元社会形成了对立斗争的简单化决策方法。把人与人对立起来，把人与自然对立起来，斗争与反斗争、压制与反压制、控制与反控制的思想方法已经使人类社会遭受了太多的报复。

第九章：第三种经济形态

社会发展到信息生产力时代，人们遇到的诸多问题已经不可能在牛顿力学的单一因果链的思维平台上获得满意的答案。工业社会的本质是集中化和标准化，信息社会的本质是差异性和多样性。在经历了两种思想方法的长期摩擦以后，人们开始寻求超越工业时代的方法论，从多维模型、统筹兼顾的方法上建立人与人之间，人与环境之间协调共生的新型关系。

达尔文时代的人们不可能预见自组织的力量，那时人们普遍认为生物进化只能服从“自然选择”这把利剑。这说明那个时代的人对能量和外力的畏惧和崇拜。直到近代，科学才发现某些复杂开放系统在外界变化（信息）达到一定阈值时，就会自发形成一种有序结构。这就是说，有序并不总是在力学规律下被强制形成，信息的作用可以使某些开放系统形成自发有序。

如果说农业社会是以物料为主导的无组织化的经济形态，工业经济是以能量为主导的被组织化经济形态，那么信息经济不是被组织化经济的继续，也不是半组织形态或无组织形态，而是一种自组织形态。如果一个报告厅有几千人随意鼓掌，一片杂乱无章的掌声过不了一两分钟就会形成有节奏的规律性掌声。虽然现代社会还有许多不和谐的声音存在，甚至在计算机网络里仍有大量有害的信息，但是随着信息越来越透明，地球正在缩小成一个村庄。在一个小村庄里，人们低头不见抬头见，协同自律能力会自然增强并很快地消灭少数不协调的掌声，将它们淹没在共振的旋律之中。

如果这种多元协同思想能够在后现代认识论中立足的话，那么目前人类面临的许多难题，大到中东战争，国际关系，中到社会经济问题，小到通信行业的有效竞争，都可以找到解决的线索。它可能超越工业时代的哲学体系，很值得人们在实践中继续探索和创造。

几百年来，不加节制的工业文明正在把人类带进一个误区。他们把现实社会体系造成的弱肉强食、贫富悬殊奉为经济动力和真理，甚至教化世人，只要你不违法，什么缺德的事都可以干，什么手段都可以使。因为他们信奉人们利己行为的互动就可以促进社会大众利益。实际上我们看到的则是物欲横流、金钱万能，只要不让别人抓住证据，贪污犯罪也可以逍遥法外，一切人坑害一切人的战争正在一些国家和地区上演。

人类要想走出社会达尔文主义误区，唯一的出路是超越市场、超越政府，培育社会协同的第三种力量。它的微观机制就是全民监督（包括法律监督和道德监督）的透明管道，而网络及其产业就是这种透明管道的基础。

随着信息生产力的发展，生产分工进一步细化，交易、交往频次快速增长。人们逐渐发现，在交往中一味追求个人利益最大化的结果不是双赢而是皆输！人类生产的根本目的也不是攫取利润，而是提高生活质量。除了满足基本物质需求之外，还需要两个最重要的东西，一是自然环境；二是人文环境；它们都直接影响人的生存质量。

理论前沿也从两个方面支持了信息社会回归平等互利的经济学观点。一是著名的"纳什均衡"，二是艾克斯罗德的"合作进化"模型。约翰·纳什用数学方法证明利己主义非合作博弈的均衡结果肯定是进入"皆输"的陷阱。后来他又在"三人演化合作博弈研究"中进一步证明，"如果交互的生物体或人类被假定为仅有自私、非合作的动机时，合作行为的自然演化是完全不可能的。真实的人类行为显然是由一些复杂并且促进彼此之间合作的本能来引导"。

艾克斯罗德则用计算机建立合作进化论模型证明，人们经过上千次重复博弈发现，无条件利他主义者首先被淘汰；赤裸裸的利己主义者也很快被淘汰；阴谋诡计者一度获得最多繁衍机会，但最后也被淘汰；只有平等合作者才能获得长远生存和繁衍的机会。遗憾的是现实的经济交易不可能一对一重复上千次，因此该模型在现实社会不能收敛。按照利己本能博弈的结果，人类社会还是要陷入"一切人欺骗一切人，一切人坑害一切人"的战争。

制度经济学派寄望于完善法律制度，但是历史早已证明，完全依靠正式约束，将带来任何社会都难以承受的交易成本。我国民工为了讨回几百元的工钱，要花几千元的诉讼费用；城市居民为了取证自己买到的是不是掺假食品，需要近万元的检测成本。

网络生产力的快速渗透使信息变得越来越透明起来，在同一个地球村庄，所有交易交往行为都要曝露在阳光之下，谁好谁孬，社会自有公论。经济人之间的非合作对抗性竞争不再像工业社会那样有效，人类将进入一个"自己活也要别人活"的闭环系统。只有在这样的条件下人们才会发现，遵循平等合作规则要比通过欺诈获得少数几次不义之财更有利。一个新的经济学悖论正在形成，那就是："只有为别人创造价值，才能获得个人的合理利益"。一个以价值为基础的崭新的商业模式正在悄然兴起。

后现代市场规则正在为人们搭建一个三元合作思维方式的平台。网络促使社会分工进一步细化，市场竞争也由同质竞争开始向异质竞争转化，同质竞争产生对抗行为，异质竞争产生合作动机。在“泛网”条件下，经济效率与社会公平将实现高度的统一。

如果说人类要满足基本物质条件尚要靠利己动机来推动，那么满足交流与尊重需求则要靠平等互动的力量，满足自我实现需求则要靠牺牲精神。而个人利益最大、占有欲无限膨胀、损人利己、贪得无厌不过是工业社会发展到一定阶段的一个不大不小的插曲。有人将高层需求理解为个人长远利益的另一种表现方式（沽名钓誉），这种简单化的理解是对人类“天下为公”理想共识的亵渎。

我并不知道人类在长远的未来能不能进入一种理想的以“利他”行为主导的君子国社会，但可以预见的是，人类正在摆脱利己主义构架的盲目的市场经济，进入一个以平等、合作、互动为主要特征的理性市场经济阶段。因为网络创造了透明、平等、合作的刚性氛围，在网络环境中，唯利是图者越来越没有市场，损人利己者会更快得到报复，只有持诚信态度的平等交易者才能获得可持续发展的机会。

中国的真正机遇在后现代化

现代化的实质是工业现代化，然而在以精细加工为核心技术的工业领域，除了美国和极少数西方国家之外，其他国家尤其是东方发展中国家，很难找到再次崛起的机会。

上个世纪末期以来，重化产业在全世界的经济地位开始下降；一般设备制造业也不再代表最先进生产力；信息和知识作为新兴生产力，使几百年工业社会形成的传统观念和理论工具发生锈蚀。

以对抗、斗争为主要行为模式的时代造就了强大的工业生产力，但也带来了自然环境和人文环境的损害。人们突然发现，钢铁水泥铸就的摩天大楼并没有使全民快乐指数明显上升。有人开始反思工业化的功过，甚至主张回归自然无为，或者在孔孟学说中寻找治国济民之道。但是人类历史不会倒退，社会生产力总是向前发展的，人们的思想也必须与时俱进。我们应该看到，面临后现代社会，中国正在迎来千载难逢的历史机会。

1、信息生产力的跨越发展

1980年，我国拥有电话总量仅有400多万台，还不及西方国家一个大城市的拥有量。而且质量极其落后，当时有人形容在中国打电话常常要“解扣子，摘帽子，钻桌子”。记得1986年我在北京长途电话局的营业厅调研，就发现那里排队打长途电话的人满为患，有的人为了打一个电话常常要排队等上一整天或者更长时间。

为了迅速改变我国通信的落后面貌，我国1982年决定引进程控电话交换机技术，1987年又开通了全国第一套移动电话系统（大哥大），1995年开通了数字移动电话系统（GSM）。进入上世纪90年代，我国电信行业进一步加快了改革与发展步伐。截至2006年底，全国固定电话总数达到3.67亿户；移动电话4.63亿户；截止2010年底互联网上网人数超过4.57亿。网络规模早已达到世界第一位。同时我国通信网络装备业水平也跨入世界先进行列，主要装备还达到世界一流水平。比如你现在到美国，还有人使用老式大哥大手机；许多欧洲国家城市之间还使用铜质电缆。我国信息通信网络设备早就实现了数字化和光纤化。

电信服务业的迅速发展拉动了我国通信设备制造业的发展。随着我国通信制造业改革开放，从上世纪90年代中后期开始，我国崛起了诸如中兴、华为、大唐、普天这样的强势通信制造企业。短短十几年，我国不但能够制造电信网络需要的几乎所有设备，而且很快掌握了部分核心技术。为我国由电信大国到电信强国过渡奠定了坚实的基础。

2、变革传统工业化观念

早在1958年，我国领导人为了快速实现工业化，几乎把老百姓家里的所有铁器都拿去炼钢。到2005年我国钢铁产量达到3.4亿吨，已经是美国钢铁产量的3倍，结果并不再说明先进。

进入21世纪以来，世界性产业结构调整把我国推向设备制造中心的地位。但是仅限于整机装配，在精细加工的核心技术领域，我国还是没有机会，我们从5微米加工技术一直追赶到0.5微米、0.1微米，然而人家又发展到0.05微米。

面对新一轮技术的升级换代，代表更先进生产力的不再是精细加工，而是精巧设计和软件编制能力。我们的设计人员可以设计出材料更节省、功能更强大的芯片，拿到美国或者欧洲加工；我们可以编制出更先进的系统软件和3G、4G标准，向全世界开放使用。我们可以认为，上帝已经把主导工业现代化的能力给了西方国家，而有着千年文化积淀的东方国家，在信息后现代化面前，正在迎来更重要的历史机会。

记得我国加入 WTO 不久，有学者提出我国只在劳动密集行业具备优势，所以应该加强轻工、纺织、农产品出口力度，逐渐淡出高新技术领域的角逐，像某些发展中国家那样购买一个现代化。其实他们忽视了一个重要现实，就是新一代中国人，已经进入了当代核心技术领域，有的还很有成就。许多年轻人回国创业已经显示出东方人的思维方式在信息时代比西方人更具优势。关键是我们的社会观念需要根本的变革与创新。

比如传统经济理论是建立在“生产资源稀缺、消费欲望无限”这样一对矛盾上的一系列资源配置方案，然而前沿理论已经发现，未来经济的基础资源不再是钢铁和水泥，而是沙子（集成电路和光导纤维原料）和知识。它们不会稀缺，而且信息化使人们的行为越来越理性，物质消费的欲望不再无限。因为吃得太多太好，会影响健康，每个人都企图占有更多物质财富，很可能破坏自然环境和人文环境。所以各国不再片面追求 GDP 增长，而是开始寻找一种真正能够提高生存环境和生活质量的发展道路。

另一方面，按照传统经济学思路，信息产业与传统产业同样应该按照边际成本收益方法，线性地、梯度地适度发展，甚至有人提倡全面节约，包括人们打电话、占用互联网的费用也要节约。但是网络新经济研究已经证明，只有鼓励社会多多消费信息资源，才能真正节约材料和能源。人们已经发现，传统的边际分析方法和梯度发展理论已经锈蚀，生产和销售的无边界规律才代表未来经济的主流方向。

3、建设公平信息社会

当今世界，一方面发达国家占有大部分资源而面临生产过剩和经济危机，另一方面，不发达国家又面临数字鸿沟，致使经济更加落后。诺贝尔经济学奖获得者西奥多·舒尔茨曾经提出“穷人经济”理论。他认为，现代社会是富人有钱没有东西要买，穷人想买东西又没钱。所以未来的经济不是富人的经济，而是穷人的经济。如果穷人消费发展不上去，那么整个社会的发展就会停滞。舒尔茨进步分析认为，穷人不是穷在土地、资源和产业上，主要是穷在人的素质上，长期信息闭塞造成的观念落后才是最严重的落后。

解决穷人经济问题有两种思路。一种是传统的解决思路，就是先鼓励富人创造财富，等富人足够富了之后，通过收税、捐赠，经济学叫二次分配和三次分配，来反哺穷人。如果继续按照这个传统的思路走下去，一是时间太长，二是中国社会难以承受。还有另外一个思路，就是实行信息通信普遍服务政策，用信息化直接提高穷人素质，让他们自己创造财富。在后现代化条件下，我认为第二种解决思路更为有效。

从世界电信市场来看，欧美国家新增电信市场已经有限，新增通信能力主要集中在亚洲和非洲一些发展中国家。信息通信与一般工业产品不同，工业产品天然嫌贫爱富，而信息网络必须有大众参与到市场中来，才能真正发挥网络价值。近几年我国西部地区信息通信的渗透程度与中部地区开始同步增长，说明网络经济是天然的大众经济。

我国电信运营业引入市场竞争机制比西方国家晚了10年，但是我国电信领域的市场改革比美国更为理性。许多发展中国家开始对美国电信改革的示范作用产生怀疑，转而对中国改革与发展成就倍感兴趣。我国电信改革之所以比较成功，主要是坚持了市场经济改革方向，同时又及时排除了“市场原教旨主义”的负面影响。

1994年的诺贝尔经济学奖获得者，美国经济学家纳什用数学方法证明了人们在非合作博弈中的平衡状态。最后的结论是，在人们的相互交往过程中，每个行为主体的完全利己主义决策结果肯定是低效率的。

随着网络技术进步和信息的日益透明，人们在多次交往或者重复博弈后发现，遵循平等合作规则要比通过欺诈获得少数几次不义之财更有利。于是一个新的经济学悖论正在形成：只有为大众创造最大价值，才能获得自己的合理利益，这就是正在席卷全球的互联网精神。

从历史看，200多年前，欧洲的纺织工业革命使中国丝绸黯然失色；100多年前，美国的电气革命使世界经济重心从欧洲移到美洲；目前正在深入开展的互联网革命，完全有可能使世界经济重心向亚洲倾斜。主要不是看谁现在强大，而是看哪个民族的思维方式和政策更适应后现代社会。而中国正在面临这样一个千载难逢的历史机会，应该为建设和谐公平的信息社会承担更大的责任。

第十章

穷人经济 高而不贵

第十章：穷人经济 高而不贵

穷人经济与后现代社会

美国诺贝尔经济学奖得主舒尔茨认为，世界经济发展到一定阶段，有钱人该有的东西都有了，穷人想买的东西又没有钱买，这样下去的结果，经济将会停滞，这是个很大的问题。

究竟怎么解决这个问题呢？有两种解决思路，一种是传统的解决思路，就是先鼓励富人创造财富，等富人足够富了之后，通过收税、捐赠，经济学叫二次分配和三次分配，来反哺穷人。还有第二个思路，就是利用信息通信直接提高穷人素质，让他们自己创造财富。实际上，舒尔茨在讲话里也谈到，穷人为什么穷？主要不是穷在土地和资源上。因为越是贫困地区，人均占有土地量就越大，资源也不稀缺。比如说新疆沙漠地区，地面上很穷，但是地下有大量的宝藏，也不是资源问题。舒尔茨认为主要是穷在劳动素质低下，一是教育落后，二是信息闭塞。我认为信息闭塞的问题比教育更急迫。

怎么样才能更快提高农民的素质？我们不能沿用传统的西方经济学的办法，应该考虑一个后现代化经济的办法。至于什么叫后现代化经济，简而言之就是超越工业社会的经济模式，直接采用信息社会的经济模式。也就是利用信息通信网络直接提高农民的劳动素质，让贫困人群自己去创造财富，这才是解决贫困问题的根本。当然有的学者也不同意，说西部比较贫穷，温饱都没有解决，哪里有钱搞信息通信。还是要按传统办法，大量办五小工业来得快。

我在山西考察，一个村庄办了一个网站，农民上网可以知道全国的蔬菜行情。而且知道他应该种什么、不应该种什么。最后选择种胡萝卜，结果胡萝卜销到新加坡和日本，一下子整个村子富起来了，尝到了信息化的甜头。他们说不是网络找到了我们农民，而是我们农民找到了网络。农民利用网络的能力和对网络的认识高度是我始料不及的，非常了不起。我觉得这是农村信息化的一个难得的契机。下面我就想针对我们目前所处的大的经济环境，来看一看西部通信和农村信息化究竟该怎么搞？从思想理念上能不能够理出一点新的思路。

一、传统生产方式不可持续

20世纪80年代初期，我国经济存在三大“瓶颈”（能源、交通、通信），20多年过去了，能源更紧缺，交通更拥挤，只有通信解决得最好。这时候却产生一个悖论，有人说，通信为什么发展这么快、这么好？说明有市场，现在仍有很大的发展空间。另一种想法则认为通信发展太快了，现在应该放一放，优先解决能源和交通问题。更有人提出我们不能超越工业化阶段而搞信息化，这样会给中国经济带来灾难。还是应该补上发展重化工业这一课。

现在的中国究竟最缺的是什么？大家认为工业社会最重要的资源就是能源和钢铁，1958年大炼钢铁，毛泽东认为，我们国家只有有了钢铁，国家才有实力。于是全民炼钢，全年才实现1,700万吨的目标。现在40多年过去了，我们的钢铁产量世界第一，远远超过美国，但是粗钢积压，细钢还要进口；能源产量世界第二，但是单位GDP的能源耗是世界平均水平的3—4倍。

反过来，我国通信的发展很快，网络规模已经是世界第一，网络装备水平也是世界一流，但是，综合信息化程度很低。通信是为信息化服务的，中国统计局曾经搞过一个信息化指数排名，在30个国家里中国排第27名，比印度要好一点，最后一位是埃塞俄比亚。我们信息化所占的比重还是比较低的。总体上来看，三大资源是“信息”、“能源”、“物质”，用信息化带动工业化，有很深层次的含义。

二、走出三个认识误区

第一是市场原教旨主义误区。有人说电信跟其他行业一样，只要完全敞开竞争，就搞上去了。政府可以下一个红头文件，上面写明白，谁经营电信都可以。持这种观点的人并不知道，电信包括互联网在内具有一定的公共特性，这个行业的竞争只能是有效的竞争，不能是充分的竞争。如果按市场原教旨主义，就是你死我活，企业自身利润越大越好，最好是把用户的钱能掏的都掏出来，实际上这是不理性的。还有人说，经济学没有公平和正义，只有达尔文主义，一切都是利益较量的结果，甚至有的运营商请了一些所谓的营销大师，讲市场竞争的三十六计，什么声东击西计、偷梁换柱计、瞒天过海计，还有美人计等等。这实际上是在糟蹋市场经济。

第二是回归垄断的认识误区。有人认为电信只有回归垄断才能提升竞争力。我国有的专家提出来，如果中国每一个行业都剩一家公司垄断，中国在世界上的竞争实力会是最强的。这实际上是行不通的，电信行业上百年的实践已经证明，垄断的结果肯定是侵害社会福利，而可竞争理论和有效竞争理论更适合电信行业。

第三是运输经济学的误区。长期以来，电信网络的设计、规划甚至科研都是按照工业社会运输经济理论，围绕如何节省线路、节约设备带宽展开的。现在线路成本变得非常低廉，还有没有必要拼命去节省带宽设备？而按照传输距离和业务量来收费就更牵强了。

三、网络经济是大众经济

我国通信发展已经出现两个失衡，一个是中东西部的区域失衡，一个是城乡失衡。农村百人固定电话普及率仅有城市的1/4，移动电话普及率估计只有城市的1/6，上网的普及率大约只有城市的1/8，数字鸿沟非常明显。能不能缩小数字鸿沟，答案是肯定的，因为网络经济是服务大众的经济。它有几个重要定律是其他行业没有的：

①摩尔定律，就是计算机的芯片集成度每18个月翻一番。②吉尔德定律，即网络的宽带6个月翻一番。③梅特卡夫法则，即网络价值与用户数的平方呈正比。

由于这些网络规律的作用，将使整个社会经济从富人市场过渡到大众市场。工业经济的基础资源是钢铁和水泥，信息经济的基础资源是沙子（硅）和信息。物质产品的成本是随着量的增加上升的，信息通信的成本曲线是单调下降的，使用量越大，单位成本越低。从整个世界来看，即使将来社会再进步，也不可能70亿人都拥有私人汽车和豪宅，更不能都去打高尔夫球，因为没有那么多资源。但是人人都应该有手机，都应该能上网，因为它不受稀有资源的限制。

最后我认为企业必须变革传统的经营理念。要从三个方面转变理念。一是企业目标要从利润最大化过渡到价值最大化。只有为社会创造了最大价值，才能实现企业合理利润，而不是你赚钱越多越好，这就叫理性经营。二要从经营者主权过渡到消费者主权。随着工业社会到信息社会的发展，市场经济从盲目到理性过渡，经济学的经营主权论必然要向消费主权论过渡。三要从对抗性竞争发展到合作性竞争。四是从跟进市场过渡到发现和开拓新的市场，使得我们的竞争和发展更理性，更加符合科学的发展观。

电信业是“又细又长的面包”

公共企业在西方专门指公共交通、通信、供水、供电、供气一类带公益性的企业。以前西方国家一方面对它实行严格管制，同时又特许一定程度的垄断经营和政策优惠。自上个世纪80年代以后，一场旨在取消管制、完全市场化的改革并未获得预期成功，“有效竞争，适度管制”成为这个领域新的改革方向。

长期以来，我国只有企业和事业两类经济实体。改革开放以前，企业是要赢利的，事业则完全靠政府投资，免费提供服务。而公共企业只好按照一事一办的国家临时政策灵活处理。改革开放以后，我国公共企业走了一段完全市场化道路，结果由于公共企业大多带有自然垄断性质，很快就形成高利润甚至是暴利行业，电信就是一个典型的例子。

但是好景不长，公共企业面临三重压力。一是市场开放与有效竞争力量会使行业总体利润摊薄；二是消费者利益和社会舆论对垄断力量形成越来越大的压力；三是政府必然制定逐年收紧的价格上限，使技术进步和网络外部性的好处尽快还给消费者。在这样三重压力之下，业内不少专家担心整个行业亏损，这种担心其实大可不必，因为信息通信正在显现越来越重要的新经济规律，那就是L型成本递减规律。换句话说，就是网按照合理规范建成以后，使用量的大小几乎与成本无关。当然社会也不会容许所有电信企业“统统死掉”。它应该维持经济学的收支平衡，或者获得一种更加合理的利润。我们应该改变“利润最大化”和回到“由政府垄断”的两种极端心态，在有效竞争中通过更合理的价格、更人性化的收费方式、更高的服务质量，刺激消费，实现“又细又长的面包”式的经营模式。

各国的电信业一般都经过亏损、暴利、微利这样三个阶段。电信业发展初期，电信创造了极高的单位社会效益，但是却处在长期亏损状态，政府不得不给予财政补贴。大家可能记得，30年前谁要是接到一个长途电话或者一封电报，心里马上一紧，不是家里死人，也是什么人病危，反正是特别重要的事才用电报和长话。到第二阶段，人们煲电话粥，发短信互相祝福，相当随便。由于使用量大增，单位成本下降，企业赢利非常可观，而每单位电信服务的社会效益下降很多。到第三阶段，电信与信息化融合，电信服务有了更大的使用空间，同时由于市场竞争、政府管制和社会压力，企业收益下降，行业发展逐步走向理性。这些阶段是网络新经济规律使然。

农民一要温饱 二要信息

面对经济危机，欧美发达国家几乎没有什么有效良策，因为他们所有人都有了汽车、住房，要继续满足经济个人主义对物质财富的占有欲望，不搞次级房贷，好像就剩下私人飞机、私人游艇和太空旅游了，物质产品需求委靡，可能就是资本主义贪婪占有本性的绝境。

我国经过30年改革，从13亿人的温饱，到城市摩天大楼崛起，从高速公路纵横成网，到2008年一年增长9,000万部手机用户（全国手机保有量超过6亿），现在又面临8亿农民的医疗、教育、社保等公共服务问题，市场机遇肯定还大得很，最重要的是如何启动农民的有效消费需求。

启动农民消费需求的办法很多，最简单的办法就是发给农民点儿钱，愿意买啥就买啥！但以往的实践证明这样做的效果并不好。按照农民自己的传统思维模式，当然是吃、穿、住、行，再有点小酒；然后再盖更好的房子，娶上个媳妇，生一堆孩子——如此循环不已。一般主流经济学者则认为，贫困地区第一需要温饱，第二需要交通，第三需要电力，第四需要医疗，第五需要教育。当然也有城里的有钱人到乡下一看，啊，农民需要卫生纸和冲水厕所；另一些城里人到乡下一看，啊，农民需要家用电器！

其实无论是农民自己还是城里有钱人，大家都犯了一个同样的错误，就是“追求占有更多物质财富”的惯性思维模式。按照马斯洛的五级需求模型，农民和城里人一样，首先需要生存，其次就是需要信息，然后才是体面和尊严，更高级的需求是自我实现。这里涉及解决穷人问题的两条截然不同的道路，解决穷人经济问题的传统道路是“让富人更富”（某非常著名学者语），然后通过二次分配（税收）；三次分配（慈善捐赠）让穷人也能够“致富”。解决穷人问题还有一条只有少数新经济学者认同的道路，那就是将信息通信作为解决“三农”问题的最重要切入点！不信吗？看一看我国有的地区农民每月30元不限时宽带上网（甚至带视频互动），使他们的信息域一下子跨越几千年，与世界城市同步！什么卫生问题、孩子教育的问题、精细化生产、农副产品销售问题，都变得容易解决了。

这里特别需要大家重温一下诺贝尔经济学奖大师舒尔茨的“穷人经济学”理论，舒尔茨认为“贫穷的根源不在于地域性资源贫瘠和产业落后，而在于劳动者素质的普遍低下”。如何提高劳动者素质？人们首先想到办教育，但是，十年树木，百年树人，我国西部某省区一位领导说，我在西部办大学，招不来生源，我送优秀孩子上北大、清华，学成又不回来。其实最好的捷径是发展社会化信息通信网络，只要使农民家里上得起网，就等于给了他们一把致富的金钥匙，可以起到立竿见影的效果。

因此可以说，缩小城乡信息差距是解决我国“三农”问题最重要的切入点，同时又是启动农民有效消费、化解经济危机的大计。问题是我们受传统思维模式羁绊，总认为无论在什么经济阶段，人们总是要结成适当的生产关系，解决“物质产品”的生产和分配问题，这点事儿讲了半个多世纪，也不见些许改变，似乎只有物质产品才有价值，公共服务、生存环境都不创造价值。

其实我国一些边远山区，既没有电，也不通公路，硬是靠人背驴驮，将通信卫星设备、风力或者太阳能发电设备架设起来，就可以在世界信息高速网中任意驰骋，试问有哪个传统产业能做到这一点！现在的最大问题是我国经济个人主义加伪善、诡异的传统社会精神不适应当今时代；许多现行政策又严重阻碍着先进信息生产力的发展，真诚希望我们的媒体少一点浮躁和炒作，多为行之有效的创新思维鼓与呼！

营造和谐的电信消费环境

1、以社会普遍受益为最高目标

电信原来在计划经济的时候，强调为党政军服务，后来一搞市场经济，又片面追求企业利润最大化。电信从根本性质上来讲应该属于公益性的企业，西方经济学认为它属于公共型企业。但我们国家对电信企业一度忽视了它的公共性和公益性，使它没有及时承担起应该承担的社会责任。

有人总是强调，既然是企业，只要按照国家的法律交税，也就尽到了社会责任。但从全世界来看，电信行业随着市场经济发展，应该承担更多的社会责任。比如美国在1917年的时候，首先提出一个普遍服务的概念，到了90年代初期，克林顿政府又提出了要扩充普遍服务概念，要让所有美国人，无论他的职业，也无论他在美国什么地方，挣钱多少，是残疾人，还是健康人，都能够以负担得起的价格享受先进的电信与信息服务。一开始是电话，后来扩展到整个先进的通信信息服务。近年某个电信日的口号叫作“电信惠及残疾人”，我的理解不仅仅是残疾人，应该是使社会普遍受益。

2008年5月12日四川大地震，凸显了通信、交通、电力的重要，在灾害突发的时候，没有信息通信就非常盲目和被动，为了救人，必须抢先恢复通信和道路。

2、应该承担更多的社会责任

这不仅仅是外部的要求，也是市场经济发展从初级阶段走向高级阶段的需要。电信企业要健康持续发展，就应该更多考虑客户价值。现在经济学界有个共识，21世纪是一个微利时代，利润越来越薄。有两种力量，如果你是垄断企业，政府会用反垄断的办法压缩你的利润；如果你是竞争性企业，竞争也会使你的利润摊薄，把更多的好处还给消费者。这是一个大的趋势，越来越多的企业认识到，只有为客户创造最大的价值，企业才能有更好的生存空间和发展空间。有一年，中国移动降价比较厉害，幅度很大，超过了30%，整个移动的收入反而增加。联通是另外一个特例。总的来讲说明这个行业和工业企业确实不一样，它有一个工业经济没有的法则，就是网络的使用价值和网络用户数的平方呈正比。用户越多，它的使用价值越高，人们越爱用。人们用得更多了，企业的收入就增加，平均成本反而下降。它和工业不一样，如果大家都开车，石油肯定越来越少，道路肯定越来越堵。可是通信用的是光纤和集成电路，用户多反而便宜，还有很大的发展空间。现在我们电信企业如果能够真正树立一个为消费者服务的概念，就能开拓更大的市场空间，这一点大家慢慢会意识到。

固定电信企业说不让我搞移动我就要死掉了，因此憋出来一个小灵通，我认为它就是一个怪胎，是管制政策不到位的结果。如果我们电信企业多从消费者根本利益的角度考虑我们的创新和发展，在新技术、新业务上还是有更大的空间的。

我国电信业这三十年发展成绩卓著，许多外国领导人都非常吃惊。但是我们自己没有珍惜，没有很好总结经验教训。改革开放初期，中国有三大"瓶颈"影响经济改革的发展，一个是交通，一个是能源，一个是通信。三十年过去了，大家有目共睹，交通更拥挤，能源更紧张，只有通信由原来的短缺变成了过剩。这是好事，因为向市场经济转轨，所以产生了过剩，这是一个大好事。但是反过来，社会对电信行业的指责更多了，一方面电信普及到千家万户，现在手机用户数超过9亿了，老百姓天天用，离不开，出现了问题当然就有意见，大部分意见是有道理的，也有些意见是因为企业没有站在消费者的立场上进行宣传。

媒体和消费者也要实事求是来评价电信行业，比如说有人说我国电信的价格是国际的几百倍、几千倍。有一篇文章写4,570倍。他怎么算的呢？按照国外的IP电话（中国那时候还没有IP），以国际长途的价格，再乘上一个人均收入系数，算出来是四千多倍。这完全是炒作。

有一位业内专家在两会上说中国的手机资费不贵，遭到非常猛烈的炮轰，大家都感觉还是贵。其实问题很简单，在世界电信发展史上，没有一个国家在中国目前的经济发展水平上达到国中国目前的普及深度。正因为我们普及到这么低端的人群，所以资费就应该更便宜。我想大家应该实事求是地来看，我们的资费虽然比国外便宜，但是降价还有空间。老百姓使用得多了，平均成本还会降低，如果大家都比较理性的话，我们的消费环境会更好。

3、电信发展的未来市场

我觉得有必要让社会也了解一下，电信未来的发展需要消费者与运营商和社会舆论共同来促进。整个电信业面临着由原来单一的以话音为主走向一种宽带信息通信，说大点是工业社会向信息社会转轨的新型基础设施。如果说电话还是属于工业社会的产物，它派生了信息社会的一些萌芽，那么将来的宽带化信息通信基础设施才能与信息社会融合配套。有人说电信整个行业五年必死，有点骇人听闻。其实不是死掉，是凤凰涅槃，重生或者转型。现在移动3G在试运行，这是一个很大的突破口，如果固网在把光纤到户做好，生产力会更大。有人说中国人不需要宽带业务，拿手机看电视，开车撞车，走路会撞到树上。实际上这种说法已经很落后了，先进生产力的脚步是挡不住的，关键是性能价格比。如果它功能很强又非常便宜，大家为什么不用。我也讲过3G应该是高而不贵，中国13亿人口这么大的潜在市场，中国用什么，什么技术就火。例如诺基亚本来在欧洲快不行了，结果到中国来就火了。中国移动总想等着上欧洲的3G国际标准，我觉得首先要把TD搞上去，这对中国来讲是很大的社会责任。

未来的发展，它的市场就在宽带上，这是技术进步的一个必然趋势。成立工业和信息化部以后，电信可能还有一个重要的发展空间，就是信息服务与精细化工业生产相结合。在将来的生产过程当中，运营商对社会的最大责任就是要为全社会服务，不光是实现人们之间过去的通通电话的感情联系，还要把生产、销售以及整个服务业都包括进来。有很多东西要从消费者的角度来思考，就会有更多的创新空间。

4、营造和谐的电信消费环境

2008年以后，政府可能要采取某些非对称管制措施。这对中国移动来讲是一个不好的消息，因为你实际上有了市场支配力。将来也可能在宽带市场上对中国电信实行非对称管制。就是要通过管制和竞争这两种力量，使电信运营商更多地，从不自觉到自觉地承担社会责任，创造一个更和谐的消费环境。

我讲过，网络时代需要“兼容、合作、共赢”这样三种精神。如果说工业社会是你死我活的竞争，进入到网络时代就是兼容合作。你必须容许别人存在，不可能由你一家通吃。国家的重组方案要有三家全业务许可的运营商，同时产业链会越拉越长，一家公司不可能从头到脚什么都做。中国移动叫移动信息专家，实际上所有的信息你不可能都做，你只能是提供一个平台。

要讲和谐消费，就应该把你们几家最优势的东西组合起来给老百姓贡献最完善、最便宜的服务，而不应该总是抱着要多赚钱的心态，全社会都要用一种兼容合作的心态来实现社会福利最大化。有人说市场经济没有正义，只有利益，媒体也是谁给我钱多我就为谁做宣传，我认为这是一种低级的盲目的市场经济。整个市场经济体系应该有一个从低级到高级、从盲目向理性的发展阶段，大家最终会认识到只有秉持这种兼容、合作、共赢的网络时代精神，大家才都有未来。否则再你死我活去拼，包括消费者在内，大家就会皆输。我相信我们东方文化和新型生产力结合起来，就一定会找到一条新路，构建和谐消费环境乃至和谐信息社会。贯彻一个和谐共赢的思路，必须要有新的理念支撑。

直接向大众市场渗透

21世纪伊始，世界进入了经济萧条阶段，唯有网络产业以数倍于工业增长的速度在全球扩展。但是网络价值的实现过程与资本增值过程是完全不同的两回事，按照传统经济学的边际分析方法，网络产业继续发展，势必造成全面亏损；网络产业不继续发展，社会不可能摆脱传统物耗生产模式，整个经济都有可能停滞。

面对新旧经济的剧烈摩擦，如何才能解脱这种两难境地？深入研究网络产业的经济规律，并进行一场理论创新和制度创新可能是唯一的出路。而最重要的是摒弃“牛奶撇油”（争抢高端市场）的传统经济理论，将先进的信息生产力直接向大众市场渗透。

1、最终市场向低端转移

传统经营者都千方百计把有钱人的腰包当作主要市场目标，因为大家都知道，赚富人的钱更容易。于是就有了专门为少数有钱人建造的总统套房和几百万元的高级轿车，据说有的商店一床棉被价格50万元。随着技术进步和社会发展，这种高端市场策略在许多领域越来越遇到麻烦。因为物质资源总是有限的，人类不可能沿着物质生产的直线模式无限增长。另一方面，随着经济结构的转型，市场从短缺经济进入了全面过剩，经济萧条可能是未来社会长期的表现形式。当高端消费者的物质需求获得满足以后，社会生产力还要不要继续发展？朝哪个方向发展？这是有远见的经济学家和企业家都需要认真思考的问题。

在网络产业领域，这种从高端市场向大众市场的转变趋势更加明显。根据信息流通规则，如果一个信息网络只有少数有钱人使用，可能没有什么信息流量。有差异才产生信息流通的势能，在电信发展史上，已经有过不少采用高端市场战略而失败的教训。像可视电话、“铱星”系统和新加坡的CDMA，仅靠少量高端用户难以支撑一个必须覆盖全国甚至全球的网络，其结果是要么公司破产，要么把一个新建的网络全部拆除！

2、技术进步已经冲破资源约束

传统经济的基础资源是钢铁和能源，网络经济的基础资源是沙子（硅）和信息。厂商理论的一个重要依据是资源稀缺与可占有性，网络服务的理论依据在于资源过剩和可共享性。成本构成与价值实现形式正在给传统理论带来严重的挑战。

长期工业社会使人们养成更多占有物质财富的习惯，一方面，如果人们不去努力追求物质财富，今天的生活肯定还是像工业革命以前那样困苦；但是另一方面，无限制地追求物质财富，也会形成一个无意义的经济体系。一个人占有过多的物质财富，就像喝了过量的啤酒还要再喝一样有害健康，一个国家拼命生产了大量钢铁和水泥还要扩大产量，这个国家的经济和社会也要患病。虽然早就有人提出过生产的根本目的不是为了占有更多的物质财富，而是为了提高人的生存质量。但是直到20世纪末，资源问题、环境问题日益突出，才使人们真正意识到过去的康庄大道已到尽头。

经济实践越来越证明，未来社会不是物欲无限膨胀的社会。因为人们的理性迟早会认识到，传统经济的病根主要在于盲目投资生产大量物质产品，反过来遭受资源耗尽、自然环境和人文环境双双恶化的严重报复。人类最终只能依靠信息生产力对物质资源的代替效应，以更低廉的社会成本来提高全民科技、教育、生活质量和保障水平。

3、网络精神向全社会渗透

市场经济的鼻祖亚当·斯密在200年前就提出一个悖论：人们在追求私人目标时，会在一只看不见的手的操纵下，实现社会资源最优配置和增进社会福利。这一论断相信人的本性是自私的，但市场规律又天然具有一种平衡约束力，使每个利己的经营者和消费者在不损害他人利益的情况下，实现社会利益最大化。这一论断后被经济学家帕累托演化为帕累托最优状态。但是，帕累托最优状态在整个西方经济实践中并不存在，传统市场经济在多数情况下不能导致资源的最优配置。

正如美国著名经济学家萨缪尔森指出的，完全依靠市场实现资源最优配置的情形具有“几乎可以说是奇迹般的偶然性”。假如经济生活中仅有市场这只“看不见的手”发挥作用的话，那么自由竞争的结果更多的是低效率。前美国总统顾问斯蒂格利茨指出：“市场原教旨主义认为，市场本身会带来有效而公平的结果，华盛顿将这些观点奉为神明。其实，亚当·斯密那只看不见的手之所以看不见，原因是它根本就不存在……市场的确有非常强大的力量，但是取消一切管制，市场同样无法运行”。

1994年的诺贝尔经济学奖获得者、美国经济学家约翰·纳什用数学方法证明了人们在非合作博弈中的平衡状态。最后的结论是，在人们的相互交往过程中，每个行为主体的利己主义决策结果肯定是低效率的。后来纳什又进一步证明，“如果生物体或人类被假定为仅有自私、非合作的动机，合作行为的自然演化是完全不可能的。真实的人类行为显然是由一些复杂的本能来引导，以促进彼此之间的合作，达到更高的效率。”

但是传统市场经济和制度安排还在重复着“人不为己，天诛地灭”的亘古恒言。我国许多共产党员干部都感到困惑：“党教我公而忘私和大公无私，市场经济教我个人利益最大化和社会达尔文主义，怎样才能摆脱这种二元论的困扰”？

随着网络技术进步和信息的日益透明，摆脱这种困扰的机会终于来临。人们在多次交往或者重复博弈后发现，遵循平等合作规则要比通过欺诈获得少数几次不义之财更有利。一个新的经济学悖论正在形成，那就是：只有为大众创造价值，才能获得自己的合理利益。

与过去不同的是，网络创造了平等、协作的刚性气氛。也就是说，在网络环境中，唯利是图者越来越没有市场，损人利己者会更快得到报复。只有持平等合作态度，并为他人提供了有用价值者才能得到合理的回报。

4、企业目标多元化

企业追求利润最大化一直是传统经济教科书的一条刚性定律。“企业目标就是创造超额利润”、“办企业就是要为股东赚钱”等口号也被写进我国许多企业家们的施政纲领。在这样的理论氛围和经营模式中，企业家最关心的是年度利润指标，所谓利大大干、利小小干、无利不干，导致企业短视。甚至不顾本企业实际条件，看到人家干什么赚钱，他也就要干什么。当一种业务利润下降时，就盲目转向另一种业务。

从近期的产业实践来看，往往越是急于获取高额利润，越是离利润更远。为了赚取更多利润，经营者很可能降低产品和服务质量；为了赚取更多利润，经营者很可能利用信息不对称甚至制造信息不对称，在价格上大做文章。结果，国内外有许多企业由刚成立时的拥有超额利润，到若干年后走向亏损和破产，就是因为沿袭传统经济的企业目标，急功近利而陷入困境。

随着信息越来越透明，社会越来越进步，现代企业目标也悄然发生着变化。在股份制的初期阶段，股东大会是企业的最高权力机构，股东就是要赚取利润，利润率越高，越能吸引股东们的进一步投资。在股份制的中期阶段，股东越来越多，董事会成为实际的最高权力机构。董事会主要是由一些经营专家组成，这些经营专家最关心的是企业品牌和企业业绩，股票升值还是贬值，这一阶段股票持有的主要目标是升值而不是分红。股份制企业发展到第三阶段，一个重要标志是股权继续分散，监事会成为企业的实际最高权力机构。监事会的首要责任是约束企业为社会创造价值并在不污染环境、不危害社会的情况下得到合理的经济回报。

网络经济的一个重要规律是梅特卡夫法则，就是网络价值与网络用户数的平方呈正比。换句话说，就是网络创造的价值远远高于财务收益。所以一个有远见的企业家要首先认识到微利时代大势所趋，进而还要以价值最大化为企业的首要目标，合理利润只是实现价值最大化的自然结果。

5、生产边界正在消失

传统经济受资源、能源和交易费用的约束，单位生产成本总会随着产量的增加而上升，同时一个消费者占有的实物财富越多，每增加单位财富对他的使用价值也会下降，从而形成收益递减效应。网络经济较少受资源、能源和交易费用约束，单位服务成本总是随服务量的增加而下降。同时，一个人占有的信息越多，每增加一条信息对他的有用性才越大，因而形成收益递增效应。收益递增会造成某些小企业快速无边界扩张，形成新的集中垄断，比如微软公司、英特尔公司。在新经济领域，垄断可以看作是收益递增规律的逻辑性结果，但它又是破坏市场对资源的优化配置、产生官僚主义和企业内部非效率性的罪魁祸首。因此各国在产业实践中一方面实行政策性管制，一方面培育竞争对手以限制这种垄断的力量，以实现有效竞争。现在看来，过于分散的小企业和过度集中的大企业都是工业时代的产物，网络时代的最后赢家是大型、分布、具有专业化优势的企业集团。

6、服务穷人也有利可图

由于网络经济具备一种正反馈效应，也就是先期占有网络资源者将获得更多发展机会，后进入者则难以立足和获利，很容易造成新的贫富悬殊或者数字鸿沟。但是更重要的是，许多落后国家和地区，因为优先发展网络产业，利用信息均富效应，很快缩短了与发达地区的经济差距。据联合国组织在落后国家调查，远程教育、远程医疗等高级网络服务在边远贫困地区的价值远比大城市高，甚至造成那里的居民在特定情况下愿意支付高于城市的通信费用。

从自然属性看，工业商品的特征在于内部性和独占性，信息服务的特征在于外部性和共享性。也就是说，信息价值与价格（趋于成本）取向是相背离的。所以总体上讲，工业经济容易产生两极分化，网络经济更能促进共同富裕。目前出现数字鸿沟的主要原因在于按照传统市场经济规则使价格与价值脱节，社会尚缺少为穷人服务也有利可图的制度安排和机制。

上个世纪末，美国政府提出了信息高速公路发展计划，主要宗旨就是扩展电信普遍服务概念，"要使所有美国人，不论职业、收入、居住地点、残疾与否，都能以负担得起的价格享受先进的电信与信息服务"。由于美国的示范作用，许多国家也制订了类似计划，并且在立法上重申电信普遍服务责任。

各国重视普遍服务的另一个深层原因还在于网络产业的新经济属性。工业产品可以定位于少数人消费的市场，而网络服务必须定位于大众市场。一个有远见的网络企业家应该在可行条件下积极开拓大众市场，主动承担普遍服务的责任。

多数国家利用法律制度，以专项基金方式贴补边远地区网络建设成本和运营成本过高部分，也就是形成一种服务穷人也不吃亏的制度安排。我国则是利用一种更直接的指派方式更快实现了电信普遍服务的首期目标。但是从长远看，政府应该尽快出台一种正式制度安排，一方面利用普遍服务基金补贴西部和广大农村地区信息化的经营成本；另一方面，将非核心网络的经营许可向有条件的民营企业公平开放，采用“用户股份制”等更灵活的产权方式，为全面建设小康社会做出积极贡献。

加快农村信息化建设

“十五”期间，信息产业部会同国家有关部门，推行了实现电信普遍服务的“村村通工程”计划。计划要求，到2005年年底实现95%的行政村至少有两部电话，结果已经实现了97%。然而，现在看来，仅仅满足于一个村通两部电话还是不够的，建设社会主义新农村，需要提高农民的生活质量和素质，需要信息化的支持。因此，国家制定了“十一五”期间实现农村信息化的更高目标。

1、发展农村通信，缩小数字鸿沟

进一步发展农村通信，缩小数字鸿沟，就是在实现电信普遍服务、村村通工程的基础上，进一步深入拓展农村通信普及的广度和深度，同时推进信息化。在这个问题上有两种不同的思想认识。有人认为，农村经济比较落后，已经有了一个村村通电话的工程就够了，搞高级的信息服务可能现在还谈不上。这里面有一个传统经济的误区，认为只有在东部沿海地区和城市才有发展高新技术的市场条件，而在西部或者是农村，没有必要推广这样的高新技术。甚至有人用工业社会的梯度经济理论分析，认为把新技术发展到农村去，是不可行的。

美国的经济要比中国发达得多，但是，现在美国人使用的手机还没有中国人使用的那么时髦，还有不少美国人在使用俗称为“大哥大”第一代的模拟手机。通信方面，中国有后发优势，跨越了几个阶段。之所以能做到这一点呢，是因为信息经济是一种有别于传统工业经济的新经济体系。发展信息通信所消耗的基础资源主要是集成电路、光导纤维，这两种材料来源于沙子，而沙子又是取之不尽、用之不竭的物资，用得越多，成本越低，使大家都能用得起电信、信息技术和业务。

从使用价值看，解决了生存问题的农村地区，人们需要交流，需要让外界知道他们的产品及当地的资源，包括旅游资源，使他们的产品和资源产生价值。可见，在农村发展信息化，使用价值是非常可观的。

联合国组织曾经在非洲的边远地区做过调查，结果发现，在有些不发达国家的边远地区，如果使用高级的电信和信息服务，比如远程教育、远程医疗，比在城市的使用价值大。中国也是这样，中国很多边远地方的人得了病，缺医少药，把牛羊卖掉，把房子卖掉，到城里看病。靠信息化有了远程医疗，必然会节省农村地区群众大量的医疗费开支。在农村地区发展信息通信，是缩小数字鸿沟的一个重要切入点，具有广阔的市场前景。

2、选准切入点，推进农业信息化

解决“三农”问题应该与时俱进，以信息化作为突破口。这在几个方面可以取得非常可观的效果。

第一，精细农业。原来农业都是粗放式的，甚至有些地方广种薄收。现在随着高新技术的发展，人们可以准确地掌握土地的成分、它的性质，测定它需要什么肥料；同时，可以通过集约化经营，让专业公司帮助平整土地、施肥、播种、灌溉、收割，在专业化分工的基础上使得农业更加精细化，大大提高了效率。实现专业分工，就必须靠信息化的支持，必须首先实现农业信息化。

第二，提高农民素质。农村信息比较闭塞，教育普及程度低，让农民普遍接受业余大学教育是很困难的，周期太长，学非所需。如果采用信息化手段，让农民通过网络学习，既可有针对性地学到自己所需的知识，提高自己的素质，知道了自己该做什么事，又可以通过网络把自己的产品推销出去，使自己的产品产生价值。

第三，建设和谐新农村的问题。我国改革开放20多年来经济发展很快，但是基尼系数也比较高。如何通过信息的扩散和流通使得农民更快地掌握信息，同时增加农民的参政议政能力，促进农村民主化建设，是一个非常急迫的问题。

3、加快通信、广播与信息化的融合发展

农民对互联网、电话通信和广播电视的需求是客观存在的，但是这三种信息服务在我国农村地区还不够普及，与城市相比还有较大的差距。

第十章：穷人经济 高而不贵

2005年年末，我国互联网信息中心调查数据显示，城乡之间网民数量及普及率差异巨大，我国互联网发展结构性差异明显。乡村网民总规模为1,931.4万人，仅占相应乡村人口的2.6%，不到全国平均水平的1/3，是城市网民数量的1/5，而乡村网民普及率仅是城市网民普及率的1/6。这一水平，与世界上网民普及率最低的非洲相当。

通信方面，2005年6月和上年同期相比，城市固话增长17%，农村固话增长8%；2005年6月，中国农村固定电话普及率为每百人16.4部左右，城市固定电话普及率为每百人35.9部，是农村的2.2倍。

广播电视方面，经广电总局批准的广播频率和电视频道数量分别是2,371套和1,254套，其中面向农民、农村和农业的分别只有10套和5套，占全国广播频率和电视节目总数的比例分别是0.42% 和0.4%。

2005年年底，山西静乐县首开“三网融合”先河，实现互联网、电视网、电信网资源整合，为农村信息化建设提供了全新思路。过去一户农民为了既安电话、又上网、还可看电视，至少需花费800元接入费，三网合一后，只需400元即可。可以看出，三网合一是农村信息化建设的最理想、最节约的办法，应该大力推进三网融合的进程。

服务穷人也有利可图

世界电信市场进入空前萧条阶段。按照传统经济学的边际分析方法，网络产业继续向低端市场扩张，势必造成利润下降甚至全面亏损；网络产业不继续扩张，由于资源能源的约束，传统工业化道路也难以为继，整个经济还可能陷入停滞。如何才能解脱这种两难境地？深入研究电信及其整个网络产业的经济规律，并进行一场理论创新和制度创新可能是唯一的出路。其中最重要的是必须摒弃“牛奶撇油”（争夺高端市场）的传统经济理论，建立“服务穷人也有利可图”的制度安排，将先进的信息生产力直接向大众市场渗透。这对于刚刚引入市场竞争的我国电信业而言，还需要在社会认知领域明确几个重要问题。

1、高端市场和大众市场

传统经营者都千方百计把有钱人的腰包当作主要市场目标，因为大家都知道，赚富人的钱更容易。于是就有了专门为少数有钱人建造的总统套房和几百万元的高级轿车。随着技术进步和社会发展，这种高端市场策略在许多领域越来越遇到麻烦。因为物质资源总是有限的，人类不可能沿着物质生产的直线模式无限增长。另一方面，随着经济结构的转型，市场从短缺经济进入了全面过剩，经济萧条可能是未来社会长期的表现形式。当高端消费者的物质需求获得满足以后，社会生产力还要不要继续发展？朝哪个方向发展？这是有远见的经济学家和企业家都需要认真思考的问题。

在网络产业领域，从高端市场向大众市场的转变趋势更加明显。根据网络经济法则，网络的使用价值与用户的平方呈正比。再根据信息流通规则，如果一个信息网络只有少数有钱人使用，可能没有什么信息流量。有差异才产生信息流通的势能，在电信发展史上，已经有过不少采用高端市场战略而失败的教训。像可视电话、“铱星”系统和新加坡的CDMA，仅靠少量高端用户难以支撑一个必须覆盖全国甚至全球的网络，其结果要么公司破产，要么把一个新建的网络全部拆除！

2、资源稀缺和资源滥用

传统经济的基础资源是钢铁和能源，网络经济的基础资源是沙子（硅）和信息。厂商理论的一个重要依据是资源稀缺与可占有性，网络服务的理论依据在于资源过剩和可共享性。成本构成与价值实现形式正在给传统理论带来严重的挑战。

以往的工业社会使人们养成更多占有物质财富的习惯。一方面，如果人们不去努力追求物质财富，今天的生活肯定还是像工业革命以前那样困苦；但是另一方面，无限制地追求物质财富，也会形成一个无意义的经济体系。一个人占有过多的物质财富，就像喝了过量的啤酒还要再喝一样有害健康。一个国家拼命生产了大量钢铁和水泥还要扩大产量，这个国家的经济和社会也要患病。虽然早就有人提出过生产的根本目的不是为占有更多的物质财富，而是为了提高人的生存质量，但是直到20世纪末，资源问题、环境问题日益突出，才使人们真正意识到过去的康庄大道已到尽头。

经济实践越来越证明，未来社会不是物欲无限膨胀的社会。因为人们的理性迟早会认识到，传统经济的病根主要在于金融资本盲目投资生产大量物质产品，反过来遭受资源耗尽、自然环境和人文环境双双恶化的严重报复。人类最终只能依靠网络生产力对物质资源的代替效应，以更低廉的社会成本提高全民科技、教育、生活质量和保障水平。

3、经济个人主义和网络协同精神

市场经济的鼻祖亚当·斯密在200年前就提出一个悖论：人们在追求私人目标时，会在一只看不见的手的操纵下，实现社会资源最优配置和增进社会福利，也就是相信人的本性是自私的，但市场规律又天然具有一种平衡约束力，使每个利己的经营者和消费者在不损害他人利益的情况下，实现社会利益最大化。这一论断后被西方经济学称作帕累托最优状态。但是，帕累托最优状态在整个西方经济实践中并不存在，传统市场经济在多数情况下不能导致资源的最优配置。

正如美国著名经济学家萨缪尔森指出的，完全依靠市场实现资源最优配置的情形具有“几乎可以说是奇迹般的偶然性”。假如经济生活中仅有市场这只“看不见的手”发挥作用的话，那么自由竞争结果更多的是低效率。前美国总统顾问斯蒂格利茨指出：“市场原教旨主义认为，市场本身会带来有效而公平的结果，华盛顿将这些观点奉为神明。其实，亚当·斯密那只看不见的手之所以看不见，原因是它根本就不存在……市场的确有非常强大的力量，但是取消一切管制，市场同样无法运行”。

1994年的诺贝尔经济学奖获得者、美国经济学家纳什用数学方法证明了人们在非合作博弈中的平衡状态。最后的结论是，在人们的相互交往过程中，每个行为主体的完全利己主义决策结果肯定是低效率的。它实际上证明了亚当·斯密200年前提出的每个人自私自利就可以实现社会最大福利的假设的不可实现性。

随着网络技术进步和信息的日益透明，摆脱这种困扰的机会终于来临。人们在多次交往或者重复博弈后发现，遵循平等合作规则要比通过欺诈获得少数几次不义之财更有利。一个新的经济学悖论正在形成，那就是：只有为大众创造价值，才能获得自己的合理利益。

与过去不同的是，网络创造了平等、协作的刚性气氛。也就是说，在网络环境中，唯利是图者越来越没有市场，损人利己者会更快得到报复。只有持平等合作态度，并为他人提供了有用价值者才能得到合理的回报。

4、利润最大化和价值最大化

企业追求利润最大化一直是传统经济教科书的一条刚性定律。“企业目标就是创造超额利润”、“办企业就是要为股东赚钱”等口号也被写进我国许多企业家们的施政纲领。在这样的理论论氛围和经营模式中，企业家最关心的是年度利润指标，所谓利大大干、利小小干、无利不干，导致企业短视。甚至不顾本企业实际条件，看到人家干什么赚钱，他也就要干什么。当一种业务利润下降，就盲目转向另一种业务。

从近期的产业实践来看，往往越是急于获取高额利润，越是离利润更远。为了赚取更多利润，经营者很可能降低产品和服务质量；为了赚取更多利润，经营者很可能利用信息不对称甚至制造信息不对称，在价格上大做文章。结果，国内外有许多企业由刚成立时的拥有超额利润，到若干年后走向亏损和破产，就是因为沿袭传统经济的企业目标，急功近利而陷入困境。

随着信息越来越透明，社会越来越进步，现代企业目标也悄然发生着变化。在股份制的初期阶段，股东大会是企业的最高权力机构，股东就是要赚取利润，利润率越高，越能吸引股东们的进一步投资。在股份制的中期阶段，股东越来越多，董事会成为实际的最高权力机构，董事会主要是由一些经营专家组成，这些经营专家最关心的是企业品牌和企业业绩，股票升值还是贬值。股票持有者也希望股票升值而不是利润分红。股份制企业发展到第三阶段，一个重要标志是股权继续分散，监事会成为企业的实际最高权力机构。监事会的首要责任是约束企业为社会创造价值并在不污染环境、不危害社会情况下得到合理的经济回报。

网络经济的一个重要规律是梅特卡夫法则，就是网络价值与网络用户数的平方呈呈正比。换句话说，就是网络创造的价值远远高于财务收益。所以一个有远见的企业家要首先认识到微利时代的到来，进而还要以价值最大化为企业的首要目标，合理利润只是实现价值最大化的自然结果。

5、收益递减和收益递增

传统经济受资源、能源和交易费用的约束，单位生产成本总会随着产量的增加而上升，同时一个消费者占有的实物财富越多，每增加单位财富对他的使用价值也会下降，从而形成收益递减效应。网络经济较少受资源、能源和交易费用约束，单位服务成本总是随服务量的增加而下降。同时，一个人占有的信息越多，每增加一条信息对他的有用性才越大，因而形成收益递增效应。收益递增会造成某些小企业快速无边界扩张，形成新的集中垄断，比如微软公司、英特尔公司。在新经济领域，垄断可以看作是收益递增规律的逻辑性结果，但它又是破坏市场对资源的优化配置、产生官僚主义和企业内部非效率性的罪魁祸首。因此各国在产业实践中一方面实行政策性管制，一方面培育竞争对手以限制这种垄断的力量，以寡头形式实现有效竞争。现在看来，过于分散的小企业和过度集中的大企业都是工业时代的产物，网络时代的最后赢家是大型、分布、具有专业化优势企业集团。

6、数字鸿沟和网络均富

网络经济具备一种正反馈效应，也就是先期占有网络资源者将获得更多发展机会，后进入者则难以立足从中获利。换一个角度，一个人已经获得了大量信息，再增加一条信息对他产生的价值概率就高；相反，一个不掌握任何信息近乎白痴的人，给他一条重要信息也毫无价值。这种正反馈更容易造成新的贫富悬殊。

但是另一方面，许多落后国家和地区，因为优先发展网络产业，利用信息均富效应，很快缩短了与发达地区的经济差距。据联合国组织在落后国家调查，远程教育、远程医疗等高级网络服务在边远贫困地区的价值远比大城市高，甚至造成那里的居民在特定情况下愿意支付高于城市的通信价格。当大运营商们对广大农村电信市场还不屑一顾的时候，一些有远见的企业家已经看到这里孕育着一个重要的潜在市场。

从自然属性看，工业商品的特征在于内部性和独占性，信息服务的特征在于外部性和共享性。也就是说，信息价值与价格（趋于成本）取向是相背离的。所以总体上讲，工业经济容易产生两极分化，网络经济更能促进共同富裕。目前出现数字鸿沟的主要原因在于按照传统市场经济规则使价格与价值脱节，要想使农村的潜在市场变成显在市场，社会尚缺少一种为穷人服务也有利可图的制度安排和机制。

上个世纪末，美国政府提出了信息高速公路发展计划，主要宗旨就是扩展电信普遍服务概念，“要使所有美国人，不论职业、收入、居住地点、残疾与否，都能以负担得起的价格享受先进的电信与信息服务”。由于美国的示范作用，许多国家也制订了类似计划，并且重申电信普遍服务责任。

各国的普遍做法是建立普遍服务基金制度，以专项基金方式贴补边远地区网络建设成本和运营成本过高部分，也就是形成一种服务穷人也不吃亏的制度安排。

各国重视普遍服务的另一个深层原因还在于网络产业的新经济属性。工业产品可以定位于少数人消费的市场，而网络服务必须定位大众市场。除了普遍服务基金制度之外，一个有远见的网络企业家应该在可行条件下积极开拓大众市场，主动承担普遍服务的责任。

政府应该尽快研究出台一种制度安排，一方面利用普遍服务基金补贴西部和广大农村地区信息化的经营成本；另一方面，将非核心网络的经营许可向有条件的民营企业公平开放，采用“用户股份制”等更灵活的产权方式，为全面建设小康社会做出积极贡献。

必须高度重视西部和农村通信发展

大家知道在“十五”期间，信产部会同国家有关部门，推行了一个电信普遍服务的“村村通工程”，执行下来非常理想。现在看来，西部也好，农村也好，仅仅是一个村通两个电话还是不够的，现在农民们要建设社会主义新农村，农民们要提高他们的生活质量和劳动素质，需要和整个信息化结合起来，上一个新的台阶。所以政府也好，国家也好，在“十一五”期间，制定了更高层次的西部和农村信息化的目标。我认为不论政府部门还是电信企业，都应该把我国西部通信与农村信息化当作义不容辞的责任。

1、发展西部通信，缩小数字鸿沟

进一步发展西部通信，缩小数字鸿沟，就是在原来的电信普遍服务、村村通工程的基础上，进一步深入拓展在西部和农村的通信普及的广度和深度，同时推进信息化。在这个问题上有两种不同的思想认识，有人认为，中国西部和农村经济比较落后，已经有了一个村村通电话的工程就够了，搞高级的信息服务可能现在还谈不上。我想这里面有一个传统经济的误区，所谓传统经济，就是大家认为，只有在东部沿海地区和城市才有享受高新技术的这样一个市场条件，而在西部或者是农村，没有必要推广这样的高新技术。甚至有人用工业社会的梯度经济理论分析，认为发展信息通信和其他产业一样，要一步一步来，把新技术发展到西部和农村去，那是一个笑话，是不可行的。

那么我想举个例子，一个是在电信和信息化技术领域，就拿中国和美国来比较，因为中国的人均 GDP 刚刚一千美元多一点，美国人均 GDP 在一千美元的时候大概是

1905年左右，那时候贝尔发明电话没有多久，电子管刚刚发明出来，人们对半导体还不知为何物。所以不能够说由于中国的经济还很落后，高新技术也等着我们经济高度发展以后再说。

现在你到美国去可以看到，美国人用的手机还没有我们中国人的时髦，甚至在我国一些农村用的反而比城市先进。美国有不少人拿的是第一代的模拟手机，我们俗称大哥大。我们中国有后发优势，跨越了几个阶段，为什么能做到这一点呢？因为信息经济是一个新的经济体系，和传统的工业经济不一样。传统的工业经济需要大量地消耗资源和能源，好的东西，高新技术的东西，比如说高级轿车、私人游艇、私人飞机，什么时候也不可能给穷人都用得上，没有那么多资源。但信息通信就不一样了，所消耗的基础资源，一个是集成电路，一个是光导纤维，这两种资源主要来源都是沙子，可以说取之不尽、用之不竭，用得越多，成本越低，大家都能用得起。这样一来使得单位的成本迅速下降，形成像中国或者一些发展中国家新的情况，电信和信息化基础变成一个普适性的技术，不是只给有钱人使用的技术。

从使用价值来看，有人说农村很穷，有的生活还没有温饱，有的连水也喝不上，在这种情况下，我想当然应该是先解决生存问题，先解决喝水的问题，但是一旦能够解决了生存问题，人们就需要交流。需要把西部和农村的一些农产品，他们的这些资源，包括旅游资源能够让社会都知道，产生价值。从这个意义上来讲，在西部或者是农村发展信息化，它的使用价值也是非常可观的。

联合国组织曾经在非洲的边远地区调查，结果发现，在有些不发达国家的边远地区，如果使用高级的电信和信息服务，比如说远程教育、远程医疗比在城市的使用价值大。中国也是这样，中国很多边远地方的人得了病，缺医少药，把牛羊卖掉，把房子卖掉，到城里来看病，要花很多钱。有了远程医疗，有了信息化，很有可能他们愿意采用新的手段，这样可以节省大量的费用。这样看来，在西部地区，更快地普及信息通信，进一步推进信息化，是很有市场、很有前景的，也是缩小数字鸿沟的一个重要切入点。

2、推进农业信息化，选准建设新农村的切入点

推进农业信息化，选准建设社会主义新农村的切入点，是什么含义呢？解决中国的“三农”问题，有人说再算上民工是四农问题，我国就农业讲农业讲了很多年，效

果并不是太好。毛泽东主席曾经提出农业的根本出路在于机械化的口号。在新的形势下，解决“三农”问题应该与时俱进，以信息化作为突破口。它在几个方面可以取得非常可观的效果。第一个是精细农业，原来我们的农业都是粗放式的，甚至有些地方广种薄收，现在随着高新技术的发展，人们可以准确地掌握这块地的成分、它的性质，测定它需要什么肥料，同时可以通过集约化的经营，让专业化的公司帮他们去平整土地、施肥、播种、灌溉，帮助收割，在专业化的分工基础上使得农业更加精细化，同时大大提高了效率。这个专业分工最大的支撑就是信息化的支持，没有信息化，这个专业分工也分工不起来。这实际上就是农业信息化道路。

第二个重要效果就是提高农民素质。农村信息比较闭塞，教育普及程度太低，如果要让农民普遍接收业余大学教育是很困难的，一是周期太长，没有那么多时间；二是学了也没用。我记得中国西部有一个省的一个领导人讲过这样的话：“让我发展重工业，东北重工业比较多，这些年遇到了那么多问题难以解决；发展轻工业，在浙江、江苏已走向了世界，我再搞恐怕也没有市场；有人建议我们搞知识经济，我也搞不清知识经济是啥，可能就是办大学。但是我办大学也没人来我这儿上，我送人去清华北大学完又不愿意回来。最后我们还是决定搞网络、搞信息化。让农民在网络上提高素质，很快可以找到自己要做的事情，找到自己能够产生价值的产品，通过网络推销出去，这一点非常重要。”

第三个效果是建设和谐新农村，这对于建立社会主义和谐社会非常重要。因为我们改革多年来经济发展很快，但是基尼系数也比较高。如何通过信息的扩散和流通使得农民更快地掌握信息，同时增加农民的参政议政能力，促进农村民主化建设，是一个非常急迫的问题。有了沟通渠道，在好多问题上容易达成共识，能够实现西部地区和全社会的和谐发展。

当然也有人说，农村也好，西部也好，恐怕首先不是电信和信息化，首先应该是通电，没有电你也谈不上信息化；第二是修路，要致富先修路。我想通电修路确实都很重要，但是也不一定排在前面。有一些例子我可以告诉大家，在通电和修路之前也可以先通电信。因为电信相对来说投资比较少，修一条路花的钱比较多，你要修水电站花钱也比较多。我到西藏去，西藏有一个县叫墨脱县，这个地方没有路，非常偏僻，所谓没有路就是车进不去，连毛驴也进不去，只能人走进去，还得几天时间，路上都是旱蚂蝗。这样的路也能通电话，因为有太阳能发电，有卫星天线，也可以实现先通电话、通电视、通互联网。从这个意义来看，修路、通电、通信息这都很重要，我想不一定非得等到通电、修路以后再通信息，因为通信这个问题相对更容易解决一些。

3、加快通信、广播与信息化的融合发展

第三个效果就是进一步加快通信广播与信息化的融合。在我们国家老百姓既要打电话也要看电视，现在更需要上网。在这个问题上前一段时间我们国家缺少一个融合的条件，大家各搞各的，广播搞广播的，电信搞电信的，计算机搞计算机的内部信息系统。现在由于技术的发展和信息产业的发展，包括西部和农村，对这三个东西都是同时需要的。我记得前不久，温总理在内蒙古的一个牧区，考察了一个牧民家庭，当时语重心长说了一段话，我记忆犹新。他说农牧民如果解决了温饱问题以后，有了一点钱，不要老是翻盖房子、装修房子，应该装电话、上互联网、装电视。现在看来这三个问题可以一起来解决，一揽子解决，这样就可以避免重复建设，可以省钱，起到事半功倍的效果，这也是一个很重要的主旨。

4、解决穷人经济问题的后现代化思路

我还想讲一个重要观点，就是网络经济提供了解决穷人经济问题的后现代化思路。什么概念呢？大家知道在今年全国人大会议上，温家宝总理提到，美国诺贝尔经济学奖得主舒尔茨的穷人经济学观点。舒尔茨认为，世界上多数人还是穷人，穷人多是以农业为主。当前世界经济的主要问题是富人有钱，没有东西要买，穷人想买东西又没钱。这样下去的结果就是全球经济停滞。

怎么解决穷人的问题呢？传统的思路就是先给穷人一些比较低级的劳动岗位，让他们先有个饭吃，鼓励富人多挣钱，等富人富起来以后，通过税收、通过捐赠，叫作二次分配和三次分配的办法来反哺穷人。这是传统的西方的典型思路，我国前些年也是这样的思路。但是舒尔茨已经有了一个新的视角，他说穷人主要不是穷在土地和资源上，主要穷在信息闭塞、教育程度低下形成的劳动力的素质落后。所以应该采用后现代化经济的办法，就是利用信息网络的外部效应，直接提高农民的劳动素质，让他们自己创造财富。

如果通过发展通信和信息化的办法，直接提高西部和农村落后地区的劳动者的素质，解决信息闭塞问题，等于教给了他直接创造财富的手段，不至于等着东部地区和富人更富了以后，再去反哺西部、反哺农村，那个路太长，而且在中国很可能根本走不通。现在由于技术的进步、社会经济的发展，完全有可能采用另一条路子，尽量让落后地区，更快地采用高新技术，使它的基础设施更快地发展起来，集约生产能力、交易交往能力和社会民主化水平得到快速提高，只有在这之后才能形成我国整个社会和谐发展的局面。

5、农村通信需要长效发展机制

我去过中国最穷的地区，还有最穷的县，也去过西藏环境很差的地区。在那里确实有很多已经通了电话的村，因为交不起电话费又拆下来的情况。我想这里边有两个问题。一个问题是，有些条件比较恶劣的地区确实连温饱都没有解决，在这种情况下，有些村庄，一般是自然村，它不适合人们居住，应该搬迁，这样的村庄不适合再去作为我们村村通的对象。所以我们政府在做村村通工程的时候要考虑一个百分比，尤其是在自然村不会达到百分之百，只能是百分之九十几。是不是将来能到百分之百？可能永远没有这么绝对。

第二个问题，能不能形成一个长效的市场机制？光是靠政府第一推动，把这个电话通下去了，会不会付不起费又拆下来了，这个情况有过，将来会不会杜绝也很难说。但是总的来讲，我国社会主义新农村的发展，没有解决温饱的人群现在还有几千万，有人说两千万有人说是五千万，我想这个数字正在逐步缩小，这是一个总的环境。在这个环境之卜，电信和信息化，无论是美国还是中国都有一个服务的底线，这个底线就是要让大众以负担得起的价格享受先进的电信和信息服务。这是美国人定的政策，中国目前只能普及到“基本电信服务”，还没敢说“普及先进信息服务”，实际上我看也可以普及到先进的电信与信息服务。因为先进的电信技术和通信技术不一定就贵。九十年代中国用的“大哥大”在北京要三万块钱，现在一台精巧的手机比那时候的功能强得多、好用得多，现在几千块钱甚至几百块钱可以买来，这就是信息技术和工业技术的不同点。

还有一个方面，现在的市场跟二十年前的市场大不一样，过去这个村子穷，大家都穷，谁都装不起电话，现在每个村庄总有几户先富裕起来的能人。现在不是你要去推信息化的东西，而是富裕农民主动地要求通信息。我们有一个西部的相对比较落后的县，这个县城是刚刚有了移动电话，手机信号在县城里有，周边离了几公里就没有，但是有些年轻的农民，他那个村里还没有基站，他也花几百块钱买一部手机，骑着摩托车到县城边上打电话，他很着急，说什么时候我们村有基站就好了。一部分农民意识到了信息的重要性。如果我们按传统的历史分析办法，很可能说农村较穷的地方不需要信息通信，看不到它的未来。过去常说的一个笑话，两个推销员到非洲去，一个推销员说非洲人根本不穿鞋，没有市场；另一个推销员说非洲人没鞋穿，市场太大了。

当然以上都是比较理想的情况，还有个现实问题就是ARPU值的问题，所谓ARPU值就是每个月电信用户平均付出的费用。在农村ARPU值肯定在开始的时候是很低的。无论是政府还是管制部门，还是企业，都应该考虑到当地大众的消费能力，你超过了大众消费能力，肯定要拆下来的，消费不起。但是资费太低，也可能在一段时间内是亏损的，就看盈亏平衡点在哪儿。ARPU值是一个收入的指标，还要看平均成本，才知道企业能否可持续下去。与其他消费不同的是打一分钟电话单位的成本是随着用量的总分钟数急剧下降的，也就是这个网络建成以后，你打的越多，成本越低，虽然你在农村那边穷人进来了，ARPU值相对来讲降低了，但是你成本也降低了，因为你的分母增加了。

我可以举个例子，前几年美国的摩托罗拉公司搞了一个铱星电话系统，在海里打电话，在珠穆朗玛峰也能打电话，直接通过66颗卫星转接，打一分钟3.5美元。但是就是因为它的用户太高端了，所以把全球卫星的费用加到少数有钱人的身上，结果支撑不起来，不得不破产。如果农村的低端用户进来以后，就减少了整个网络的单位成本，有可能产生新的市场空间。所以不能静态地来看，要前瞻性地来看。用户越多，打电话的分母数越多，单位的成本会急剧下降。所以现在的情况，各大运营商不再是全靠政府推动，而是主动抢占新的市场空间，产生新的局面是非常可喜。当然政府还需要在政策方面给予更大、更多的支持，使得农村信息化走得更好。

6、农村通信价格不应该比城市贵

有人说农村通信网络和通信线路长度比城市里长得多，资费应该更贵。因为地域比较恶劣，环境恶劣，有的村庄到县城上百公里的线路都有，怎么办？肯定建这个网络的费用要比城市里大得多。这是其一。其二，支付的费用要比城市小得多。所以从静态上看这个问题，觉得企业非常不合算，最终要羊毛出在羊身上。但是大家没有深入研究这个行业的规律，大家可能不知道，网络行业有一个重要的规则，就叫做网络外部性，什么叫网络外部性呢？就是新进入的用户给原有的用户带来了额外的好处。

如果上海公司一位老板，想把产品卖到青海，如果没有网络，就得派推销员去，否则你就要损失一部分机会。有了网络之后，如果西部地区或者农村地区，有了新的用户以后，你的推销员可以不去，直接打电话或者在网上推销。也就是西部穷人进来对东部富人产生了额外的好处，而且富人没有多掏钱。全网应该是同一个收费标准。

当然有人说，农村的资费是不是应该比城市适当低一点？这里还是可以有灵活性的，但是原则来讲应该是一样的。过去我们用运输经济学的方法设计电信资费，运输距离越长，消耗也要相应增加，所以农村电话比城市电话贵。现在早已取消了这个概念，同网就是要同价。

现在看来，这种网络效应使得我们有能力、有信心去农村开拓市场空间，能够使得原有客户得到更大的使用价值，而且促使整个网络成本下降。另外在欠发达地区，电信的使用价值应该远远高于发达地区。大家可以想一想，在20年以前中国的通信非常不发达的情况下，谁要是收到一份电报，或者是来长途电话了，心里就一紧。往往不是有人病危就是家里死了人，都是重要的事情才使用通信工具。现在没事大家发个短信，过年的时候打电话拜年、聊天。越是通信欠发达的地区，使用通信工具，使用价值越高。我们在十几年前做过一次测算，在中国通信的社会效益，产生的使用价值是电话费用的10倍以上；而在非洲有的国家要达到了80多倍。美国相对低得多，只有2—3倍。中国最近没有做这样的测算，如果做的话，我想农村地区打一个电话的使用价值也会比城市高得多。从这个意义上讲，在西部发展通信和信息化肯定是有市场前景的。

7、建设新农村更需要互联网

不久前，我在河北一个不太发达的县城，看到在一个居民小区的所有家庭，都有宽带上网，而且是视频的，可以跟国外聊天。同时每一个家庭的客厅里都有可视电话，可以看到小区的大门，看楼外面的情况。如果拨一个房间号，就可以与邻居在客厅里通可视电话。这里为什么会比大城市还先进呢？因为他们用的是宽带上网，大概是30元包月费，随便上网。可视电话是买房子就配套的，根本不要钱，免费使用。这说明在西部也好，在农村也好，新建的一些小区，新建的农民聚居地，完全可以使用价格比城市里面还低廉的先进技术，这就叫后发优势。

山西有个村庄过去种粮食太穷，种菜又卖不出去，后来村委会把文化站改成互联网站，还建了自己的网页，一下子把胡萝卜卖到全国甚至新加坡。农民切实尝到了信息化的甜头。他们说，不是互联网选择了我们农民，而是我们农民选择了互联网。

当然也有人说，应该是有钱人出高价钱用新技术，穷人就用便宜的适用技术。我看这是传统的工业现代化的思路，用后现代化思路看已经过时。我刚一开始就讲过，我们中国人用的手机比美国人用的先进；我们中国城市、农村普遍用的传输设备都是光缆，现在铜质电缆基本没有了。可是你到欧洲去，好多中等城市都是用的铜制电缆。铜很贵，因为他们已经铺满了，不愿意拆下来用新的。我们就没有必要再用这个铜质电缆技术，因为光缆已经比它便宜得多。这正是我们跨越发展的切入点，这是规律。

3G掘金是死路一条

日前出席业界一个高层会议，至少有两位院士提出，3G投资几千亿，短期不能回收就是对人民血汗的浪费和犯罪；更多专家又感觉3G资费太高，影响大众人群使用。这两种观点自相矛盾：要尽快回收投资，就要高收费——既然高收费，就不会给大众使用——不给大众使用，只能死路一条！我真体会到“在当前社会政策环境中做运营商之难，做成功的运营商难上加难”，因为你搞不懂哪头儿的风硬，横竖都是你的错，发改委、国资委、财政部、工信部、专家、院士、消费者，谁的话你都得听。面对3G命运，提供四条参考意见，看不看、听不听由你。

1、第一需求还是打电话

最近有人预测3G的杀手级业务是视频电话，结果遭受无数板砖。我曾罗列语音、快速上网等7—8类业务，也很难说哪个是“杀手”业务。在国外，3G经过几年曲折开始进入快车道，主要也不是杀手业务，而是语音、上网都比2G又好又便宜。因此许多国家2G停止了新增用户的发展，因为2G网的维护费用越来越高。他们算的是长远账，建同样大的一张网，3G肯定比2G又好成本又低。我国企业则更关注在眼下少量有钱人的用户身上赚到大钱。

2、以往的历史教训总是在重演

我已经讲了多少遍，3G是第三代移动通信网络，是对2G的更新换代，而不是在

2G网络附加一点3G业务！可是电信运营商们似乎都故意在淡化网络概念，沿用传统的、边际线性思维模式，试着搞一点视频宽带业务，马上又抱怨说发展3G赚不到钱。历史的错误正在一次一次地重演："程控交换不如机械交换效益高"；"长途电缆与光缆要长期兼容"；"要挽救电报网"；"BP机永远不能消亡"；"小灵通是最适合中国人的自行车"。我真不明白这种思维模式还要持续多久？要想改变一个长期保守的思想体系确实难，难的是如何从传统思路中解放出来。我已经提请国家高层部门研究，2008年中国移动的资费降价幅度最大，净利润却从2007年的823亿跃增到1,180亿以上。这个反传统经济（比如钢铁、石油）规律的背后一定隐藏着新市场经济的伟大原理，是比特经济原理，是超边际现象，需要人们用一点原创精神去研究这些现实问题。

3、认真面对需求本位主义时代

计划经济是供给本位的经济体系，市场经济是需求本位的经济体系。只促生产，不鼓励消费，就没有需求也就没有后劲，是不可持续的；只有引导正确消费、科学消费，经济体系才可以健康持续发展下去。但是直到现在，我们有多少政策和企业策略是站在消费者一方，鼓励需求？政府、国企、官商、小贩，几乎都成了抢消费者钱的机器。若是要求各行各业都去搞消费者本位，目前阶段可能过于奢望，但是交通、通信、供水、供电、供油、供气行业能否首先做到？电信、互联网是新型生产力，能不能率先做到？我看电信和互联网企业更有条件率先做到，因为除了它的基础性、公共性之外，它还有比物流网、能流网更显著的外部经济效应。一旦能够真正实现消费者需求本位，这不仅是百姓之幸，也是行业持续发展、企业长远利益之幸。

4、经济者，经世济民之谓也

汉语经济这个词就是经世济民之意。西方则用两个词汇，一个是大经济Economy；一个是小经济economics。不知从何时起，国人只记住了会计学、统计学的经济，似乎经济就是赚钱，经济就是GDP，将经世济民远远抛到十万八千里之外。

也许我国总体上还处在工业社会前期阶段，但是信息化、网络化已经势不可当。如果我国真要把信息通信当作信息社会最重要的基础设施，它的第一要务不是财务价值，而是社会长远战略价值（当然也包括企业长远利益）。从国家财政政策到行业发展战略、企业经营理念，甚至经济学理论、社会哲学理论是否都需要来一场根本的变革？

将3G市场定位在城市大错特错

有专家认为，中国的3G只能在城市发展，2G还要在农村大力发展；有的运营商也把3G市场定位在城市高端人群，这将大错特错！

1、我国基本国策是“城乡统筹发展”，信息化是难得契机。城市用高技术，农村用低技术是人为扩大数字鸿沟，是在农村搞信息歧视。

2、网络经济与工业经济完全不同，工业经济是体现富人效率的经济，网络经济是体现大众效率的经济。只靠少数富人支撑不起覆盖全国、全球的网络成本，城里富人到乡下怎么办？是否还得同时准备小灵通甚至1G？这在国内外都有过历史教训，例如摩托罗拉的铱星系统为何破产？前中国联通CDMA高端市场战略缘何一败涂地？教训不谓不深也。

3、“梯度发展、小步快跑”政策早已是明日黄花；“牛奶撇油、高端市场”策略更背离网络产业的宗旨。企业只讲经营技巧，不讲经济规律，一错再错，令人发指！

不信吗？老一点的业内人士都还记得80年代程控化、光纤化遭受多大阻碍？传真机取代电报业务受到过多么强烈的反对？除了垄断利益之外，就是传统工业经济理论和早已锈蚀的“边际分析方法”充斥着人们的头脑。请搜索“网络经济特征”、“超边际分析方法”或者“网络时代哲学思考”。还是不信，那就看一看2008年中移动降价幅度最大，纯利润从800多亿跃增至将近1,200亿，另外两家电信企业则不那么好过，这是为什么？如果说农村工业化落后了，信息化必然还要落后，那么30年前整个中国就是世界的农村，为什么现在中国人拿的手机比美国还先进？中国的光纤网络比欧洲还要普及？很简单，借用某地方政府领导的话说，“信息网络的基础资源不就是河里的沙子吗，凭什么卖那么贵”？

信息通信更需要均衡发展

目前，我国在教育、卫生等公共服务和民生领域开始注重均衡发展，这些努力都非常必要。但是由于我国国情复杂，要真正实现均衡发展会有很大难度，尤其是在市场经济尚处于初步形成的社会阶段，经济效率与社会公平已经形成尖锐的矛盾。

如何解开这道社会难题，西方的传统思路就是鼓励富人更富，然后通过二次分配（税收）和三次分配（捐赠）救济穷人；或者按照比尔·盖茨的新资本主义观点，待资本家钱赚多了，就会注重企业声誉，主动为穷人服务。可是中国有13亿人口，物质资源相对匮乏，继续鼓励私人无节制地占有稀缺资源，社会将严重失衡、不堪重负，甚至会引发社会动荡。与西方相反的另一条路就是加大政府对资源的控制力度，甚至采用计划经济的一些传统办法，结果会走向官僚支配，既得不到公平，又失去效率，这样的社会状态更加危险。

如果我们认真总结三十年的经济改革经验和教训，完全能够在信息时代的思维平台上摸索出第三种发展思路，那就是“均衡信息化”发展道路。

大家知道发展农业必须突出地域特点，不可以采取统一规划、均衡发展模式；发展工业也必须考虑当地资源情况，采用梯度推进的发展模式；但是信息化建设则完全可以通过顶层政策设计，采用均衡发展模式。

首先，我们必须认识到信息化的真谛就是资源共享。传统经济的主要矛盾是资源稀缺性和占有欲望无限性的矛盾，而发展信息经济，对物质资源的消耗将越来越少，占有欲望也不再无限。我曾经多次讲过，如果世界上所有人都拥有私人汽车、私人游艇和私人飞机，燃料成倍涨价不说，水、陆、空道路状况难以想象。但是如果世界上所有人都有3G、4G手机，都能光纤到家、宽带上网，非常方便地获取自己想要的信息，甚至在网上就可以做好自己想做的事，这个世界肯定会更加和谐美好。不幸的是，人们沿用传统思维，总是希望垄断信息资源甚至独占物理网络。

第二，信息网络有一个重要法则，就是网络功能与用户的平方呈正比，平均成本呈递减趋势。过去的三十年，中国电信业就是利用这一重要法则，由一个“打不通电话的国家”，一跃成为固定电话保有量、移动通信用户保有量和互联网上网人数最多的国家。更让国人骄傲的是我们的网络装备水平和通信制造业水平也达到世界一流。不幸的是，国人没有自觉认识和主动利用这个重要法则，在每一次重大技术进步面前，依然喜欢采取小步快跑和先东部、后西部，先富人、后穷人的梯度发展模式。更令人费解的是“电信大法”和世界通行的“信息普遍服务”机制，在我国努力多年至今就是建立不起来。

第三，信息化是解决贫困问题最好的切入点。“三农”和贫困依然是困扰我国社会发展的重要难题，然而，传统的扶贫救苦办法难以根治。诺贝尔奖经济学大师舒尔茨早就发现，贫穷的根源不在于资源匮乏和工业落后，而在于人们的劳动素质低下。要提高劳动素质只有两个途径，一是办教育，二是普及信息化。办教育来得太慢，十年树木，百年树人。只有普及信息化来得快，且最为有效。现在许多农村地区的信息化成效显著。正如某些国际组织的研究报告所言，先进的信息通信，在农村贫困地区比在大城市具有更大的使用价值。不幸的是，按照嫌贫爱富的传统市场规则，人们没有找到将使用价值转换为市场价值的机制。

鉴于这三个不幸，希望中国的有识之士深入研究信息时代的新经济规则和新商业模式，通过法律、政策与社会互动，早日实现我国信息化的均衡发展。

第十一章

公共理性市场经济

第十一章：公共理性市场经济

传统经济理论基石已经动摇

传统市场经济理论体系有三个假设前提，一是生产资源稀缺，二是占有欲望无限，三是理性经济人。近百年来，虽然不断有学者对这些假设提出疑义，但是，西方主流学者们仍在扩大物质财富市场经济的适用范围，不愿改变他们所在社会制度的基础伦理。他们无休止地工作，以便围绕这些假设修补成为更加合乎逻辑的理论体系。进入21世纪以后，传统经济理论在许多地区和许多领域失灵，就连实行市场经济最为彻底的美国政府，为了应对新经济危机也不得不采用更多实用主义的修补政策。支撑传统市场经济的三大基石已经动摇。

1、信息资源不再稀缺

传统市场经济第一个假设前提是生产资源永远是稀缺的，但是随着人类科学技术的进步，原来的稀缺资源变得不再稀缺，比如钢铁、水泥和部分有色金属。原来不太稀缺的资源反倒稀缺起来，比如淡水、煤炭和石油。不再稀缺一是因为生产效率的提高，二是材料科学、信息技术对稀有资源的替代。比如光导纤维的发明节省了大量的铜质电缆；集成电路的发展又节省了大量的机械设备。

目前仍然稀缺的资源主要是石油和其他矿物能源。但是随着核能技术的发展和氢燃料汽车的技术突破，人类能源问题有可能获得终极解决，石油现在还是引发战争的根源，不久的将来有可能变得一文不值。至于养育了人类和整个陆地生物世界的淡水资源，日益短缺的趋势尚很严重，但是海水淡化也极有可能成为各国的普及技术。

中国50年前曾经提出以钢为纲、以粮为纲的基本国策，认为钢铁产量代表国家实力，粮食产量代表百姓实力。1958年为了生产1,070万吨钢，搞得全国城乡不安、鸡犬不宁；2009年，我国钢产量突破6亿吨，超过美国钢产量的两倍，现在需要限产而不再是增产。中国是农业大国，但是一度成为缺粮大国，现在袁隆平院士的杂交水稻技术已经推广到许多缺粮国家，多养活了近10亿人口。

2、占有欲望不再无限

传统市场经济第二个假设是人们的占有欲望是无限的。这种理论只把物质财富纳入了市场范围，而把信息、知识和精神财富排除在市场之外。按照大家所熟知的马斯洛基本需求层级模型，温饱和安全可以看作第一层级，叫作生存；交往和尊重看作第二层级，叫作交流；而自我实现仍然是最高层级。那么多数人解决基本生存问题之后，还需要拼命占有更多物质财富吗？前些年，我国刚刚富裕起来的农民可能会拼命吃些高蛋白食品，但是他们很快就知道，好东西吃多了要生病的。个别暴富者也许会玩摔 XO 酒瓶游戏以示阔绰，但是他们多数人会很快走上理性消费的轨道。如果说人们为了生存需要占有，那么为了交流则需要平等和共享，为了自我实现则更需要的是付出。人们总有一天会突然发现，物质财富的发展空间原来很是有限的，在信息交流和更高的精神需求领域，人类正面临更大的发展空间。

3、经济人还是社会人?

传统市场经济的第三个假设是理性经济人假设，也叫作亚当·斯密悖论。市场经济的鼻祖亚当·斯密认为，只要每个主体都在经济活动中追求个人利益最大化，他们不用考虑整个社会的利益，结果反而实现了整个社会的利益增加。也叫作“个人为个人，上帝为大家”。亚当·斯密的追随者认为，所有行为主体都是经济人，包括政府在内，而且所有经济人都能在任何情况下做出对自己最有利的理性决策。

主流经济学者们最爱讲两个故事，用来证明这种理性经济人假设的无比正确性。一对恋人相爱至深，但很贫困。男的只有一块祖上传下来的怀表，却没有表链；女的只有一头美丽的金发，却没有发卡。到了订婚日子，男的卖掉怀表为女友买了一个漂亮的发卡，女的剪掉一头金发，为男友换来一条漂亮的表链，结果搞得不欢而散。这个故事的结论就是：“人们只能为自己的利益着想，不必为他人的利益考虑。”其实这种结论根本站不住脚，既然相恋，就应该相知，只要信息充分沟通，做到相对透明，就不会产生这种误会。

第二个故事说七个和尚轮流分粥，结果每个人值日这天都给自己多分，吃不了就倒掉，其他六天都吃不饱，大家都不满意。后来选出一个德高望重的和尚专职分粥，开始还公平，很快就给自己多分或者给自己亲近的和尚多分，还是不行。再后来，大家制定了一个规则，无论谁分粥，都得让别人先挑选，他最后一个拿，结果问题全解决了。这个故事的寓意是承认传统市场经济有缺陷，但是不改变它利己主义的基础伦理，认为只要建立严密的制度约束，就可以纠正市场失灵。但是如果有人不按这个规则行事，就得诉诸法律。将所有经济活动都纳入法律约束的范畴，将大大增加交易成本，这样的社会也将难以运转。

针对中国现实社会的诚信缺失、假冒伪劣、坑蒙拐骗，常常有知名法律人士劝告民众买东西要保留证据，甚至在饭店订餐也要事先写好几块肉、几根菜的详细合同，作为事后打官司的依据。某电视新闻说一市民在市场买了一卷羊肉，怀疑里面掺有猫肉，告到法律部门，按照谁主张谁举证的原则，这位居民需要花7,000元到专门机构取得化验结果作为凭证。你说作为弱势群体的普通百姓，这官司怎么打？再加上权贵群体与弱势群体日益分化，法律制度约束的药方不可能根治社会达尔文主义酿成的社会弊病。

许多人把根治中国现代社会弊病的希望寄托在普及宗教上，现代科学确实应该容纳宗教的存在。因为凡是科学解释不了的，就应该让给宗教；科学解释得了的，宗教就必须让给科学。然而随着科学的进步，宗教的地盘应该越来越小而不是越来越大。况且从历史看，中国的宗教已经掺杂了不少糟粕，很难根治中国现代弊病。要根治中国社会弊病的药方既不能在现代的西方找，也不能在中国的过去找，药方只存在于新兴生产力条件下的中国现实和未来社会。

后现代经济学者也有两个真实的故事，可能孕育着公共理性新经济伦理的萌芽。一是某小镇中心有座桥，只能通过一辆汽车，每天早晨，两边的汽车都排起队。令人惊讶的是，一边通过3—4辆汽车以后，总有一辆主动停下来，让对面的车先通过。偶尔也出现互不相让的情况，但总有人主动退回来，道路很快又恢复通畅。原来是小镇的人大都相互认识，而且信息比较透明。也就是说，进入信息透明的熟人社会，经济人就会变成社会人。因为你只有让相关者得到平等通过的机会，你自己才能获得同样的通过机会，这就是互利共赢的决策机理。

第二个故事就出现在某地区的农村。农民经常把打理好的新鲜蔬菜放在较为繁华的路边，每一袋都标明价钱和重量，旁边固定着放钱的盒子，过往的车辆想买新鲜蔬菜，只要车子开慢点儿就可以付钱并拿走蔬菜。从没有人不放钱就拿走蔬菜，也没有人把钱偷走。

这两个故事都说明，人的本性非善非恶，而是希望平等相待。问题在于近代人类过度的工业化和城市化，越来越缺少熟人社会和透明交易的环境，致使好人总是吃亏。而信息化与“去城市化”就是恢复“大熟人社会”和透明交易环境的最好的灵丹妙药。

“以直报怨” 博弈模型

一天，孔子问他的学生，如果有人打了你一个耳光，你应该怎么办？学生甲说，我就打他两个耳光，让他加倍偿还我的损失。学生乙说，我就让他再打我一个耳光，感动他良心发现，不再欺负别人。学生丙说，我要给他一个同样的耳光，让他汲取教训，以后再也不敢欺负人。

孔子点评说，甲的行为叫做“以怨报怨”，会引起冲突升级，对你实施过度报复，打你三个耳光，你再给他四个耳光我们的社会将永无宁日。乙的行为叫做“以德报怨”，这样会纵容恶人危害社会，也是不可取的。只有丙的做法叫做“以直抱怨”，让恶人得到应有的惩罚，是对社会负责任的表现。

假设世界上只有孔子的学生甲、乙、丙这样三种人，每一种都只有三个人，一共是九个人。 让他们各自按照恶人、善人、常人的禀赋相互交往，恶人与任何人交往都永远采取不合作态度，善人与任何人交往都永远采取合作态度，常人与他人交往则永远采取“一报还一报、以直抱怨”的态度。不合作者与不合作者交往一次各得零分；不合作者与合作者交往一次，不合作者得2分，合作者得负2分；合作者与合作者交往一次各得一分。这样就构建了一个最简单的三类人重复博弈模型。在重复博弈中，每次得分最少者即被淘汰出局，结果会怎样呢？

甲1与甲2、甲3交往，甲2、甲3不合作，按照记分规则，甲1、甲2、甲3各得0分。

甲1与乙1、乙2、乙3交往，乙1、乙2、乙3合作，甲1得6分，乙1、乙2、乙3各得负2分。

甲1与丙1、丙2、丙3交往，丙1、丙2、丙3不合作，甲1得零分，丙1、丙2、丙3各得0分。

接着是甲2、甲3与其他人主动交往，结果与上一番相同，于是可以计算出该次博弈中甲1、甲2、甲3各得正6分；乙1、乙2、乙3各得负6分；丙1、丙2、丙3各得0分。

第二次博弈开始，乙1与、乙2、乙3交往，乙2、乙3均合作，乙1得2分，乙2、乙3各得1分。

乙1与甲1、甲2、甲3交往，甲1、甲2、甲3不合作各得2分，乙1均合作得负6分。

乙1与丙1、丙2、丙3交往，乙1均合作得3分，丙1、丙2、丙3合作各得1分。

接着是乙2、乙3与其他人主动交往，结果与上一番相同，于是可以算出该次博弈中甲1、甲2、甲3各得6分；乙1、乙2、乙3各得1分，丙1、丙2、丙3各得1分。

第三次博弈开始，

丙1与丙2、丙3交往，均合作，丙1得2分，丙2、丙3各得1分。

丙1与甲1、甲2、甲3交往，均不合作大家都得0分。

丙1与乙1、乙2、乙3交往，均合作大家各得1分。

接着由丙2、丙3与他人主动交往，结果与上一番相同，于是可以算出该次博弈中，甲1、甲2、甲3各得0分；乙1、乙2、乙3各得3分；丙1、丙2、丙3各得4分。

累计该轮博弈总分排名：甲1、甲2、甲3各得12分；乙1、乙2、乙3各得负2分；丙1、丙2、丙3各得5分。按照预定规则，乙1、乙2、乙3均被淘汰出局。

下面进行第二轮6人博弈，

甲1与甲2、甲3交往，均不合作，各得0分。

甲1与丙1、丙2、丙3交往，均不合作，各得0分。

甲2、甲3主动与他人交往，与甲1交往的结果相同。

第二轮第二次博弈开始，

丙1与丙2、丙3交往，均合作，丙1得2分，丙2、丙3各得1分。

丙1与甲1、甲2、甲3交往，均不合作，各得0分。

丙2、丙3主动与他人交往，与丙1交往的结果相同。

累计该轮博弈总分排名：甲1、甲2、甲3各得0分；丙1、丙2、丙3各得4分。

按照预定规则，甲1、甲2、甲3均被淘汰出局，只剩下丙种持“一报还一报、以直抱怨”态度者获得了持久生存和繁衍机会。

当然，以上博弈是在信息完全透明的情况下进行的，也就是说，甲乙丙这三种人的交往态度大家都相互知晓，才能实现这样的最终结果。在现实经济活动中，情况要复杂得多，在一定时间段很可能是善于坑蒙拐骗的人获得最大收益。但是许多文献已经证明，即使在充斥狡诈和诡计多端博弈者的情况下，经过成百上千次重复博弈以后，最终依然是平等合作者胜出。好在近20年来，光导纤维、移动通信、互联网的快速普及，使我们的社会变得越来越透明，不论人们是否愿意，透明交易将逐渐成为主流模式，最后依然是唯有平等交易方可获得持续获利的机会。

利他、利己和互利

我曾写过一篇博文“人之初，性平等”，引来不少朋友的讨论甚至抨击，这本在情理之中。你想，“性善”是中国人千年尊崇的旗帜，“性恶”是西方市场经济百年立论的基础，若这么轻易被颠覆或者被修正，岂不是白日梦呓！

中国的先哲教导人们“人之初，性本善”，结果几千年来，总是老百姓多善，权贵们寡善。君子们满口仁义道德，满肚子男盗女娼，小人们则为柴米油盐“常戚戚”，于是本善演变成了伪善，“说一套做一套”成了中国社会的痼疾。汉宣帝推崇性善和仁慈，太子直言要求皇帝说到做到，应该对百姓施以仁政，结果宣帝骂他不谙世事，被逐出殿外。

西方哲人提出性本恶的人性理论，却造就了几百年市场经济的辉煌。但是信息生产力偏偏给现代人开了一个大玩笑，“过善者会被人欺侮，过恶者惹人唾弃”，两者都会被网络时代淘汰。只有与人平等相待、互利共赢，才能获得生存、繁衍的机会。

农耕时代的社会伦理是利他，结果只能是封建主利益最大化；机器时代的社会伦理是利己，结果只能是金融资本家或者权贵利益最大化；网络时代的社会伦理是互利，最终结果是公共利益最大化。

有位朋友说，婴儿一生下来就要吃奶，小孩子到幼儿园就会与别的小朋友抢玩具，这不是性本恶的最雄辩证明吗？但是深入分析就会发现，婴儿吃饱了就睡觉，小孩子的玩具玩过就扔掉，要靠大人教育才懂得好吃的东西要藏起来，好玩的玩具要收藏好，而且是占有得越多就越有成就。退一步分析，婴儿生下来哭着找奶吃，不正是向世界宣布他的“平等生存”权利吗？何来自私之有？何来善恶之分？

西方有个老故事说某使者见到上帝，上帝带他先去了地狱，看到许多饥民围着一大锅饭菜，打得不可开交，原来每人都有一个长把勺子，抢到饭菜以后却送不到自己的嘴边。上帝又带他去了天堂，发现还是一锅饭菜，人们拿着长把勺子互相喂饭。后来上帝又把这个人带回人间，发现有位长者拿着一把勺子轮流给每个人喂饭，结果还是争得乱作一团。

天堂里的秩序，在农业和工业生产力时代只是幻想。然而随着信息技术进步，生产资源不再稀缺，消费和占有欲望也不再无限。“个人利益最大化”的动机逐渐要被“公平合理利益”的动机所取代。因为缺吃少穿固然无法生存，吃得太多太好也要生病。无限占有、囤积居奇只能代表落后的生存方式！

随着网络经济的加速度发展，人类社会将被推入“自己活也要别人活”的互利闭环系统。而追求个人利益最大化、占有欲无限膨胀，损人利己、贪得无厌不过是人类社会阶段的一段插曲。我并不知道人类长远未来能不能进入以“利他”行为主导的君子国社会，但可以预见的是，人类正在摆脱个人理性市场经济，进入一个以平等、合作、互利为主要特征的公共理性市场经济阶段。因为网络创造了透明、平等、互利的刚性氛围。在网络环境中，唯利是图者越来越没有市场，损人利己者会更快得到报复，只有与他人真诚合作、平等交易才能获得“客久存，我永利”的持续发展机会。

信息社会需要新商业文化

一次，我在上海一个国际会议上讲演，重点阐述了网络时代的“兼容、竞合、共赢”的商业文化和“一报还一报”、平等交易的经济机理。会后，国外某顾问公司总裁专门和我辩论，他认为未来社会应该是每个人“只为他人奉献，不计任何回报”的社会。一位西方咨询公司老总持有如此前卫的观点实在令我惊愕。

其实，舍己为人、克己奉公的“君子国”社会在中国孔孟时代就开始提倡，到了鲁迅那个年代，人们翻开历史一看，字里行间都透出“吃人”二字！于是中国一批又一批志士仁人相继引入西方"人性本恶、物竞天择"的"小人国"商业文化。岂不知西方"小人国"商业文化在中国水土不服，性本恶元素一旦与中国人的"伪善"基因相结合，滋生出多少"坑蒙拐骗、假冒伪劣、贪污腐败"的社会悲哀，人们只好又希望有一个万能的好政府。有人考证，中国古人讲的"经济"与西方完全不同，西方经济是用经营技巧实现个人利益最大化，中国讲的是"经纶天地、济世救人"。共和国成立以后，我们也多年提倡"毫不利己、专门利人"，结果从上到下说一套做一套，最后是"假作真时真亦假"，谁也不敢相信谁。

面对中国社会难题，孔孟之道和西方传统商业文化都不会带来好的结果，我们必须在信息生产力基础上，努力创造新商业文化，才有可能找到解决问题的切入点。有人反驳说，人们有了互联网，更容易制造信息不对称，从而加剧破坏经济均衡和社会稳定。其实这正是目前网络经济不够普及、信息还不够透明带来的后果。随着网络技术进一步发展，社会将越来越透明，"你是谁，你在哪儿"，你做了什么，社会一清二楚。伪善和极端利己主义将同时失掉立足之地，资源共享、公平交易肯定会唱响互利共赢新商业文化的主旋律。

网络时代的新市场观

近年来，我国电信资费每一次调整都引起了社会的强烈反响，根本原因在于大众对垄断力量的厌恶和仇视。可是全世界在自然垄断行业引入"充分竞争"的努力都没有成功，"有效竞争"理论成为人们新的选择，各国政府不得不重新承担对电信、电力、公共交通市场的监管责任。

然而受经济个人主义的长期影响，理论和现实都陷入供需双方为各自利益进行对抗博弈的误区。经营者要利润最大化，消费者要求价格越低越好，甚至免费服务的呼声也不绝于耳。这种对抗博弈越来越朝着精细的方向升级，政府只能在这种对立的哲学中艰难地寻找平衡点。

其实早在十年前，诺贝尔经济学奖得主纳什就论证了社会达尔文主义的竞争模式肯定会造成"双输"的均衡结果，后来又成功建立了"三人合作演化博弈模型"，认为只有采取合作兼容态度，才能实现共赢。艾克斯罗德教授则用计算机模拟出多人多次重复博弈，最终一定是“平等合作”者获得更多赢利机会。他的进化实验模型还揭示了一个新的哲理：一个策略的成功应该以对方的成功为基础。但是现实社会并不存在对手之间成百上千次重复博弈的机会，要实现平等合作需要的时间过于漫长。而网络恰好能有效缩短重复博弈过程，使平等交易的均衡状态更快成为现实。这就形成了兼容、合作、共赢的新市场观。

值得关注的是这种新市场规则有条件在信息通信领域率先实现。因为在工业经济领域，“资源是稀缺的，欲望是无限的”，很容易形成“零和博弈”。而在信息通信领域，基础资源不再稀缺，消费欲望也不再无限，较容易实现“非零和博弈”。例如通信市场可以通过降低资费—刺激需求—摊薄成本形成良性循环，而工业领域成本曲线是上升的，达到一定规模以后，需求量越大，单位成本会迅速增加，很难实现这种良性循环。

因此理性的解决办法是，既要反对经营者利用自然垄断地位和信息不对称获得不义之财，也要反对去市场化的免费风潮；要鼓励经营者精细化服务，而不能鼓励搞精细化收费；要提倡资费简单透明；要反对按照稀缺资源（自来水、稀有金属）收费的主张，让普通百姓负担得起、放心消费；率先走出非合作博弈的误区，有效促进信息通信行业科学发展，实现公平和谐的信息社会。

重建公平交易准则

古代社会，在以物易物的“市场”上，多以平等交换、双方都觉得合适为准则，没有尔虞我诈，没有贪得对方劳动成果的非分之想，更不存在“以一定量的产品换取最大量的对方产品”的动机。

随着生产力进一步发展，出现了专门从事交易活动的商业阶层，逐步有了追求利润的动机，有了占有和贪欲。人们发现不劳动或者少劳动比多劳动有可能生活得更好，办法就是提高自己出售品的价格或者压低自己买入品的价格。

到了近代，由于资本的高度集中，支配别人劳动的欲望迅速增长，很快成为经济生活的中坚力量，无止境的贪欲被奉为社会进步的动力。为了不使社会经济系统崩溃，国家机器不得不通过税收和捐赠引导部分财富投向社会。为了降低由于互相不信任造成的社会交易成本膨胀，西方国家在强调法制的同时，宗教精神起到了不可或缺的协调作用。

但是我国社会与西方存在巨大的文化差异，利己主义心理远远超过社会公共约束。你到我国城乡商店走一走，就会发现坑蒙拐骗、假冒伪劣比比皆是，如果有个别经营者诚信经营，就会被现代市场经济淘汰，“无商不奸”成了中国社会生活中的潜规则。

经过30多年经济改革，国人在享受GDP增长的同时突然发现，人与人之间的信任程度大大降低，人与环境之间的和谐程度被严重破坏，社会正在滑入“一切人坑害一切人，一切人防备一切人”的战争之中。

面对这样的社会现实，有人认为是因为现代市场经济改革还不够彻底；有人认为应该回到计划经济阶段；有人则提倡利用佛教或者“国学”的道德力量弥补市场和政府的失灵，并且认为这就是超越市场、超越政府的第三种力量。但是佛教的约束力在于它的“来世报应”说教，“国学”力量来自“慎独、内省”修炼，它们面对信息时代都是违背科学精神而又苍白无力的。真正超越市场、超越政府的第三种力量是网络规律下的“平等交易”准则，它的微观机制就是全民监督的透明管道，而网络及其产业就是这种透明管道的基础。

随着信息生产力的进步，信息网络的协同效应对现代市场理论形成了严重的冲击。如果说封建时代的社会伦理是利他主义；现代市场经济的伦理基础是利己主义；那么网络后现代市场的伦理原则应该回归平等互利。因为在网络经济中，多数人向往的人文关系将成为一种刚性约束气氛，人类必然要进入一种“自己要生存，也要让别人生存；自己要活得好，也要别人活得好”的网络结构。

约翰·纳什1994年就用数学方法证明，利己主义非合作重复博弈的均衡结果肯定是进入“皆输”的陷阱。后来他又在“三人演化合作博弈研究”中进一步证明，“如果交互的生物体或人类被假定为仅有自私、非合作的动机时，合作行为的自然演化是完全不可能的。真实的人类行为显然是由一些复杂并且促进彼此之间合作的本能来引导”。

不论在自然界还是人类社会，除了优胜劣汰、适者生存之外，还有一个重要天然法则就是“一报还一报”。人类掠夺自然，自然要报复人类，强者恃强凌弱，弱者也会报复强者。令人遗憾的是由于以往信息传递的时延太长，能量积蓄缓慢，这种报复来得太慢。而信息通信网络的迅速普及不仅使信息传递时延缩短，同时也使能量积蓄或动员速度加快，人类将更加自觉地适应"一报还一报"的社会法则。

根据这个法则，未来企业的主要目的不是利润最大化，而是价值最大化，只有向社会提供价值，才能从社会得到相应的回报。经营者不再需要假冒伪劣、偷工减料、坑蒙拐骗、价格欺诈，因为他们知道在信息日益透明的网络环境中，消费者不再处于劣势地位，遵循平等合作规则要比通过欺诈获得几次不义之财对他们更有利。在这种氛围中，唯利是图者越来越没有市场，损人利己者会更快得到报复。只有持平等合作态度，并为他人提供了有用价值者才能得到合理的回报。

最不该弘扬的是儒家文化

对中国社会影响最深的有三种文化，一是儒家文化，核心主张是等级制度和权威主义；二是道家文化，核心主张是无为而治和自由主义；三是佛家文化，核心主张是众生平等和因果报应，带有空想共产主义元素。

如果说道家文化宣传人性自由、个性解放，蕴含着早期资本主义的某些基因成分，对现代尚有一定积极意义；佛家文化在生产力不发达的时代蕴含着空想共产主义成分；那么儒家文化对中国乃至东方世界的主要影响是思想禁锢！

宋朝以前，儒家学说尚不太时兴的时候，中国出现过四大发明。宋朝之后，中国统治阶级独尊儒术，给天下智者统统套上"君君臣臣、三从四德"的紧箍咒，使中国错过了机械革命、蒸汽机革命和电气技术革命的三次创新机会，从瓷器大国、丝绸大国很快沦为西方列强瓜分的半殖民地国家。

近代，儒家文化经过"五四"运动和十年浩劫又迎来了一次"空前兴旺"景象。从明星教授们的演绎，到官办国学热潮，再到百般热忱的家长们强迫牙牙学语的幼儿背诵《弟子规》、《三字经》，不知道这出戏还要演到什么时候。

中国境内13亿人，为什么出不了世界一流的科学大师和诺贝尔奖得主？一个主要原因是中国的教育思想和教育体系出了大问题。但是这种压制创新思维的教育却在弘扬国学的口号声中越演越烈，是可忍，孰不可忍？

作为普通百姓对儒家文化做一般了解，也没有什么不好。但是国人就是爱搞一窝蜂，一经主流媒体渲染，使许多人都拿糟粕当时髦。有的大学竟让女大学生穿上古代妇女服装，学三从四德！与其形成鲜明对照的是对互联网文化的苛刻要求，一会儿是查禁未成年人上网，一会儿要安装过滤软件，一会儿又要限制每天发手机短信的条数。甚至有人说“宁可不要互联网，也不能毁了下一代”！与其对立的声音是，“禁止娃娃上网，将毁掉中国好几代”！当前政策似乎选择了前者，真不知道我们代表什么样的文化和生产力？

说佛家文化蕴涵着空想共产主义思想成分，也只是就佛家文化的核心教旨而言。其实，自从佛教走出菩提，政教合一以后，越来越夹杂了统治阶级的统治意志。什么六道轮回，十八层地狱，早就脱离了佛所弘扬的众生平等、天人平和的本意。只有继承传统文化基因中的精华成分，并在先进生产力基础上创造出适合时代的新文化、新文明，中国才有希望，人类才有希望。

我国社会文化如何走出怪圈

竭尽终生精力、践行科技救国的钱学森院士，临终最大的感慨是“中国出不了科学大师”。于是人们把义愤的矛头指向教育，但殊不知教育后面的深刻背景是社会文化。

我国自1919年“五四”运动打倒孔家店以来，经过近百年的变革，社会文化走了一个大大的怪圈，从儒家文化，到欧洲理想国文化，再到秦皇汉武法家文化；然后又经过一段美国自由主义文化，出现了水土不服以后，在一片重修国学的声浪中，似乎又回到了儒家文化。

儒家文化的核心就是用等级制度维护一个“封建主理性”的社会，法家则通过“权谋”充当这个制度的帮凶。几百年来，国人幻想有一个好的官僚体系，出现更多像包拯、海瑞那样为民做主的好官，但是好官总是凤毛麟角，百姓的善良愿望一次又一次被践踏。

工业社会则是一个崇尚“个人理性”的社会：经济人之间自由竞争，自然选择，让上帝来为大家做主。但是个人理性文化在东方转轨国家的实践中并不那么成功，从前苏联、东欧诸国到印尼、韩国、泰国、马来西亚以及我国台湾，要么是官僚权贵垄断社会财富，要么沦为西方跨国集团的加工基地。根源就在于东方文化中的伪善和诡异派生出坑蒙拐骗、贪污腐败，就像两个毒瘤严重破坏了个人理性的市场经济体系。看当今社会崇尚的不是奇技淫巧，就是玩世和媚俗，哪里还有些许大器的创造精神?

近来许多电视台热播国学，更让人揪心。比如某名牌大学教授讲孔子故事，说孔子的学生问老师如何种地，孔子骂他是小人！因为在孔子看来，种地、做工都是没出息的小人所为，君子只应该关心大学问，对于具体的、专业化的知识，孔子认为都是雕虫小技，不值得关心。那么什么是大学问呢？这位教授又举例说，一次，孔子听说一个人的姓氏中有个鸟字，于是他就专门找到这个人去求教，原来这个人祖上的官职与鸟有关。这使人想起鲁迅笔下孔乙己如何教人“茴香豆”的“茴”字多种写法。这样的国学简直是沉渣泛起！哪里还有什么与时俱进?

历史把人类带进了互联网时代，互联网文化的核心是平等、互动和创新精神，它将把人们带进一个美好的公共理性社会。由于西方背负工业社会的精神包袱太重，所以互联网给了东方国家与西方国家、农村和城市、穷人和富人站在同一个起跑线的机会。可悲的是人们并没有真正发现这个稍纵即逝的机会，却把它的负面影响夸大到不应有的程度。比如有人悲愤地说，“宁可不要互联网，也不能因沉迷网络毁了中国下一代”！其实他没有看到，如果不让孩子接触互联网，将毁掉中国好几代！也失去了千载难逢的社会文化转型的机会。

我们必须克服互联网诸多负面影响，除了涉黄之外，还有网络欺诈、网瘾、网恋、网络病毒、流氓软件等不良影响，但是更重要的工作是将它正面的东西发扬光大、形成互联网的主流文化。要让互联网为我国社会改革和教育改革提供新的平台，也为这个网民数量最多的国度，提供科学大师、文化巨匠成长的肥沃土壤。

探索信息时代的新经济模式

——在首都经济学界2011年新春论坛上的发言

就在许多正统学者纠结于自由主义和权威主义之间，决策者面对诸多两难问题，又不得不“面多加水、水多加面”的时候，互联网经济、电子商务、维基生产正以二倍加速度将人类卷入信息社会。一小批前卫学者发现，建立在“物质资源稀缺、占有欲望无限”和“理性经济人”假设前提上的传统市场伦理基础开始动摇，在达尔文和凯恩斯之外，还存在第三种商业文明和经济模式，它很有可能成为解决后危机时代经济难题的一剂良药。

2010年11月，我们中国信息经济学会与中国社科院信息化研究中心、阿里巴巴研究中心在杭州共同发布了《新商业文明宣言》，昨天，2011年1月14日，又在香山启动了《信息时代新经济模式》系列沙龙，目的就是在信息生产力条件下，探索适应时代要求的新经济模式。

两年前我承担“信息时代的网络伦理”课题研究，发现农业时代的基础伦理是“家族理性”，就是通过利他主义实现封建主利益最大化；工业时代的基础伦理则是个人理性，也就是追求个人利益最大化，于是形成各经济主体拼命占有物质财富的GDP主义的经济规则。而信息时代正以“协同、共享、互利、共赢”的互联网精神，掀起一场公共理性革命。何谓公共理性？用阿里巴巴马云的话说，就是在信息日益透明的条件下，“一个市场主体的成功，必须建立在相关主体成功的基础之上”。

前不久，比尔·盖茨和巴菲特来华劝捐，受到中国富豪的冷漠，有人说中国富豪为富不仁，比尔·盖茨才更像共产党员。我不知道中国富豪孰仁孰不仁，但是让比尔·盖茨加入中国共产党，我绝对投反对票！比尔·盖茨极力推销他的新资本主义，说是让资本家赚取更多利润之后，自然就产生了救济穷人的动机，于是就促进了全球均衡发展。说白了就是先发展一个富豪阶级，然后由富豪和权贵充当穷人的救世主。

盖茨经营的是信息经济，却利用工业市场伦理拼命赚取垄断利润，为什么不用大众共享价格更快普及信息化？让穷人更快掌握信息和知识，提高劳动技能，自己创造财富？不知道大家想过没有，比尔·盖茨为什么出在美国而不是欧洲？就是因为美国社会崇尚个人理性，而欧洲社会更趋向公共理性。严格按照个人理性规则，欧洲应该出更多比尔·盖茨，居里夫人应不应该成为世界首富？英籍华人、光导纤维之父高锟应不应该成为世界首富？还有几十亿人用的欧洲GSM二代移动通信标准，以及源自欧洲的W-SDMA三代移动通信系统的快速普及，其社会价值都不在比尔·盖茨的软件之下，这些技术的发明者该不该成为世界首富？

中国需要公共理性市场经济，最重要的是必须疏通诚信、透明、协同、共赢的机理。诺贝尔经济学奖大师纳什用三元合作演化博弈模型证明，如果人类只有利己本能，那就很难解释人类长期合作的进化过程。显然人类本能是由某种复杂的混合体组成。另一位著名学者艾克斯罗德用计算机模拟人类重复博弈行为，结果永远是持“一报还一报”、平等合作态度者成为最后赢家。但是在传统生产力条件下，人与人之间根本不存在多次重复博弈的机会，结果诚信合作、平等交易者难以胜出，人类可能走向说一套做一套、一切人欺骗一切人的社会。只有在信息透明的条件下，各类交易行为跃然网上，人们方能发现，靠坑蒙拐骗赚取少数不义之财，将失掉更多交易机会，只有诚信经营、平等交易才能获得合理、稳定的回报。

现在理论界正在讨论存不存在中国经济模式，我认为目前还没有形成独立的中国模式，因为无论是民营经济、国有经济还是宏观调控、政府干预，都没有超出经济自由主义和国家资本主义框架，只有信息时代的网络公共理性原则才能成为社会主义市场经济的核心理念和新经济模式的核心价值。用一句最通俗的话说，“只有社会主义才能救中国；只有市场经济才能救社会主义；而只有公共理性才能救市场经济”。

传统文化也要与时俱进

市场经济制度在西方之所以持续百年，除了它自身的优势，还要靠基督教精神。市场经济在我国出现水土不服，就是缺少某种社会精神和公共意识所致。我国经济深入改革受困于官商勾结、诚信缺失、坑蒙拐骗，假冒伪劣，又找不到切实解决方案，只好到传统文化那里寻找精神支撑，而有些年轻人则沉迷到低俗文化之中。

我国传统文化既有精华，也有糟粕，其中有两个最糟粕的东西，一曰伪善，二曰奸诈。如果说奸诈尚容易识破和引起人们警惕，那么伪善的危害则渗入骨髓，难以医治。社会渴望新的经济伦理和社会道德，在没有现成答案的情况下只好有病乱投医，什么王道孝悌、克己奉公、三纲五常、三从四德似乎都成了治世良药。结果还不是给普通老百姓套上更多精神枷锁，对于权谋之徒、见利忘义之徒还是奈何不得。相比之下，网络新经济伦理和后现代文化值得期待，网上购物已出现了公共诚信机制的萌芽，所有参与交易、交往的网民可以在同一个平台上互相评价，视同重复演化博弈关系，进入一个熟人社会。将来不论你官有多高、财有多厚，公道自在网上。

我不是文化人，但是渴望先进文化能够对我国经济、社会产生积极的影响，而不是一味回归传统。传统的东西也可以与时俱进，不与时俱进就进博物馆。比如京剧，你总是四大名旦那几个剧目，你怎么挽救也只有那么几个有偏好的年轻人喜欢，如果也像豫剧、二人转那样不断改革、推陈出新，肯定是另一番光景。再比如中医，为何对外非要称之为“传统医学”？能不能改为“生态医学”？无论是辨证施治还是药食同源在信息科技、生命科学基础上发展空间大得很，如果后人只躺在《黄帝内经》、《本草纲目》上吃祖宗饭，中医很可能沦为历史文物。近来许多志士仁人不满今日社会之浮躁，热衷于教人们向后看，什么先秦的自由、汉唐的兴盛，还有康乾盛世，希望求助孔孟复兴中华。可是试想从巴比伦到古希腊、古埃及，哪个古代文明按照原先路径能够复兴得起来？当前中国社会最需要是站在新兴生产力基础上的创造精神，而这一点正是我国传统文化的硬伤。

社会已经进入互联网生产力的伟大时代，但是先进网络与落后文化结合又会产生更大的社会危害，近来网络低俗现象得到了一定程度的治理，倒是不少主流媒体宣扬封建、迷信、低俗之风不减，而且是推给受众，不看都不行，没有选择。相信我国文化界、理论界有能力创造出能够代表时代精神的作品，在“平等交易、和谐共生”这个时代精髓前提下，彻底改变由“伪善、奸诈、低俗”这三头怪兽充斥我国媒体的文化现状。

弗里德曼的三根软肋

新自由主义的代表人物弗里德曼的辞世，使世界少了一位经济学大师和经济个人主义斗士。自上个世纪30年代以来，凯恩斯主义革命将世界经济带进政府干预、国家集中垄断的一个重要历史阶段。一时间政府几乎成了“万能之手”，无论在西方国家还是在东方国家，政府控制（统治）经济的现象无处不在，结果这只万能之手慢慢由“帮手”变成了“抓手”。行政垄断的不断扩张，带来经济效率的急剧下降和社会福利的巨大损失，人们突然发现，政府的失灵比市场失灵更可怕。

1980年以后，英美政府采纳了弗里德曼的主张，反对政府对经济的一切干预，恢复自由市场经济活力。于是一场经济自由化运动席卷全球，并于1989年形成“华盛顿共识”，借助政治力量尤其向发展中国家推介。20年过去了，人们又发现，弗里德曼的经济新自由主义对于恢复传统市场经济的基础地位功不可没，但是在以人为本的新经济阶段和提高民众实际生存质量上并没有那么神奇的功效。因为新自由主义学说仍然存在三根软肋：

1、公共服务的缺失

新自由主义认为，过去一直由政府提供的公共物品，如交通、通信、水利、电力、教育卫生甚至环保、治安都可以由私人机构通过市场机制提供。近20年来，各国公共服务的私有化改革大多没有达到预想结果。英国铁路、美国电力、俄罗斯石油、印度和巴西电信、中国教育及卫生都被认为是改革最不成功的典型。但是也有的国家比如瑞士铁路、智利监狱的市场化改革就比较成功。我们没有进一步深入分析少数国家的公共服务市场化改革成功的因素，但是面对公共交通、环境污染、教育卫生、突发灾害、人口素质和自然资源问题日益严重，社会需要的公共服务不是越来越少，而是越来越多。市场机制不可能提供人们需要的全部公共产品和服务，取消一切管制，就像几百万辆汽车都按照自己的意愿自由行驶，只能是一场灾难。随着信息网络的无边界扩张，许多公共服务必须超越市场、超越政府，靠非政府公共机构或者社会协同力量寻求解决办法。

2、自然垄断的实际存在

按照新自由主义的设想，自然垄断行业引入市场竞争以后，自然垄断即不复存在，自由竞争的市场规则将重新覆盖所有经济领域。20年过去了，许多国家的电信、电力、铁路改革结果并不理想。在我国自然垄断行业，虽然已经打破独家垄断，可是有市场支配力的企业依然存在，竞争不足与无序竞争同时存在。有些企业决策者热衷于搞《市场竞争三十六计》，什么声东击西计、瞒天过海计、偷梁换柱计，不一而足，有意识地破坏公平竞争的准则，大大增加了竞争成本。实践业已证明，自然垄断行业可以引入少量几家大公司开展有效竞争，但是并不改变其自然垄断性质，也不可能达到充分竞争状态，由管制机构约束市场支配力的滥用行为是一个长期任务。

进入21世纪以来，网络技术的普及一方面使原自然垄断领域的进入门槛降低，另一方面又使许多企业利用网络技术进行无边界扩张，形成更大规模的市场垄断的趋势，给新自由主义带来了更严重的挑战。

3、法律与监管悖论

新自由主义的一张王牌是把维持竞争秩序的责任完全推给法律。主张经营者、消费者、执法者之间在严密的法律下面进行利益的博弈。实际结果是法律条文越细，可解释性越强，执行起来越难。如果像新自由主义所主张的那样，所有经济纠纷都诉诸法律，任何国家都承担不起惊人的社会交易成本。我国有许多非法经营者不择手段参与市场博弈，在经济诉讼领域出现取证难、执行难，最后不得不成立一大批机构，由政府实行更严格的监管。

药品价格要监管，食品质量要监管，油品要监管，城市物业要监管，农村生产资料要监管，燃油价格、煤气价格、基本电信价格要监管，取暖费、过路费、过桥费、飞机票、火车票、公交月票都得监管。但是政府掌握的信息肯定小于企业掌握信息的总和，况且政府也是经济人，政府参与利益博弈肯定会滋生腐败，于是各国只能在市场和政府之间进行"面多了加水、水多了加面"的和面游戏。如果想摆脱这种局面，那就得借助新自由主义一再排斥的"经济交易伦理道德"。

以上三根软肋均来自一个重要的从未被严格证明过的亚当·斯密悖论。亚当·斯密认为，"每个行为主体都为自身利益最大化参与市场竞争，市场就会有一种神奇的力量（看不见的手）实现社会整体利益最大化"。200多年来，经济学家们谁也不敢否定这个市场机制的假设前提，我国有些人还为"人不为己、天诛地灭"的古训找到了近代市场经济的合理解释。

诺贝尔经济学获奖大师约翰·纳什以他惊人的毅力和胆略，证明了"人们之间的不合作博弈结果不是整体利益最大，而是整体皆输的结局"，后来纳什和艾克斯罗德又进一步分别证明，在多人重复博弈中，只有平等合作才能实现共赢，人类社会才得以繁衍。他们还证明，在多人重复博弈中，极端自私者和极端善良者（只愿付出，不要回报）相继被淘汰，只有平等交易者获得生存繁衍机会。

但是这种多人重复博弈模型在现实市场交易中基本不能成立，因为人们根本没有和世界上任意一个人几百次、几千次打交道的机会。所以多人重复博弈模型需要做重大修改，就是要引入信息透明的网络条件。在网络条件下，人们相互打一遍交道，就等于几百次的记忆效果，使艾克斯罗德模型快速收敛到"平等交易"规则上来，并真正成为新经济的伦理前提。

当前，世界正处在由工业社会向信息社会转型的时代，西方传统经济理论（包括新自由主义和新凯恩斯主义）已经暴露出许多致命的缺陷，人们必须深入研究新兴生产力的经济规律，才有可能超越各国经济长期在市场和政府之间左右摇摆（面多加水、水多加面）的尴尬局面。（原载《南方周末》2007年1月4日）

论国家理性、个人理性和公共理性

前不久出席一个高层论坛，我讲了市场竞争应该从“国家理性、个人理性”尽快过渡到“公共理性”上来，多数人没有理解其中含义。30年前，我国计划经济的伦理基础是国家理性，或者叫做经济集体主义。那时流行着一些极“左”的口号，比如“大河有水小河满，大河没水小河干”，“个人的事再大也是小事，国家的事再小也是大事”，使得劳动者个人的利益得不到任何保证，国家利益又被某些集团利益监守自盗。

西方市场经济的伦理基础则是个人理性，也就是个人利益最大化，如果把企业人格化，那就是企业利润最大化。显然这种个人理性比国家理性有了很大进步，但是为了本体利益不择手段，损人利己、损人不利己的行为屡见不鲜。可是制度越健全，法律条文越详尽，可钻的空子也就越多，于是律师队伍就越庞大，社会交易成本也就越来越高。西方多数国家能够延续个人理性的市场经济几百年，除了法律制度体系之外，还要靠基督教的社会精神制约。

有人说个人理性市场经济适应整个工业社会的历史阶段，市场经济在我国刚刚30年，现在需要的是全面学习，还谈不上改良和发展。可是我国国情与西方完全不同，去过西方的人都知道，中国人比西方人更“聪明”，一旦个人理性与中国传统文化中的诡异、奸诈、伪善相结合，上帝也没有办法。

进入新世纪以来，两次经济危机都来自自由市场体系最健全的美国。学者们突然发现，现代市场经济的病根恰恰在于金融资本的寄生性和腐朽性。人们在个人理性基础上贪婪占有物质财富，破坏了人类赖以生存的公共环境。而要根除这种贪婪本性，除了改善法制之外，最重要的还在于建立以公共理性为基础的伦理自律体系和社会监督机制。

新经济伦理必须建立在新兴生产力的基础之上，否则就是空中楼阁。令人振奋的是今天的网络产业正在集结公共智慧，而公共智慧就是公共理性的产床。中国的工业生产力落后，但是信息生产力并不落后，今天的中国完全有可能在先进信息生产力基础上，尽快实现公共理性的生产关系。我们有责任率先摒弃个人理性市场经济伦理，构建“资源共享、合作竞争、互利共赢”的公共理性市场经济体系。

公共理性三个基本原理

1、差异化竞争原理

工业社会发展的基本动力是竞争，可是对参与竞争的主体而言，最明智的竞争又是差异化竞争。同质化竞争导致对抗，而差异化竞争将导致合作动机。因而差异竞争的结局将是工业竞争的衰亡。不论人们的主观愿望怎样，网络革命正在扩展无边界合作的可能性。

2、网络多元化博弈原理

工业社会伦理的哲学基础是对立统一规律，矛盾体在限定的时空之内，通过两个基本要素间的不断对抗、斗争、妥协，从而推动社会前进。而信息网络的时空效应正促使人际关系告别两元对立统一模式，进入一个崭新的多元博弈阶段。在多元博弈关系中，一个主体的成功一定要以相关主体也要成功为前提，结果必然导致相关主体的协同互利。

3、利益、声誉置换原理

随着信息获取成本迅速降低，市场主体的公共声誉与直接经济利益同等重要，在一定条件下可以进行等效置换。

$$P=kf(b)*f(r)$$

式中：P 为企业总价值；k 为待定常系数；f（b）为经济效益函数；f（r）为企业声誉函数。

必须走出社会达尔文主义误区

几百年来，不加节制的工业文明正在把人类带进一个历史误区，人们把现实社会中的弱肉强食、物竞天择视为天经地义。工业文明甚至教化世人，市场经济的伦理就是个人利益最大化。只要你不违法，什么缺德的事都可以干，什么手段都可以使。工业文明认为通过人们的利己行为就可以完善法制，促进大众利益和社会福利。

实际上我们看到的则是假冒伪劣、坑蒙拐骗愈演愈烈，搞得整个社会谁也不敢相信谁。甚至电视媒体呼吁市民在餐馆订饭也要签一份正式合同，号召人们为了自身利益，事事都要保存证据，以便拿起法律武器——多多告状！如果我们从理论上认同这种博弈能够促进社会发展，那么我们的社会进化到最后将没有一个好人。剩下的坏人也必然进入互相坑害的陷阱之中。

人类要想走出社会达尔文主义误区，唯一的出路是超越市场、超越政府，培育社会协同的第三种力量。它的微观机制就是全民监督（包括法律监督和道德监督），而网络及其产业就是这种监督的透明管道。

市场经济从个人理性到公共理性

西方经济学者不得不承认，传统市场经济具有内在和外在的矛盾和缺陷，这些矛盾和缺陷使它处于不良运行状态。失业、垄断、经济萧条、通货膨胀、贫富悬殊有时会达到非常严重的程度。但是多年来他们开出的药方都不愿意触动亚当·斯密的“人性本质是自私的，但自私行动的结果是维护了公共利益”的假设前提。

随着社会进步，人们看到信息扩散形成的社会协同效应对传统理论的挑战。如果说以往人们内心美好的社会道德经常被利己主义淹没，那么网络经济学的原则就是平等、公正、透明，多数人向往的美好社会道德终将在网络经济中成为一种刚性气氛。在这样的气氛中，人类必然进入一种“自己活，也要让别人活；自己要活得好，也要让别人活得好”的网络结构。

其实，在原始社会经济中，人们必须在利他主义前提下结合成某种协作组织才能抵御猛兽的侵扰，获得基本生存条件。后来家庭或者生产组织有了剩余产品，出现了物品交换。在以物易物的“市场”上，以平等交换，双方都觉得合适为准则，没有尔虞我诈，没有贪得对方劳动成果的非分之想，更不存在“以一定量的产品换取最大量的对方产品”的利润动机。后来随着生产力进一步发展，出现了社会分工和商人阶层以后，人们有了追求利润的动机，有了占有欲和贪欲。最初的商人发现不劳动或者少劳动比多劳动有可能生活得更好，办法就是提高自己出售品的价格或者压低自己买入品的价格。但是商人的这种做法在当时就被视为不道德行为，不论在古代中国还是中世纪的欧洲，政府都反对商人的刻意求利行为。当时社会还是提倡薄利多销、价格诚实的商业活动。

到了近代，由于金融资本的高度集中，支配别人劳动的欲望迅速增长，很快成为经济生活的中坚力量。无止境的贪欲被奉为社会进步的动力，从此自私自利才真正站稳了脚跟。为了不使社会经济系统因极端自私行为而崩溃，国家机器不得不在适当限制私利的前提下继续维持工业社会留下来的这样一个体系：一方面促使社会财富集中到少数人手里，另一方面又通过税收和捐赠引导部分财富投向社会。

常常能听到一些学者阐述一个观点，说市场经济就是信用经济，是以诚信为前提的经济。似乎谁赚的钱越多就说明谁越有诚信，叫作“有恒产者有恒信”。但是翻开现代经济教科书，最基本的理论是经济利己主义，是如何使利润最大化；走进书店，最畅销的经济读物是“教你如何赚钱”之类的《成功学》、《奶酪》系列，是《市场竞争三十六计》，甚至《厚黑学》。你再到我国城市的商店走一走，几乎到处都在打折销售，天天都是最后一天大甩卖。几乎所有的市场营销人员都在大讲特讲自己商品的优点，没有人告诉消费者我的商品还有哪些缺点。他们挖空心思制造信息不对称，利用信息不对称（消费者不了解实情）赚取超额利润，广大消费者天天都在受骗。而且也许你今天受了骗，明天就会换一个位置也去欺骗别人。如果这种情况不加节制，我们将面临“一切人坑害一切人”的社会。

传统经济是每个经营者和消费者只求自己利益最大化的个人理性市场经济。现代前沿经济学早就发现信息手段的普及正在使经营者和消费者都变得聪明起来。人们开始考虑与经营和消费紧密关联的社会后果，甚至很多大企业的董事会和监事会主动使企业目标向社会公共目标靠拢，使经济活动越来越符合大众选择取向。

那么公共理性市场经济又是一种什么样的经济呢？简而言之就是经营者和消费者都在一种信息比较透明、不损害他人、不破坏环境的条件下实行商品和服务的平等互利交换，或者叫作收支平衡下的“零利润”交换。这种市场经济在工业时代是不可能实现的，到了网络时代它不仅是可能的而且是必需的。因为有两种力量正在成为市场的刚性约束条件，一是网络民主使公共选择的力量日益增强，二是信息快速渗透使协同合作倾向日益扩展。

不论在自然界还是人类社会，除了优胜劣汰、适者生存之外，还有一个重要法则就是“一报还一报”。人类掠夺自然，自然要报复人类；强者恃强凌弱，弱者也会伺机报复强者。令人遗憾的是由于以往信息传递的时延太长，能量积蓄缓慢，这种报复来得太慢。网络产业的发展不仅使信息传递时延缩短，同时也使能量积蓄或动员速度加快，人类将更加自觉地适应一还一报的社会法则。

根据这个法则，未来企业的主要目的不是利润最大化，而是价值最大化，只有向社会提供价值，才能从社会得到相应的回报。经营者不再需要假冒伪劣、偷工减料、坑蒙拐骗、价格欺诈，因为他们知道通过网络透明作用，消费者不再处于劣势地位，遵循平等合作规则要比通过欺诈获得少数几次不义之财更有价值。

我国有位资深学者曾经指出，许多中国人到美国留学，只学会了自然科学和社会达尔文主义这两种东西，如果美国社会只有科学加弱肉强食这两种精神，美国社会早就失衡了。美国社会还有第三个重要支柱就是基督教的道德精神，它对美国社会起到了更重要的稳定作用。

人类对待自然环境已经走过了一条先破坏、后治理的弯路。在个人理性市场经济中，人们正在破坏人为环境。而要修复人为环境，可能要比修复自然环境更难。一个严重问题是传统经济和制度安排还在重复着“人不为己、天诛地灭”的亘古恒言。我国有不少共产党员反映，党教我公而忘私和大公无私，市场经济教我个人利益最大化和社会达尔文主义。怎样才能摆脱这种二元论的困扰？

这就又回到了人性本善和人性本恶的一个古老命题。其实在人之最初，呱呱坠地以后，为了自身生存需要的一切行为根本没有利己、利他和善恶之分。一个正常智商的人在满足基本生存和安全的需要之后，都会把交流和自我实现列入更高追求目标。只有极少数素质不高的暴富者，才会无止境地追求物质财富。

如果说满足基本生存条件尚要靠“利己动机”推动，那么交流与尊重则要靠平等互动，自我实现则要靠牺牲精神。有人将高层需求的互利和利他行为理解为利己行为的另一种表现方式（沽名钓誉），这种简单化的理解是对人类“天下为公”理想共识的亵渎。

第十一章：公共理性市场经济

与过去不同的是，信息网络创造了平等、协作的刚性气氛。在这种气氛中，唯利是图者越来越没有市场，损人利己者会更快得到报复。只有持平等互利态度，并为他人提供了有用价值者才能得到合理的回报。

信息革命远未成功，各界同仁仍需努力

反思最近十年，人们只把通信业当作赚钱机器，淡化了其作为公共企业的重要社会功能，致使不少人认为中国经济比较落后，信息通信没必要搞那么先进、那样普及，国家还是要把主要精力用在发展重化工业上。

回想1986年，我国几百位学者发起或参与首届社会信息化促进大会，不久就有人提出，信息社会是西方电子传教士向我国意识形态渗透的工具，人类只有封建社会、资本主义社会和社会主义社会，没有信息社会。

21世纪伊始，我国经济学界掀起了一场关于新经济的"伟大争吵"，结果又是主流学者以"只有新技术，没有新经济，更没有新经济理论"的观点占了上风（《新经济——一场伟大的争吵》，见西苑出版社，2002年版）。他们认为上百年工业社会形成的西方主流经济理论是放之四海而皆准的，没有必要创造什么新经济理论。

最近阅读一份理论内参，一篇颇有分量的文章又让人十分震惊。作者认为，知识经济的提法是"对历史唯物主义的严重挑战"，"认为知识资源经济可以取代物质资源经济"，是违反了在任何社会阶段"都必须以物质生产的存在为基础的基本常识"，"想用知识资源代替自然资源，就同想用长度单位称重量和用重量单位量长度一样荒唐"。

世人都知道，人总是要吃饭的，工业社会同样离不开农业基础，但这并不能阻止工业社会和信息社会的到来。回忆50年前我国曾经以粮为纲、以钢为纲，进入信息社会以后是否还要延续这样的政策，否则就是对唯物主义的大不敬呢？现在的美国人消耗着世界上最多的石油，拥有最多最高的摩天大楼，我们是否只能沿着这种直线思维方式，鼓励人们拼命占有和消耗更多的物质资源，在物质生产上大干快上、一追到底呢？我认为他们在犯机械唯物主义错误。

其实马克思早就说过，“各种经济时代的区别，不在于生产什么，而在于怎样生产，用什么劳动资料生产”。农业社会用犁杖和经验生产，工业社会用机器和技术生产，信息社会必然要用网络和知识来生产。而这种新型信息生产力正在大量节约或者代替物、能资源，在创建资源节约、环境友好社会中起着举足轻重的作用。另外，按照马斯洛的需求层次，当人类温饱问题基本解决以后，信息交往和感情交流就成为主要需求，一旦交往、交流获得满足以后，自我实现就成为人类的最高追求。难道只有满足低级需求是生产，满足高级需求反而不再是生产？人类社会怎能只停留在以消耗物质、能源的物质生产为基础特征的时代？

我国本来比西方具有更适应未来社会的文化基因和后发优势，但是如果不能摆脱思想方法上的路径依赖，实现公平和谐信息社会（信息时代的社会主义）的路可能还很长。“信息革命远未成功，各界同仁仍需努力”！

构建公共理性市场经济

自从1776年亚当·斯密建立以“个人理性”来实现社会福利最大化的假说以来，许多西方学者企图对这一体系做出更为严密的科学证明。他们通过无休止的工作，并没有真正解开这一悖论，却毫无疑问地接受了他们所在社会制度的基本伦理。到1989年，随着国际形势剧变，西方顶级学者集中抛出“华盛顿共识”，旨在向发展中国家强力推介经济自由主义的美国文明。

进入21世纪以来，经济转轨国家按照美国自由主义经济改革实践并未取得预期的效果。比如巴西、智利、印度等国家反而出现深刻的社会难题，就连自由主义市场制度最健全的美国本身也遇到了二战以来最严重的经济危机。许多转轨国家开始怀疑美国经济自由主义神话，现实政策又开始“向左转”。在一定条件下，走一段“之”字形道路不失为智慧的选择，然而就怕失去总体目标和方向，落入“一放就乱、一收就死”，“面多加水、水多加面”的怪圈。

我国30多年的改革实践，坚持了“社会主义市场经济”的正确改革方向。虽然学术界对社会主义市场经济概念有不同诠释，但是必须承认，中国经济改革与发展成就是其他转轨国家所不可比拟的。然而中国后30年改革任务更为繁重，对理论界而言，必须尽快走出经济自由主义和官僚支配主义的双重误区。一个极为有利的条件是，我国经过30年的信息化建设，基本实现了生产力的跨越发展。在新兴生产力基础上，实现"个人理性"市场经济向"公共理性"市场经济的过渡是社会主义市场经济模式的必然选择。近年来，国内外的前卫学者关于网络新经济的论著日益多见。建议我国决策部门认真组织起来，在总结30年改革经验教训的基础上，尽快建立以"互利共赢"为核心机理的"公共理性市场经济"的理论体系。

公共理性市场机理

1、企业的首要目标是价值最大化

资本主义早期，成千上万的小私有者投资工商业作为谋生手段。后来资本的集中使其日益脱离生产，变为纯粹攫取利润的工具。随着信息的日益透明和科学知识的普及，人们逐步发现，企业的根本目的不是攫取最大化的利润，而是为消费者创造最大化的价值，从而获得自身合理利润。人们参与生产的根本目的也不是赚取更多钞票，而是要提高包括"物质生活、信息交流、自我实现"在内的整个生存质量。它除了满足基本生存需求之外，还需要两个环境，一是自然环境，二是人文环境，它们都直接影响人的生存质量。

2、网络经济的伦理基础是平等交易

不论在自然界还是人类社会，除了优胜劣汰、适者生存之外，还有一个重要天然法则就是"一报还一报"。近百年人类对自然界进行掠夺性开发，已经开始遭到报复；同样在最近几十年内，人们奉行极端经济个人主义，严重破坏了人文环境，肯定也要遭到报复。遗憾的是由于以往信息传递的时延太长，能量积蓄缓慢，这种平等报复机制来得太慢。

网络经济的发展不仅使信息传递时延缩短，同时也使能量积蓄或动员速度加快，人类将更加自觉地适应"一报还一报"的社会法则。在信息日益透明的环境中，损人利已、唯利是图者将难以立足，而平等交易，乐于给予者才能得到更合理、更丰厚的回报。经营者将会发现，遵循平等合作规则要比通过欺诈获得几次不义之财更有意义。

3、由对抗性竞争到竞争性合作

到了信息社会，网络生产力使社会分工越来越细，从生产同质产品逐渐过渡为多样化服务。如果说生产同质产品的企业容易发生对抗竞争的话，那么从事异质服务的企业则很容易产生合作动机。

理论前沿从正、反两个方面支持由竞争到合作的论点，一是著名的纳什悖论，二是艾克斯罗德的“合作进化”模型。纳什用数学方法证明非合作博弈的均衡结果肯定是进入“皆输”的陷阱。艾克斯罗德则用计算机建立合作进化论模型证明，经过长期博弈人们会发现，无条件利他主义者首先被淘汰；完全经济个人主义者也很快被淘汰；阴谋诡计者一度获得最大利益，但最后也被淘汰；只有平等合作者才能获得久远生存和繁衍的机会。可惜现实社会使两个经济人之间多次交易的机会太少，目前还是阴谋诡计者获得了最多的繁衍机会。

随着网络生产力的快速渗透，在同一个“地球村庄”，所有的交易行为都被曝露在阳光之下。人类将进入一个“自己活也要别人活”的闭环系统。只有与他人联合、合作才能获得共赢的生存空间。人们奉行了几百年的“人不为己、天诛地灭”这一经济个人主义前提，可能要被“人不利人、天诛地灭”所代替。

公共理性核心观点集锦

1、宇宙大爆炸的那一瞬间，既没有原子，更没有各类分子，只存在一种超热的“宇宙之汤”，这样的世界不存在任何信息。后来宇宙之汤慢慢冷却，才凝固成多种粒子、原子和各种天体，继续冷却又产生了多种分子甚至日益复杂多样的生命体。而信息的本质就是事物的多样性，信息化社会就是日益彰显多元化、多样性相互兼容的社会。

2、小农经济是个性被抵消的经济；计划经济是个性被抹煞的经济；工业时代的市场经济先是自由彰显个性，后又被标准化抹煞的经济；信息时代的新市场经济是既能彰显个性，又能体现多元协同互利、持续发展的经济。

3、工业经济的主要基础资源是钢铁、水泥。信息经济的主要基础资源是集成电路、光导纤维，它们的化学成分是硅，来源于石英沙子；另一个重要基础资源就是知识，它源自人脑。于是“资源不再稀缺，欲望也不再无限”，传统经济学的理论基础开始动摇。

4、人类自然环境已经走过了一条先破坏、后治理的弯路。可是现在人们仍然没有意识到，社会人文环境也受到或者正在受到工业经济的严重破坏。而要修复人文环境，可能要比修复自然环境更难，因为“十年树木、百年树人”。

5、工业社会的哲学原则是两元对抗、对立斗争；信息社会的哲学原则是多元协同、互利共赢。随着信息环境日益透明，两极对立模式加速了自然没落，协同互利模式凸显出崭新的魅力。

6、计划经济要求人们利他，传统市场经济假设人们利己，协同市场经济引导人们走向互利。对多数人而言，他们既不愿做圣人，也不愿做恶人，他们只愿意做与相关者平等相待、互利共赢的凡人。随着信息的日益透明，平等交易才是保证市场主体长远发展的根本动力。越来越多的企业家发现，一个市场主体的成功，必须建立在相关主体也要成功的基础之上。

7、按照人类普遍的需求层级，满足基本生存条件也许要靠利己主义推动，那么满足交流与感情需求则要靠平等互利，满足自我实现则要靠牺牲精神。与过去不同的是，信息网络创造了平等互利的刚性气氛，唯利是图者越来越没有市场，损人利己者更快得到报复。只有持平等合作态度，并为他人提供了有用价值者才能得到合理的回报。

8、如何解决贫困问题？发达国家的传统思路是鼓励富人尽快积累财富，通过二次分配（税收）和三次分配（捐赠）反哺穷人。我国需要的则是一种后现代经济的解决思路：就是直接提高农民的劳动技能，鼓励他们自己创造财富。诺贝尔经济学奖得主舒尔茨早就指出，贫穷的根源不在土地和资源，而在于长期信息闭塞、教育落后造成的劳动力素质低下。要利用我国信息通信业的后发优势，通过网络经济的外部性效应，更快形成信息共享机制，提高广大农民素质，这是解决“三农”问题的最好切入点。

9、农业社会是族群理性为主导的社会；工业社会是个人理性主导的社会；信息社会则是公共理性为主导的社会。面对当前的社会经济问题，倡导从群体理性、个人理性向公共理性过渡，可能是率先走向后现代化的重要出路。

10、过去人们说“只有社会主义才能救中国”，后来人们又说“只有市场经济才能救社会主义”，现在应该说“只有公共理性才能救市场经济”。

第十二章

迎接知识中产社会的到来

中国工业化的致命伤

一次，我到巴黎蜡像馆参观，这里的雕塑人物既有国家元首，又有世界歌后、影帝，真算得栩栩如生。半小时以后，我想休息一会儿，见走廊长凳上坐着一位中年人正看报。“我可以坐到这里吗？”我用英语问，此人无动于衷。我想，法国人真够傲慢，故意不理睬讲英语的人，就强行坐在他的旁边。不到一分钟，忽然感到此人看报怎如此专心，再斜眼一看，他眼睛都不眨一眨。于是我朝他挪一挪身子，故意碰到他的胳膊，硬邦邦的原来是尊雕像！我把同行者招来，共同感叹此雕像之逼真。

在走廊另一拐角处，我们又见一老者真个是鹤发童颜，正襟危坐，双目圆睁，炯炯有神，不由人退回来驻足欣赏。“真的假的？”我们还是心存疑虑，同行者是个直性子，用手掌在老者眼前摆动，竟然还是丝毫不眨一下，乃再叹雕工之细腻。尤其是老者之胡须，曲直适度、光泽逼真，于是，同伴情不自禁地用手去捋老者之美髯，突然，老者伸手抓住他的衣领，大家正在不知所措，老者已忍不住大笑了起来，逗得在场者大笑不已。

我国也有不少古代雕塑和现代蜡像，功夫也算得巧妙，但就是不够细微，一看就是假的。这使人自然想到，时下人们都推崇中国传统文化，然而中国传统文化中最大缺憾就是“含蓄、模糊和抽象”。反映在科学技术和产业经济领域，“精准加工能力缺损”成了困扰我国工业的致命伤。50年前，我们曾经“以钢为纲、全民炼钢”，现在我国粗钢产量早已超过美国，但是细钢还是要依靠进口；我们已经成为汽车生产大国和电子产品生产大国，但是关键精准制造环节还是掌握在德国、日本人手里。好在社会进步是50年河东、50年河西。昔日钢铁为王，今日制造为王，明日可能就是设计与服务（包括芯片和网络标准设计服务、软件设计服务）为王。

1990年我与其他行业的两位教授合作的研究报告提出“利用我国后发优势、跨越发展信息产业”的战略思路，建议我国要舍弃某些传统技术环节，发挥我国科技人员独到的巧妙设计优势。结果被两位老学者指责为“还不会走路就想学跑步”。后来这一思想虽然戏剧性地被部分接受，但是并未真正形成国家主流战略。真诚希望我国决策层尽快抓住“新型工业化道路”的历史机遇，有所不为，方能有所为之。

第十二章：迎接知识中产社会的到来

“围墙花园”不是信息社会

记者：转型已经成为全球电信业发展的主题，您对几大电信运营商的业务转型是如何看的？在当前我国分业经营的政策背景下，电信运营商的业务转型前景如何？

杨培芳：**电信业诞生于100多年前工业比较鼎盛的时期，所以电信业还保留了很多工业时代的特征。在向信息化迈进的过程中，要摒弃一些落后的思维和模式。电信业要首先转型，然后社会、经济都得跟着转型。**

具体到运营商的转型，就是每个运营商都要找准和利用自己的优势。现在很流行的《长尾理论》，这本书的观点就是说社会分工越来越精细化，在这种情况下，产业链越拉越长，你不可能自己关门搞信息化，只能自己搞，不让别人搞，或者制造带围墙的花园。

从国家政策来说，放宽管制是必然的，不可能长期维持分业经营。分业经营只是暂时的，未来走势就是全业务许可。最近主管部门领导已经多次在不同场合提及全业务许可的问题，我想全业务开放已经为期不远。

记者：十七大报告对信息化提出了新的要求，这与整个电信业的转型潮流有何关联？您认为电信运营商要把握机遇和完成历史使命，该注意哪些方面的问题？

杨培芳：**电信是信息化的基础，仍带有公益性质。所以电信运营商一定要找准自己的定位。电信企业的社会责任不仅仅是向国家缴税、扶贫，而是促进整个社会的信息化，通过普及信息通信服务来实现社会利益最大化。随着社会信息化的发展，达到双赢、多赢的目的。**

记者：中国电信业要成功地实现战略转型，要避免“空心化”发展，进行资源重组已经成为业界共识。那么当前应该需要怎样的产业布局，要如何优化资源配置？

杨培芳：**今年讨论比较热的问题，一是资费，二是重组。而资费背后涉及的难题又是企业重组，因为分业经营、不平等竞争、企业重组的问题绕不开。重组的方案也**

提了很多，但在我看来，电信业最终的目的必须要形成有效的竞争格局，不管是回归垄断，还是充分自由竞争，都不符合电信业的行业特点，不利于电信业长远发展。中国电信业应该走适度竞争、有效竞争之路，重组必须建立起有效竞争的市场格局，实现企业之间的公平和有效竞争。

电信业不是一般的行业，应该建立大公司之间的有效竞争格局。当然有人认为要完全放开市场，由大量小企业充分竞争，完全靠市场力量逐渐把小企业淘汰合并为大型企业。但是这种自由市场道路周期太长、成本太高。我们需要市场这只手和政府这只手一块起作用。

提到电信业的竞争格局，我一直倡导三家基础运营商有效竞争方案，但是还应该更前瞻一些，继续开放末端基础电信市场，逐步形成“3+N+M”方案。具体解释是三家全业务许可运营商加N个有专有优势的运营商（比如电通、广通等），再加M个地域性电信运营商。这个方案的好处是动荡较小，同时更容易在三个层面（全国、专门、地域）形成有效竞争格局。

新资本主义救不了穷人

我国改革开放30多年来，GDP快速增长的同时，贫富差距拉大，社会矛盾凸显，许多农村地区依然贫困。有人主张按照西方国家的传统思路，继续鼓励富人积累财富，然后通过二次分配（税收）和三次分配（捐赠）反哺农村、救济穷人。

最近，比尔·盖茨提出新资本主义（creative capitalism）概念，说的也是资本赚取足够利润之后，就需要通过社会认可（recognition）来提高它的知名度。使企业“更加倾向为穷人服务，从而更多赚取利润或是得到认可，——最终改善全球不平等的现象”。

在中国，这两种道路都是行不通的。我国需要的是一种后现代解决思路，就是利用信息科技的后发优势，直接提高穷人的知识水平和劳动技能，鼓励他们自己创造财富，早日适应城镇化和信息化需要，实现以知识劳动为主的中产社会。

诺贝尔经济学奖得主舒尔茨早就指出，贫穷的根源不是因为土地贫瘠和资源匮乏，而是因为长期信息闭塞、教育落后造成的劳动力素质低下。我国最严重的问题也是教育农民，但是要彻底改变贫困地区的教育状况，可能需要几十年甚至要一百年；而要改善信息闭塞局面，只要几年，最多十几年。最具说服力的就是我国通信业从一个最落后的国度经过短短20年的发展，到2009年12月移动用户数量达到7.5亿，互联网用户超过3亿，普及广度和深度让世界瞠目。

传统工业经济模式只有两种指向，一种是私人垄断社会财富，另一种是官僚支配社会财富。为了防止社会倾斜，西方国家不得不在政府和市场之间不断地做出要么达尔文主义，要么凯恩斯主义的政策调整。但是，随着信息科技的高度普及，即使是在美国，市场力量和政府行为也相继失灵。

在先进的信息生产力基础上，人们有可能会创造出第三种经济模式，那就是公共理性经济模式。如果说农业社会是封建族群理性的经济；工业社会是经济人个人理性的经济；那么信息社会最有可能是公共理性的经济。因为只有资源共享、互惠共赢才能形成社会化的信息生产力，否则就是信息孤岛。有远见的企业家们已经发现，"网络时代，一个主体的成功必须建立在相关主体也要成功的基础之上"。

有人说要实现这个美好愿望得等一万年！但是生产力发展是不以人的意志为转移的，君不见农业生产力曾按抛物线规律发展；工业社会生产力是按线性边际规律发展；而网络生产力则按非线性超边际规律发展！

网络时代的社会化方向

1、核心生产力从分体工具、动力系统到信息网络

蒸汽机革命以前，劳动者直接使用手工工具或者单体机械装置，作用到劳动对象，形成前工业时代的生产力。蒸汽机革命以后，劳动者群共同操纵动力系统，驱动工作机器，作用到劳动对象，形成工业时代的生产力。信息革命使劳动者站在生产过程和生产部门之外，在办公室甚至坐在家中，通过信息网络监控生产过程，形成信息社会的生产力。

2、劳动工具的使用方式从私人独占、集团专用到社会共享

手工工具一般是在私人独占条件下使用的；动力系统一般是在集团内部专用情

况下运行的；网络时代，只有全社会协同合作、共享网络资源，才能实现网络的真正价值。

就像人类胚胎发育过程就是生命进化的缩影一样，计算机的使用方式就是人类工具从私人独占—集团专用—网络共享这样一种演化规律的缩影。上世纪70年代以前，人们只能在计算机房独占机时来完成科学运算；80年代，人们通过专用通信系统异地操作计算机完成更多的控制功能；90年代以后，人们可以在家通过互联网实现信息资源共享。

3、社会需求从不规则产品、标准化产品到多样化服务

手工作坊时代，人类只能生产少量不规则产品，除了维持生存之外，只能满足一小部分人的较高层次需求。大机器时代，大量标准化产品被生产出来，工厂只要按照既定标准大干快上，就能增加产值，促进GDP的提高。

网络时代，日益多样化的信息服务将成为主要产出方式。脱离人们对日益个性化、多样化服务的需求，拼命生产某种标准化产品的思想已成为祸害。只有按照消费者的不同需要，以柔性方式提供小批量、多品种的产品和服务，并直接提高了人们的生存质量才被认为是有效的经济活动。

4、市场规律从收益不变、收益递减到收益递增

农业社会分散的自给自足生产方式，使经济主体的劳动收益维持在一个恒定值上。一个农民只能耕种几亩、最多几十亩土地，要想占有更多的土地，就得由更多的农民耕种。所以人们长期用粮食价格做整体价格平衡的参照系。

工业社会，机器大量吞噬不可再生资源，使得单位经济主体的生产规模得以扩张。但是，产量增加到一定程度以后又必然受到资源边界和销售边界的限制，表现为边际成本上升和边际收入下降，形成收益递减规律，于是有了企业和企业边界。

信息社会的战略资源不再是煤炭、钢铁和水泥，而是集成电路、光导纤维和有用的信息。集成电路和光导纤维主要消耗的硅原料来自沙子，且用量越来越少；有用信息则来自人脑和电脑，滋生得比兔子还快，越用越多。这就对传统市场规律提出一个严重挑战，距离在消亡，成本在骤减，边际分析方法失效。

工业时代的经济学就是建立在资源稀缺、欲望无限的前提条件下的一个完整的理论体系。现在网络经济的发展使得资源不再稀缺，人们的消费欲望也不再无限，囤积和占有过量的物质财富只能代表落后，一个人营养过剩肯定要生病。而信息需要扩散，一个人脑子里存有大量信息而不扩散出去，使用价值等于零。

5、组织结构从分散化、集中化到分布化

前工业时代，分散生产、自由市场是经济的主要特征。大工业时代，生产的集中化必然导致政府干预，甚至采用高度集中的计划经济体制。但是千万个企业对着一个政府，政府掌握的信息永远小于企业掌握信息的总和。大量信息被沉淀，长期粗放式资源配置造成结构失调和整体效率低下的直接后果。

信息时代，经济结构的网络化为形似分散的生产方式提供了可靠基石。企业在信息相对透明的环境中可以及时调整产品方向和产业方向，在家上班的劳动队伍日益庞大，公司经理通过网络对他的雇员进行民主式管理，组织结构也由宝塔型向扁平化发展。共同利益将促使整个社会资源优势互补、高效运作。这时的生产不是回到小农分散模式，而是进入一种网络条件下的"分布化"模式。

6、生产目的从谋生手段、超额利润到生存质量

资本主义早期，成千上万的小私有者投资工商业作为谋生手段。后来金融资本的集中使其日益脱离生产，变为纯粹攫取利润的工具。

随着信息的日益透明，市场经济正在从盲目走向理性。人们最终将会发现，生产的根本目的不是攫取最大利润，而是提高人的生存质量。它除了满足基本生存需求之外，还需要两个环境，一是自然环境，二是人文环境，它们都直接影响人的生存质量。

其实不论在自然界还是人类社会，除了优胜劣汰、适者生存之外，还有一个重要天然法则就是"一报还一报"。近百年人类对自然界进行掠夺性开发，已经开始遭到报复；同样在最近几十年内，人们奉行的经济个人主义，严重破坏了人文环境，肯定也要遭到报复。令人遗憾的是由于以往信息传递的时延太长，能量积蓄缓慢，这种平等报复机制来得太慢。网络经济不仅使信息传递时延缩短，同时也使能量积蓄速度或动员速度加快，人类将更加自觉地适应"一报还一报"的社会法则。未来的企业只有向社会提供有用价值，才能从社会得到合理的回报。经营者将会发现，遵循平等合作

规则要比通过欺诈获得几次不义之财更有意义。

7、经济行为从资源冲突、产品竞争到网络合作

农业社会，人们为了占有更多的土地和劳动力资源，不断用冲突或战争手段实现个人或者群体利益最大化。工业社会人们学会用机器生产力代替人力和畜力，通过竞相改进生产方式和抢占市场的办法来占有更多的社会财富。信息社会，信息网络生产力使社会分工越来越细，从标准产品生产逐渐过渡为多样化服务。如果说生产同质产品的企业容易发生对抗竞争的话，那么从事异质服务的企业则很容易产生合作动机。

随着网络生产力的快速渗透，信息变得越来越透明起来，在同一个地球村庄，所有交易行为都被曝露在阳光之下。专业分工也越来越细，经济人之间的非合作对抗性竞争不再像工业社会那样有效，人类将进入一个“自己活先要别人活”的闭环系统。只有与他人联合、合作才能获得互利共赢的生存空间。

8、哲学原则从无组织化、被组织化到自组织化

开放系统从无序到有序的发展有两条途径。一条是力学途径，比如万有引力使天体做有序运动，磁场力使磁性分子有序排列，这些可看作是被组织的有序状态。另一条是靠信息传递途径使开放系统进入自适应、自组织的有序状态。

在工业社会里，人们总是希望有一个控制中心通过高度统一的组织体系来实现社会整体效益的最大化，结果人们发现社会总是在过组织或欠组织的状态下摇摆，很难稳定在最佳控制点上。

事实上，被组织化只适应单一目标的符合机械决定论的全结构化系统，不适应日益多样化的半结构化和非结构化的网络。问题出在超出人脑这种复杂系统之上，起维系作用的主要不是能量而是信息。在一定的信息环境中，各社会单元或者经济主体不断地进行自组织，才能达到复杂网络结构的次优状态。

应该着重指出的是，自组织经济并不是自由化经济。如果说农业社会是无组织经济，工业社会是被组织经济，那么，未来社会就是在信息高度透明、行为主体高度理性的环境中的自组织经济。

9、调节方式从自由竞争、政府干预到社会协同

自由竞争可以较好地完成工业资源和产品的配置任务，但在公共服务、尤其是网

络服务领域则暴露出严重的市场缺陷。因为网络服务必须是互动的和非占有性的（对商品占有而言），按照完全竞争规则根本形不成网络生产力。

20世纪90年代以来，各国市场化经济改革成功解决了工农业产品领域的资源配置问题，但是却不能很好地解决公共服务领域的资源配置问题。随着工农业生产比重的减少和公共服务比重的增加，市场选择和政府干预的缺陷双双凸显出来。因为政府掌握的信息与企业掌握的信息永远是不对称的，政府干预会在更多的经济领域失灵，人们陷入“没有政府干预不行，有了政府干预可能更糟”的悖论。而网络经济正在实现市场和政府的双重超越，地球将浓缩成一个村庄，人们的关联度越来越大，非正式约束（网络道德规范）在透明的社会环境中比法律条文更具备约束力，社会协同机构将承担更多的公共管理责任。

如果说大工业的集中化经济特征导致自由市场失灵，从而产生政府干预这只看得见的手，那么信息网络化经济特征正在导致政府干预的失灵，经济管理职能正在由政府向社会机构转移。就像铁路和电报系统是政府这只“看得见的手”的生产力基础一样，信息网络正是社会协同这只“挽在一起的手”的生产力基础。

10、生产资料从私人占有、集团占有到社会共有

生产资料的私人占有曾促使早期资本主义迅速发展。到20世纪初，生产社会化与生产资料私人占有性日益矛盾，表明私人资本不再有能力继续驾驭现代生产力。正如马克思指出的，“假如必须等待积累去使某些单个资本增长到能够修筑铁路的程度，那么恐怕直到今天，世界上还没有铁路”（马克思，《资本论》第1卷，第688页）。后来，绝大多数国家的铁路和电报系统都是靠国家资本发展起来的。

进入1980年代以后，国有大企业的非效率性影响到商品和服务的多样化发展，一场国有企业私营化运动波及世界，但是最终效果并不理想。因为不管最少统治的政府是最好的政府这类断言正确与否，私人部门都无法提供全部必要的公共福利及服务。跨入21世纪以后，人们逐渐发现信息生产力既不适应分散私人资本、也不适应国家集中，由国家垄断向公共企业转化，才是正确方向。

其实恩格斯早就预料到，“生产力的国家所有不是冲突的解决，但是它包含着解决冲突的形式上的手段，解决冲突的线索。这种解决只能是在事实上承认现代生产力的社会本性，因而也就是使生产占有和交换方式同生产资料的社会性相适应。而

要实现这一点，只有由社会公开地和直接地占有已经发展到除了社会管理不适应于任何其他管理的生产力”（《马克思恩格斯选集》，第3卷下册，第438页）。现在看来，这种必须由社会直接管理的生产力不是单个机器，也不是动力系统，而是社会化信息网络。它不适合任何私人或者集团占有，而是必须“在协作和对土地及靠劳动本身生产的生产资料的共同占有的基础上重建个人所有制”（马克思，《资本论》，第1卷，第832页）。

网络产业的核心价值在庶民利益

中国移动2007年上半年财报显示，移动通信改单向收费的同时降价20%，结果造成业务量上升20%以上，总利润反而上升。这再次证明网络时代需要总结出新经济的理论体系，以正确指导新兴服务业的实践活动。

传统市场经济总是嫌贫爱富，资本多投向有钱人的需求，以获得利润最大化的机会。网络产业则以信息和知识为基础资源，市场经济规律正在悄然发生变化。传统市场经济的基础资源越来越稀缺，比如汽车产业，新的消费者进入市场，汽油会涨价，道路会拥挤，肯定给原消费者带来损失。而网络产业有个著名的梅特卡夫法则，“网络价值与用户数的平方呈正比”，这就是说，庶民消费者进入市场，在成本递减的同时还会给原消费者带来额外的好处。

但是，多年来人们只知道有个网络外部性概念，并没有打算利用它改变传统市场规则和营销理念。因为西方经济教科书中有一条公理，“企业目标就是自身利润最大化”。不管是技术进步、自然垄断还是网络外部性带来的好处，统统归企业所有，消费者或者被动接受按照传统思路形成的价格或收费模式，或者通过其他手段与运营商进行对抗性博弈。结果是长期扭曲了网络产业的根本经济规律。

这次由政府和社会共同推动的移动通信单向收费，恰恰造成了传统市场经济中少有的双赢局面，它很值得主流经济学者们深入探讨。如果说传统市场理论容易造成两极分化，那么以网络产业为主导的新市场经济理论，正是促进庶民均富的最有效途径。

有人提出，网络经济容易快速形成更大的贫富悬殊。其实，只要深入研究就不难发现，网络新贵正是新旧经济摩擦阶段的滋生产物。随着信息日益透明和知识的空前普及，一个公平合理的社会肯定会实现！

是是，非非，不是不非
——与佛学大师论哲学

昨日友人邀我与某佛学大师吃饭，饭后到茶楼讨论哲学问题。从下午1点一直谈到5点，也不知是谈话太深入还是大师布了什么气场的缘故，我感到思维特别敏捷乃至亢奋。昨晚一夜无寐，今日上班到现在过午一直处于激奋状态。

我：整个工业社会都以“二元对立”的哲学思想为指导，人类走进了一种“对抗性博弈”的死胡同。信息社会应该倡导“三元合作”哲学思想，通过兼容、平等、共赢实现社会协同发展。

大师：佛说是是，非非，不是不非，在三元世界里，三个终极缘由同等重要，同等地位，缺一不可，没有谁是谁非，以谁为中心的问题。

我：信息经济的核心理念是普遍受益，因为它不再受到资源、能源约束。如果说穷人都买汽车，就会给富人带来机会损失；而穷人都上网，就会给富人增加更多的获利机会。将信息化作为切入点就给了穷人提高素质，靠自己解脱贫困的钥匙，而传统经济学主张富人足够富裕之后，通过税收和捐赠，帮助穷人。

大师：佛要普度众生，就是通过教化提高所有人的“觉”和“悟”，靠他们自己的造化过上衣食无忧、内心充实快乐的日子。你说得信息网络不过是一种机械和工具，和我们讲的教化作用是相辅相成的。

我：我觉得佛学应该剔除糟粕，发扬真谛，才能更有利于和谐社会。据说某活佛最近讲过，科学解决了的问题就让给科学；科学尚解决不了的问题就让给宗教。随着科学技术的快速发展，宗教的地盘应该越来越少。

大师：科学是形而下，佛学是形而上，谁也不能代替谁，最终可能是殊途同归。

我：我同意您的殊途同归。但是生产力最终要决定生产关系和人们的意识。

大师：哈哈！你又破坏了自己的平等、共赢思维模式，在佛看来但凡存在，同样重要。

第十二章：迎接知识中产社会的到来

寻觅第三精神家园

1、家在哪里？

多数人都承认，人类经过农业社会、工业社会，已经进入信息社会。但是，我们的精神家园还停留在长城内外、工厂周围。终于有一天人们在互联网上畅游时突然有些惶恐，我们现在的家在哪里？

理论上大家都知道生产力决定生产关系和上层建筑，但实际上又很眷恋我们曾经有过的家园，因为那里有我们几代人长期追求，现在又非常熟悉的机器轰鸣和摩天大厦！进入新世纪以来，过度工业化使自然环境和人文环境都遭遇严重的损害，于是许多人又怀念起曾经有过的蜿蜒小路和袅袅炊烟。岂知历史不可能倒退，“合久必分、分久必合，面多加水、水多加面”的传统思维方法不可能总是奏效，人类追求的永远是更高生存质量和更方便的生存环境。

吾辈愚钝笨拙，在两种文明的夹缝中苦苦寻觅了20多年，依稀看到一丝光亮，一次次地扫描、纠错、处理，终于确定那就是我们新的家园。它既不是镜花缘中的“君子国”度，也不是现代时髦的“小人国”社会，它只是一个“真诚合作，平等交易，互利共赢”的和谐村庄。

2、路在何方？

找到家的感觉真好，没有归家之路也是惘然。于是有朋友说你这个家只是乌托邦，有的说你得了妄想狂，还有一位朋友断言：杨教授研究的是3,000年以后的东西！

其实不谦虚地讲，在准确发现第三家园之前，我就已经模糊看到一条通路。那就是无所不在的信息网络！信息网络完全不同于任何时代的工具和机器，它的一系列新经济规律正在颠覆传统理论和哲学基础，并以前所未有的速度向我们的生产、生活、人文领域渗透。眼下最大的问题是，不论在网中还是在网外，多数人并没有理解网络的真谛，采用传统思维模式和利益博弈规则，已经把我们唯一的归家之路搞得支离破碎。

修道路必先修心路。其实人之内心皆有“正义”，只不过被“利益”深深蒙蔽。信息网络正在使生产无边界、交往无边界。虽然现在有人还在利用网络践踏正义，但正义的心路在成熟的网络时代必然畅行无阻。

3、虚即是实

禅学讲“色即是空”，哲学讲，虚即是实。因为人类进步史就是一个不断由幻想到现实的艰难过程。据说，大军阀阎锡山之父第一次到军营看望阎司令，临走阎司令问其父想要什么东西带回家去，阎父说“其他都不要，就想把房间里的电话带走，因为我想要什么，一打电话，勤务兵马上送到”。

这虽然是个笑话，但是随着网络交易、交往、交流活动的不断延伸，人类整个经济活动都有可能改写，最重要的是经济结构和经济规则会发生转变。如果按照原子经济的传统思路和传统规则，朱元璋当了皇帝就会用金扁担挑水；计算机只能用来代替算盘或者大型机械控制部件。然而没过多久人们很快发现，信息技术不只代替工业过程的某些环节，而是使整个工业过程和劳动关系都发生了重要变革。正如马克思在150年前就预料的，“劳动表现为不再像以前那样被包括在生产过程中，相反地，表现为人以生产过程的监督者和调节者的身份同生产过程本身发生关系”（《马克思恩格斯全集》，第46卷下册，第218页）。面对信息生产力的快速普及，人们必须在新的思维平台上重新建设第三精神家园。

城市化还是去城市化

昨天在成都出席第四届国际通信节，主题是“绿色通信与田园城市”。和中央电视台主持人对话时，我说成都人不走北京、深圳、上海等特大城市发展老路，而是依靠成都的文化底蕴和疏水基因，提出建设田园城市概念，是个了不起的创举，充满后现代精神。也符合我国工业化、信息化、城镇化三化融合发展战略。

30年来，我国经济飞速发展的同时，GDP主义泛滥、自然环境尤其是人文环境遭到严重破坏。而成都能够摆脱钢铁、水泥式的传统工业化模式，或许会孕育一种新的发展思路，也就是在信息生产力基础上，将资源直接用到改善生存环境和生活质量上来。有人认为成都曾经是三线工业城市，还是应该建立完整的制造业体系。

我看没有必要，根据自身特长，有所为、有所不为，才能在更高起点上找到跨越发展的机遇。

我曾经提出过未来城市不再以密集、高层为先进，而以山水带状、区域特色为标志。这当然要以发达的高速交通、宽带通信基础设施为前提，否则就回到小国寡民、老死不相往来的原生状态。

所谓绿色通信，我看有两层含义。一是通信技术本身就是绿色低碳，集成电路越来越省电、光导纤维代替了大量稀有金属；二是通信普及应用使信息透明，大大提高了社会效率，必然造成资源、能源的进一步节约。所以我赞赏信息通信服务于田园城市发展的崭新模式。

不要拒绝信息社会

上世纪70年代开始，从丹尼尔·贝尔的《后工业社会的来临》，约翰·奈斯比特的《大趋势——改变我们生活的十个新取向》，阿尔温·托夫勒的《第三浪潮》，到西蒙·诺拉的《社会的信息化》，尼格洛庞帝的《数字化生存》，就已经宣告以计算机通信网络为代表的新型生产力，将把人类从工业社会带进信息社会。马克·波拉特还采用统计学方法，测算信息经济（包括第一信息部门、第二信息部门）的产值和劳动者比重，为各国信息社会建立了一套定量计算的方法。尽管这些西方学者有不同的社会文化背景，但是他们一个时期以来的一系列惊世力作，无不预示着人类自蒸汽机工业革命以来的又一次历史新起点。不少学者认为，就像当年蒸汽机、电力技术革命一样，信息革命将给某些落后国家带来重新洗牌、跨越发展的历史机会。

但是自1986年我国第一次“全国信息化推进大会”以来，国内主流思想只承认信息技术作为现代技术的一部分，信息经济也可作为现代工业经济的一部分，并不承认人类存在一个信息化的社会阶段。反映在国家战略与政策上，信息设备制造业有时候尚可能列入重点发展领域，而信息社会最核心的东西，信息网络服务往往被遗忘或者被扭曲。

人类经过几百年的工业社会发展，形成了一整套理论体系、社会规则和思维方法。它们在产品（包括高科技设备）制造和流通领域仍然是有效的，但是把这些移植到信息服务或者信息社会，就会成为阻碍新型生产力发展的桎梏。先进信息生产力与传统生产关系的矛盾已经上升为当今社会的主要矛盾。这个矛盾最集中的表现就是物质财富的独占性与信息资源的共享性严重对抗，难以调和。要么继续阻碍先进生产力发展，要么从根本上变革传统生产关系。

由于我国主流思想拒绝信息社会，又不得不面对过度工业化的弊端和社会经济转型的历史机会，许多学者只好“另辟蹊径”，提出诸如“科技型社会”、“航天型社会”、“人本社会”、“知识社会”、“智慧社会”等新概念。但是，无论是广义的科技，还是某个时代的尖端科技，它们只是人类社会活动的一小部分，根本不可能形成某种新的社会形态。有人认为，知识将成为未来社会的最重要生产要素，可是“知识就是力量”已经是近百年来的人类共识。知识、智慧和“以人为本”都是未来社会的某些表征和倾向，它们并不会像蒸汽机那样派生一个新的社会经济形态。

据说早期的蒸汽机只是作为用火取水的演示装置出现，后来瓦特对这种蒸汽装置进行改造，用于纺织、航海，才引发了一场工业革命。最初电的发明也是仅用于照明和声光演示装置，后来电动机的出现，爆发了一场电力革命，才使世界经济重心从欧洲转移到美国，甚至出现了“电气化加苏维埃就是共产主义”的时代强音。其实电力与蒸汽机都属于动力为中心的工业生产力。而计算机的发展则经历了计算中心、信息系统、互联网三个阶段。只有互联网被发明以后，信息通信才开始从人际交往、经济交易向社会生产、生活领域渗透，信息结构才从中心辐射模式、分级宝塔模式朝扁平、分布模式发展。互联网的平等互动结构、协同生产方式和互利共赢精神，正在成为继蒸汽机以来最重要的社会生产力。

经典马克思主义认为，社会阶段的划分，不在于生产什么，而在于怎样生产，用怎样的劳动工具生产。“手推磨产生的是封建主为首的社会，蒸汽机磨产生的是资本家为首的社会”（《马克思恩格斯选集》，第1卷第108页，1972年版）。要求马克思预料到今天计算机、互联网的发展不是历史唯物主义，但是马克思确实预料到，随着日益复杂的大机器发展，单个资本（包括国家资本）不可能驾驭这种日益社会化的生产力，只有“自由人联合体”的生产关系，才能适应复杂机器生产力的发展，推动人类社会继续走向美好未来。

传统经济受资源、能源和交易费用的约束，单位生产成本总会随着产量的增加而上升，一个人占有的实物财富越多，每增加单位财富对他的使用价值也会下降，从而形成收益递减效应。信息经济的主要原料是沙子（硅）和知识，较少受资源、能源和交易费用约束，单位服务成本总是随服务量的增加而下降。一个人占有的信息越多，每增加一条信息对他的有用性才越大，因而形成收益递增效应。收益递增会造成某些小企业快速无边界扩张，形成新的集中垄断，比如AOL、微软公司、英特尔公司。在新经济领域，垄断可以看作是收益递增规律的逻辑性结果，但它又是破坏市场对资源的优化配置，产生官僚主义和企业内部非效率性的罪魁祸首。因此各国在产业实践中一方面实行政策性管制，一方面培育竞争对手以限制这种垄断的力量，以寡头形式实现有效竞争。现在看来，过于分散的小企业和过度集中的大企业都是工业时代的产物，网络时代的最后赢家是大型、松散、具有专业化优势的自组织企业集团。

网络产业实践也进一步证明，私有小企业和国有大企业都不再适应新兴生产力的发展，我们只有承认社会生产力更适应社会化所有、社会化管理的属性，我们才能真正代表先进生产力的发展方向。正如恩格斯在《社会主义从空想到科学的发展》中指出的，“生产力的国家所有不是冲突的解决，但是它包含着解决冲突形式上的手段，解决冲突的线索，这种解决只能是在事实上承认现代生产力的社会本性，因而也就是使生产、占有和交换的方式同生产资料的社会性相适应。而要实现这一点，只有由社会公开地和直接地占有已经发展到除了社会管理不适应任何其他管理的生产力”。

今天人们已经清楚地看到，是计算机及其网络服务，以前所未有的强渗透性和普惠性，正在把人类带进以知识中产者为主体的公平和谐的信息社会。它和社会主义社会一点也不矛盾，一个是侧重生产力划分的社会阶段，另一个是侧重生产关系划分的社会阶段。按照某些前卫经济学者的分析，一个成熟的、公平和谐的信息社会有可能率先在中国实现。

“知本家”不是资本家

有人认为“网络正在造成新穷人和新富人两极分化的M型社会”，还列举了新型发展中国家，巴西、印度，以及我国台湾地区作为例子。其实这只是个别地区在个别社会阶段出现的一种假象。随着网络化、信息化的日益普及，人类社会肯定会扩大“平等交易、真诚交往”的共识，“自己想活得好，也要让别人活得好”的经济机理将促使人类进入以中产者为主体的钟型社会。

有人延续工业思维定式创造出“知本家”的概念。我看它既不科学也难以被人们接受，因为从社会本质看，知识的属性与资本完全不同。在工业生产力时代，经济动力来自“原子稀缺性”和“占有性”的矛盾；而在信息生产力时代，“网络泛在性”和“知识共享性”才是社会发展的根本动力。再从人格化上看，资本家以贪婪占有物质财富为本性；而知识阶层则以知识体验、自我实现为本性。多数知识分子解决温饱、进入中产阶层之后，孜孜追求的绝不是贪婪占有物质财富，而是更高层级的需求。我们可以将马斯洛五级需求模型简化为三级，就是生存、交流和自我实现。如果说人们解决生存问题尚需要以“利己”为伦理基础的话，那么更高需求阶段的伦理基础应该是“互利”甚至“利他”。

虽然今天的网络也能够造就少数一夜暴富的“精英”，或者造就依靠知识垄断称王称霸的企业，但这正是新旧经济剧烈摩擦的产物。随着社会的日益透明和公平竞争，利润肯定会被摊薄，世界扁平化的趋势将不可逆转，“知识阶层”也不可能蜕变成资本家阶层!

网络经济催生中产社会

北京某名牌大学校长在新生入校大会上讲，从我们学校毕业的学生，就是要“做大官、挣大钱、干大事”。学生听得过瘾，家长也觉得惬意，因为谁不希望自己的孩子光宗耀祖或者当世界首富？学生们沿着宝塔阶梯，一批一批淘汰别人、提升自己，就是要当人上之人。

于是乎整个社会心态都以宝塔顶端为成功的标志，达不到顶端都是失败者，而失败者只能沦为人下之人，要么就成为不流芳百世就遗臭万年的社会牺牲品。这样的心态怎么能使社会和谐安定，又怎么实现全面小康?

岂知顶端巨富阶层永远是极少数人，他们不具有社会表率作用，低端贫困阶层也应该是极少数人，人们自然不会以他们为表率。只有中产者应该是多数人，是社会中坚力量，也是持续、稳定、健康发展的关键。但是长期以来中国社会形成了一种褒富、悯贫的社会心理，使为数不多的中产者承受着过重的社会负担，整个社会心态和社会结构发生了严重扭曲，传统市场规则使许多发展中国家走向两极分化的M型社会。

随着科技进步和信息的日益透明，西方经济个人主义伦理发生动摇，贪婪占有物质财富的理论工具也开始锈蚀。新兴生产力悄然改变着人们的生产方式、价值观念、哲学基础和思维边界。资源共享、公共理性、合作共赢将把人类推向以知识中产者为主体的钟型社会。

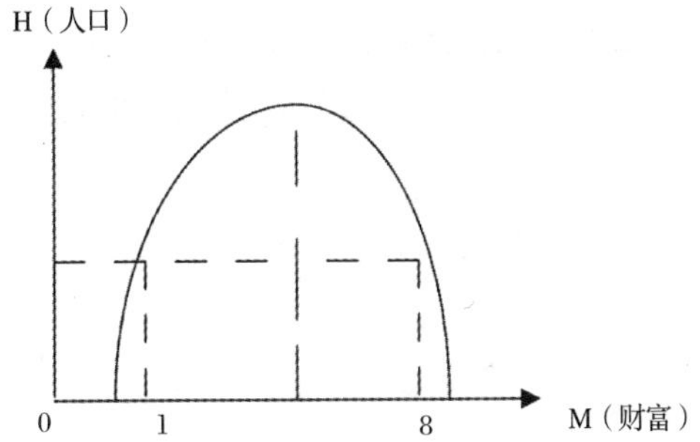

图12－1 财富分配关系示意

按照劳伦斯曲线和基尼系数方法，我国基尼系数已达0.5，而欧洲、日本一些发达国家为0.2—0.4之间。按照更直观的算法，我国10%富人占有的财富与10%穷人占有的财富比为20倍以上，而发达国家不到10倍。

随着网络技术的普及，知识劳动职业阶层将壮大中产者队伍。因为知识分子解决生存和安全环境以后，不会无限追求物质财富，他们有更多的非物质追求。而人类总体需求也必然从“生存需要”向“信息交流、相互尊重”甚至“自我实现”层面转移，成功者的标志不再以金钱为尺度，物质财富必然逐渐走向相对均衡。

2010年，比尔·盖茨和巴菲特来华邀请中国富豪吃饭、劝捐，中国富豪总体表现冷淡。这里边有中国社会环境问题，也有复杂的社会心理问题，但是总体上讲，中国不适合让少数人暴富之后，再通过二次分配、三次分配实现社会均衡，中国需要在进行一次分配时就考虑公平因素。如果完全按照个人理性经济规则，欧洲应该比美国出更多的世界首富。居里夫妇、英籍华人高锟（光导纤维之父），其贡献与比尔·盖茨相比毫不逊色，但是他们没有利用传统市场规则谋求利润，而是使科学技术迅速向社会大众普及。再比如欧洲的GSM移动电话系统和W-CDMA第三代移动通信标准，还有中国人发明的激光印刷技术和许多开放式优秀计算机软件，发明者都没有像美国人那样追求垄断利润，而是更有效地推动了社会进步。

尽管现阶段的信息技术既弘扬公平，也放大邪恶，甚至可以利用信息不对称，追求一夜暴富、一曲成名。但是网络最大的社会功能就是使信息快速走向透明，而信息透明就意味人类将生活在一个低头不见抬头见的熟人社会或者地球村庄。在这样的社会环境中，只有真诚合作、诚信交往者才能获得持续发展的机会。

如果说“手推磨产生的是封建主为首的社会；蒸汽磨产生的是工业资本家为首的社会”，那么网络之“磨”必然会催生以知识中产阶层为首的钟型社会。现在的主要问题是哪个民族的文化积淀、社会心态、国家政策更适应信息技术的经济规则和社会规律。